成长

在于老师身边

■ 许坚 著

CHENG ZHANG

上海交通大学出版社
SHANGHAI JIAO TONG UNIVERSITY PRESS

内容提要

　　本书是作者三十几年学习和践行人民教育家于漪教育教学思想的结晶。一共分为三个篇章，写了作者在大学毕业后，在于老师身边成长的经历和体会。本书叙述生动，情感真挚，可读性较强。全书以翔实的案例，写出了人民教育家于漪培养指导青年教师、青年干部成长，引领区域教育事业发展、培养教育人才方面的生动实践和真知灼见，对于教育工作者有一定的启发意义。本书有助于我们深入学习了解于漪老师的教育思想、教学智慧和人格魅力，也可用作干部教师培训的案例型教材，在学习弘扬教育家精神的干部教师培训课程实践中发挥积极作用。

图书在版编目（CIP）数据

　　在于老师身边成长/许坚著. —上海：上海交通大学出版社，2024.3
　　ISBN 978-7-313-30643-2

　　Ⅰ.①在… Ⅱ.①许… Ⅲ.①教育管理—文集 Ⅳ.①G40-058

　　中国国家版本馆 CIP 数据核字（2024）第 086041 号

在于老师身边成长
ZAI YU LAOSHI SHENBIAN CHENGZHANG

著　　者：许　坚	
出版发行：上海交通大学出版社	地　　址：上海市番禺路951号
邮政编码：200030	电　　话：021-64071208
印　　制：上海新华印刷有限公司	经　　销：全国新华书店
开　　本：710mm×1000mm 1/16	印　　张：14.5
字　　数：227 千字	
版　　次：2024 年 3 月第 1 版	印　　次：2024 年 3 月第 1 次印刷
书　　号：ISBN 978-7-313-30643-2	
定　　价：68.00 元	

版权所有　侵权必究
告读者：如发现本书有印装质量问题请与印刷厂质量科联系
联系电话：021-56324200

成长永远孕育着对未来的无限希望。

题　赠

许坚老师

于漪 2023年12月

序

于漪先生是新中国基础教育界第一位人民教育家，她育人无数，桃李万千，是新中国教师精神的典范。

于老师曾经在上海市第二师范学校担任校长，退休以后担任上海市第二师范学校、上海市杨浦高级中学的名誉校长。我从大学毕业以后就在上海市第二师范学校语文组工作，三十多年来，我有幸在于老师身边成长，得到她长期的引领和指导，不断获得对教育真谛的领悟，在工作中取得进步。

上海市第二师范学校语文组是个优秀的群体，在于老师的倾心培养下，走出来一批非常优秀的教师，有特级教师陈小英、钱沛云、朱震国、陈爱平、谭轶斌、王伟等。我在这个群体中工作，耳濡目染，受益匪浅，也成长为一名对教育有比较深入的理解、工作认真投入、得到学生认可的教师，也担任过学校的书记、校长，现在负责杨浦区教育系统干部和党员、青年教师培训的具体工作。

在于老师身边学习、成长，向于老师请教，三生有幸。回顾自己的教育生涯，可以说，于老师对我的影响至深。从去年下半年开始，我回忆和收集了不少于老师指导我成长进步的故事，以及在于老师指导下自己工作中成功的教育案例，用两个半月的时间写成此书，写出了自己三十几年来学习于漪教育教学思想的体会和感悟。

杨浦区很早就开展了向于漪老师学习的活动，已经形成了"让于漪成为我们的共同形象"的工作品牌。我在教育局党校工作时，根据党委的工作指示，举办了青年教师"于漪教育思想研修班"，这一办就是十几年，学习专题先后有两个版本，培训过近千名青年教师，其中不少学员现在已经成为学校党政领导，于漪教育教学思想对他们的成长产生了积极的作用。我也在长期办班过程中坚持学习，不断提升对于漪教育教学思想的领悟，在市级教师培训平台开设了"人民教育家于漪的教育思想"共享课程。

在于漪先生被授予"人民教育家"国家荣誉之后，杨浦区更是掀起了向

序

人民教育家于漪学习的热潮。2023年9月，习近平总书记提出了"弘扬教育家精神"的重要指示，对我们如何深入学习于漪教育教学思想、弘扬于漪精神又提供了新的重要指引，许多学者撰写文章，出版著作，展示学习研究于漪教育教学思想的成果。

我也很想写一本书，写我向于老师学习的心得体会。在于老师的指导下，我写了这本《在于老师身边成长》。书名是于老师定的，其实在动笔之前，我是很不自信的——我能写出这本书吗？动笔之后，我越写越有信心。写完以后，喜悦和幸福充盈在心间，我感恩于老师给了我这个机会写这本书，感恩于老师三十几年对我的教育培养，感恩在我的生命中遇见了于老师！

和众多的学习研究于漪教育教学思想的著作相比，这本书的选题别具一格。我带着对于老师的深厚感情和对于漪教育教学思想的真挚信念，用故事和案例写出了我对于老师的坚定信念、深邃思想、崇高风范、博大胸怀和渊博学识的感悟和崇敬，因此文字是有温度的。这些生动的故事，可以为学习人民教育家于漪先生的教育教学思想和弘扬于漪精神，提供具体鲜活的、可感可学的材料，并且展现了一个不同于理论研究著作的特殊视角。

这本书也可以用作干部教师培训的案例型教材，在学习弘扬教育家精神的干部教师培训课程实践中发挥一定的作用，更好地契合干部教师学习的需求，获得更有质量的培训效果。

于漪先生是新中国基础教育的一面旗帜，她"思想有高度，实践有深度，育人有温度"。我在于老师身边学习成长，最受震撼的是她对党和人民的忠诚，最受教益的是她献身教育的思想品格，最受启迪的是她鞭辟入里的真知灼见，最受感染的是她激情满怀、催人奋进的话语，最为敬佩的是她生命与使命同行的崇高精神风范！

三十几年，一以贯之向于老师学习求教，在于老师的指导下成长、进步，是我此生莫大的荣幸！

是为序。

目录/Contents

恩泽厚　最忆是二师

慈爱的眼神	002
"和谐"与"和协"	005
种瓜得瓜　种豆得豆	007
于老师落泪了	010
暖心的家访	013
认真就是水平	017
一天四次家访	021
让学生喜欢你的课	024
"强力规定"与"红色小老虎"	028
让学生出单元测验卷	031
生词抄几遍好？	035
谁来演太监？	039
没有清洁工的校园	042
站军姿半小时	045
做好广播操的价值	049
保险丝熔断的两次惊喜	052
小莹的突变	055
枕头底下的臭袜子	059

学有成　历练在同济

把阳光播撒到孩子心中	064
七彩阳光评价	068
和于老师一起审教材	073
打造精神文明高地	077
学校要有个性鲜明的形象设计	081
校牌的故事	084
走近"四书"，走近中草药	087
把用餐的选择权给老师	092

学农乐事	095
早晚讲评的力量	100
"四个从来没有"的家访	103
胡老师的10个汉堡	107
"乔老爷"的数学课	110
美术教师教数学的奇迹	117
唐老师物理课的多和少	122
穿上海关制服的小楠	126
左手敬礼的小栋	129
放学出走逃夜的女生	132
小陶不逃了	136
"刺儿头"剃了平头	140

领悟深　传承育新人

带领青年教师学于漪	148
最"劲"中青班	152
校长办学要有制高点	159
"五育"怎样融合	163
点亮教育的世界	169
校长怎样看分数	174
选择合适的学校	178
不断创新的微党课	184
美好的"主题论坛"	188
学于漪　铸师魂　增师能	194
如何做好校本研修	199
鲜活的"微信群回复"案例教学	203
提升课堂教学质量的四个关键技巧	206
今天怎么教《金色的鱼钩》	210
师生关系最重要	216
后记	220

恩泽厚
最忆是二师

慈爱的眼神

我进入二师（上海市第二师范学校）工作，真是有点机缘巧合！

我还在读大学（上海师范大学）的时候，时常会去黑山路走亲戚。当时坐公交车47路转55路，55路会路过四平路、大连路路口，那个时候还有一座过街天桥。去的时候往往会被这座过街天桥吸引，车子开过天桥，就意味着五角场快到了。回来的时候也是坐55路，有一次一闪而过，好像看到一所学校，校园里正对校门的大道绿树成荫，环境优美，让人心生向往。再下一次到亲戚家里去，回来的时候就特别留意地关注这所非常漂亮的学校。仔细一看，这所学校的大门很有气度，里面的大道非常整洁宽敞，而且这条大道很深，通到校园后面，教学楼和办公楼是砖红色的，特别优雅、沉静。于是我就和妈妈说，"这学校好漂亮，以后毕业了能到这所学校教书就好了。" 1990年，大学毕业前夕，我真的来到了这所美丽的学校。

到学校是准备来面试。大学的班主任郭开平老师推荐我到第二师范学校，说是校长于漪老师想招优秀的大学毕业生。我大学三年级入了党，担任班长、未来教育家协会会长，还是一等奖学金获得者，基本符合条件。

第一次遇见于老师，是在她的办公室。我小心翼翼地敲门，于老师抬起头，看了看我。我马上自我介绍，于老师笑眯眯地望着我，眼睛像弯弯的月亮。她站起身，请我走进她的办公室。

此刻，于老师慈爱的眼神着实让我感到亲切，感到温暖，从她的眼睛里我看到了她对年轻人的喜欢和期待。二十三年以后，我也做了校长，有大学毕业生来应聘，我也是像于老师那样，用亲切、温暖的眼神迎上去，内心也充满了喜欢和期待，那时我才真正感受到当年于老师慈爱的眼神里，包含了她满满的对教育的热爱，对青年人的喜爱和对未来的信念。

一个大校长对我一个年轻人说，"许坚同志，请进。"真的让我感到诚惶诚恐，一位长者用这样亲切的语言"请"我进办公室，让我感到很意外，也很感动：她不仅是一个颇有名望的校长，更是一个亲切慈祥的长者。我一下子感受到了她温暖的人格力量，多年以后，我也体会到，这正是于老师人格魅力的一部分。二三十年以后，我也成长、成熟起来，当我面对年轻人的时候，我也努力像于老师那样，给他们温暖，给他们信任，给他们指引。我在于老师身上学到了平等和尊重，这平等和尊重里有对青年教师深深的爱和善意。当于老师告诉我们，我们的教育就是要引导学生去追求真善美的时候，我是深信并积极践行的，因为在我的心里有于老师真诚和善意给我的感动和震撼。

今天我们都在学习践行习近平总书记要求我们做"四有"好老师的讲话精神，其中关于"仁爱之心"，习近平总书记讲得非常具体——"好老师的眼神应该是慈爱、友善、温情的，透着智慧、透着真情"，这不正是于老师那样充满仁爱的眼神吗？从第一次见到于老师，至今有三十三年了，我也一直在于老师充满关怀与慈爱的眼神中成长，回想起来，内心真是充满了感动，更充满了幸福，充满了感恩！

那时，在校园里碰到于老师，和她一起走进教学楼，在走廊里对面遇到学生的时候，学生们总是热情地和于老师打招呼，"于老师好！""于校长好！"就连侧面楼梯上下来的学生都会亲切地跟于老师打招呼，甚至背对我们的学生听到别的同学在和于老师打招呼，他们也会立即转过身向于老师问好。学生们的问候那样亲切，一张张笑脸那样甜美，就连走在于老师身旁的我，都感觉融化在这温暖的幸福中了——那是做教师特有的幸福！

那时，我真是羡慕二师的学生们对于老师的那份亲近，心里也默默地希望未来的我也拥有这样亲近的师生感情。我想，二师的学生正是从于老师慈爱的目光中读懂了于老师对他们的"满腔热情满腔爱"，他们才会发自肺腑地、亲切地向于老师问候、致意。这不正是"亲其师"最好的诠释吗？

在我从教的三十三年之中，我也努力像于老师那样，用慈爱的眼神注视我的学生，注视我们年轻的教师和青年干部，努力把真挚的爱播撒到他们心中，助力他们健康成长，培养他们成才。今天，我的一些学生也是资深教师了，有的也当了干部，当了书记、校长，遇到他们，学生们会幸福地回忆起和我在二师的一些故事和上课的趣事，我们的眼神里也闪着浓浓的师生情。那一刻，我感觉自己得到了人生莫大的幸福感和成就感！

真心希望老师们能像于老师一样对学生充满善意和仁爱，眼神中传递出

"慈爱、友善和温情",和学生建立充满仁爱的师生关系——这是教育学生最重要的工作基础。"没有爱就没有教育",于老师说这种爱是"超越血缘关系的亲子之爱,是大爱,是更深刻的爱"。教师要透过眼神,把这温暖的爱传达到孩子们的心里,如阳光雨露一般滋润孩子心田,引领学生健康成长。

其实,孩子们很聪明,老师是不是真心喜欢他们,他们很容易从老师的眼神中读懂。

希望老师们都拥有于老师这样慈爱的眼神,成为播撒爱的天使!

"和谐"与"和协"

第一次去二师上课,就是应聘试讲,但是,我出了一个很大的洋相!

试讲时没有学生,于老师带着校领导、教导主任、教研组长做面试官。我试讲的课文是朱自清的《荷塘月色》。这篇课文是我从于老师给我的中师《语文》一年级课本里选的,我之所以选择这篇课文,是因为这是一篇经典课文,资料多,不容易出错。但是,在板书的时候我偏偏出了一个令人尴尬的错误,至今想来还令人汗颜——我把"但光与影有着和谐的旋律,如梵婀玲上奏着的名曲"中的"和谐"作为理解课文的重要词语大大地写在了黑板上,但是我写成了"和协"!

我试讲完了以后,于老师稳步走上讲台,表扬我读了很多书,备课认真,板书的字写得端正,课也讲得有条理,重点也明确。我听着于老师的表扬,心里喜滋滋的。然而,于老师最后一句话让我冷汗直冒——"许坚,你有一个字写错了。"我一下子非常紧张——哪个字写错了呢?一个中文系的好学生,经过备课设计的板书竟然写错了字,这个太不应该了。我很惭愧地望着于老师,心里七上八下,刚才听到于老师表扬时的欣喜心情,全部烟消云散了……

可是,于老师并没有一点批评我的意思,而是非常温和地拿起粉笔给我作指导——这里应该是"和谐",不是"和协"。这个和谐的"谐"是"言"字旁,你写的"协"是"十"字旁,"十"字旁的字不多,比如还有"博士"的"博"字。于老师边讲,边在黑板上写,非常认真仔细,又非常温和亲切。把我刚才面对自己的错误产生的紧张、沮丧的心理一下子消除了。于老师黑板上娟秀挺拔的字迹深深地印在了我的脑子里,至今历历在目。每每想起这个场景,我的内心都会涌起一阵感动,一种幸福感油然而生——人民教育家于漪老师曾经手把手教过我辨析字形的教学方法呢!

于老师对我板书错误的纠正,让我刻骨铭心。于老师亲切的指导让我不仅茅塞顿开,把这个字给记住了,更是教会了我如何进行语文字词教学!之后我开展字词教学的时候，也时常运用于老师这样的教学方法，教学生辨析字形。凡是多数学生容易写错的字，我就会认真地在课上讲字形辨析，注意将字形相近的字进行比较。这样，学生就容易记住、写正确。

字词教学在中师语文教学中是一项很重要的工作，因为我们的学生将来要去做老师。做老师，文字基本功非常重要。不能靠反复抄写记住词语，而要靠字形辨析让学生记住字形，这样教学效果就理想多了。

我经常表扬那些学习上有主动意识、还能够主动辨别字形字义的学生，让他们来讲字形的辨析。通过表扬，孩子们知道老师更喜欢那些积极主动学习，带着思考学习的学生。

让孩子做学习的主人，有利于学习效率的提高，更容易让他们找到适合自己的学习方法。有时候我们不规定学习的方法，让学生根据自己的学习特点、习惯决定适合自己的学习方法，这会让学习更有创意，更有个性。这不正是我们想要追求的育人目标吗？

在于老师身边工作，常常会得到这样智慧的启迪，拥有心灵的愉悦。

种瓜得瓜　种豆得豆

做梦也想不到，我的教师生涯第一节课，于老师竟然来听课了！

我提早五分钟走进教室，把备课笔记放在了讲台上，定了定神，准备开始我教师生涯的第一次上课。这时候，我突然看见于老师拎着一只折叠椅，在走廊里走过，路过我的班级门口。我心里一紧："于老师开学第一天就来听课啦！不知道要听谁的课？应该不会听我的课，我是个新教师，课上得不好，于校长来指导我的课可能性是不大的……"我宽慰自己不要紧张。

我再次定了定神，转过身，在黑板上写下了今天要讲的课文题目——《石榴》（作者：郭沫若）。等我放下粉笔转过身，突然发现于老师站在了教室门口。

"许坚，我想听一节语文课，走了一圈，正好你这里是语文课。我来听一次课好吧？"于校长这么客气地问我，我都不知说什么好。我既惊又喜又紧张，心里七上八下的："于校长来听课指导，当然是求之不得啊！我第一次上课，校长亲自来指导，真是万分荣幸啊！只是，我的课肯定讲得不好，要出丑了！"

我非常紧张，手心里汗都出来了，说道："好的好的，谢谢于校长来指导我上课！"我慌忙地帮于老师拿折叠椅，放到了教室后面，请于老师坐下。我的学生倒是很机灵，给于老师拿来了课本。其实，学生们和我一样，并不熟悉眼前的于校长，也很紧张。

我又走回讲台，看着于老师，我的心"扑腾扑腾"跳得很快。我定了定神，心想："今天的课讲得好不好就不管了，能上完就不错了。"我给自己减压了。

我环视了一下全班的学生，"上课！"

"起立！"

"同学们好！"

"老——师——好——"

"请坐!"

我的课就这样按部就班地从师生问候开始了。学生起立的时候,我竟然看到于老师也站起来了,我的内心很受震撼——于校长这么尊重讲课的老师!这是我一辈子要学习的榜样啊!

我已经想不起来我是怎么把这节课上下来的,只记得上完以后心里很忐忑,脑子里也是空空的。

下课后,于老师往教室前面走过来,我赶紧迎上去:"于校长,我的课上得不好,请您批评指正!"

于老师笑眯眯地对我说:"上得蛮好!备课蛮用心的,课也讲得蛮清楚。"我赶紧问于老师,"我哪里讲得不好,您批评指正,我会努力改正的!"

于老师语重心长地对我说:"青年教师刚刚开始站上讲台,能够把课上下来,就是成功。"我跟着于老师走出了教室,往办公楼走。路上,于老师讲了一句我一辈子都记得的话。

"许坚,做老师责任重大,一定要用心、努力,一定要记住——'种瓜得瓜,种豆得豆'。你花多少力气,就有多少收获。"

"谢谢于校长的教导!我一定努力,用心备课,好好上课!"我赶紧表态。

"我们的学生入学的时候不是最优秀的,但是,我们要给他们最好的教育,要把他们培养成合格的小学老师,因为他们未来面对的是成千上万的小学生,要把小孩子教育好,他们要有真本领!"于老师的话充满了对教育的真情,对学生的真情,深深地感动了我这个刚入职的教师,这些话我一直铭记在心,深深地影响了我三十几年的教育人生,入职之初就能得到于老师这么有情怀、有境界的指导,我内心的感激之情无以言表。

为什么于老师听了我的第一次课,一句批评也没有,一个建议也没有呢?我一直很纳闷。几年以后,在二师一次听课评课活动中,于老师的一番话让我心底的谜团解开了——

"青年教师刚刚走上讲台,要把课讲下来,是很不容易的,我们不要批评他们有什么缺点,哪里讲得不好,而是要讲他们哪里讲得好,讲他们的优点,要多鼓励他们,给他们做好教师的信心。"于老师这么宽容,这么体谅,这么爱护青年教师,让我们当时这些青年教师都非常感动,于老师温暖的话语,给了我们特别多向上的信心和决心。青年人能遇到像于校长这样的领导,真是三生有幸！我们怎么能够不努力、不用心呢？

2001年，我担任了同济中学的副书记（主持工作）兼副校长，我也像于老师那样，特别关心、鼓励青年教师成长，表扬他们在工作中点点滴滴的进步和良好的表现。我刚去这个学校的时候，写入党申请的教师只有两三名，一年以后，向党组织申请入党的青年老师变成十几名，学校领导热情的鼓励、殷切的期望，对青年教师积极进取、努力工作的促进作用真的很大！今天，当年同济中学的青年教师已经成为学校的中层干部、副校长，有的还到教育局和区里担任领导职务。我在同济中学虽然只有短短的两年时间，但青年教师对我印象很好。

2003年，我担任了同济初级中学的校长。我还是继续像于老师那样，特别关注招聘优秀的青年人到学校做老师，关心他们的成长和进步。我在学校里还组织了青年教师的读书会，把这些青年教师组织起来一起学习，一起活动，给他们锻炼成长的平台和展示自己才华的舞台。那时候我又学习到了于老师另外一个重要的思想："做校长，顶顶重要的工作就是培养青年教师。"我就是受惠于于老师这样一个有重要思想的教师，在她身边成长起来，也成了一名校长。

当年，在二师，在于老师身边工作，耳濡目染，我自己也暗暗下定了一个决心——我也要像于老师这样，做一名校长！当我真的实现了我的愿望，成为一名校长的时候，我最感激的人就是于老师，是她培养了我，引领我走向了一条更能实现自我成长的校长之路。

担任学校领导以后，直到今天我做教师培训、干部培训工作，我也一直和青年教师、中青年干部讲"种瓜得瓜，种豆得豆"这句话，讲当年于老师对我讲这句话时候的场景，讲这句话对我人生的激励作用有多大！我期待青年教师和中青年干部也能够把这句话牢牢地记在心里，激励自己积极努力，甘心付出，不断成长，取得成功！

于老师落泪了

在二师工作不久,就有一名老师辞职了,这对我们冲击很大。

这名老师是很优秀的青年教师,上海市教学比赛一等奖获得者。她跳槽去了一个家化公司,据说月薪比我们做老师的高很多。

后来有个新闻报道说于老师落泪了,一时很轰动。原来,是我们那名离职的老师在公司举办教师节慰问活动的时候,把于老师也请去了,看到她已经在那家公司工作做得不错,于老师在讲话的时候对她在新单位的表现给予了肯定,而且也没有责怪她辞职,只是说自己做校长的没有本事,不能给她一个月2000元的工资。对于费尽心血培养起来的优秀青年教师的流失,于老师是很伤心,讲话的时候落泪了。

看到了这个新闻,我们心里也很难受。于老师爱教育、爱教师,竭尽全力培养青年教师,让我们这些年轻的老师都非常受益。当时,我在心里暗自下决心:我要向于老师学习,一辈子献身教育,无论收入高低,都不会离开教师工作岗位,像于老师那样,终身从事教育工作!

理想是丰满的,有时候现实却很骨感。当时我们学校老师的收入不高,福利待遇比企业要低不少,尤其是逢年过节,企业都会发很多吃的,冷冻的鸡、鸭、鱼、肉一大包,我父母都在企业工作,逢年过节他们厂里发回来的东西,就够我们吃一个星期的了,荤菜基本不用出去再买,而我们学校能发的东西是有限的。

于老师为了提高我们教师的福利,利用她的资源到处去"化缘"。有一些企业也非常支持教育工作,逢年过节会给学校的老师送一点副食品。印象最深的就是过年的时候学校会发两条大青鱼,回家把这两条大青鱼洗干净,切开做熏鱼,那味道是极好的。虽然我们只有两条青鱼,但是我们全校老师都非常感念于老师的关怀。

后来,于老师也很注重改善我们老师周末的生活,每到星期五下班总会发一点熟菜,比如咸鸡、煎带鱼、酱鸭之类的,每个周五老师们都会领到这些熟菜，喜气洋洋地回去过周末。在今天看来，这些菜真不算什么，而在当时我们月收入只有一两百块钱的时候，这些熟菜还真是为我们周末的生活增添了很多滋味，很多喜悦。

虽然学校很努力，于老师也多方沟通协调，尽量提高教师的福利待遇，但是我们当时的工资和奖金还是不多。我们夫妻两个都是教师，生活总体也不宽裕，记得有一个月我们钱用得很紧张，离月底还有 5 天，钱就基本用完了，只能把女儿的储蓄罐打开，把里边几十块钱的硬币拿出来用，度过了那 5 天的艰难日子。即便是这样，我也从来没有动摇过做老师的信念。我总是觉得收入只是生活的一部分，还有更重要的一部分就是人生的追求，对自己事业的执着，而且我也相信，随着国家经济建设的不断发展，教师的待遇一定会逐渐提高的。

果然在 2000 年以后，教师收入就提高得比较快。当然这也和整个国家经济的发展密切相关，通过改革开放，我们终于富了起来，过上了好日子。我想我们今天更应该有决心坚持做好教育工作，为孩子们未来的幸福，为国家的未来发展做贡献。

这当然只是从待遇方面来说的，更重要的是自己在精神境界、思想方面有了提高。在二师工作的岁月里，于老师的崇高风范、思想境界和工作境界，无时无刻不在感染着我。于老师对教育的满腔热忱，对师生的满腔热爱，深深地鼓舞、引领了我们。在她身边工作，我们也必然会建立起对教育的信心信念，像于老师一样献身教育。

后来，我离开第二师范学校和杨浦高级中学，去了别的学校，我也非常留意把于老师的思想向同事们作介绍。于老师在二师宣讲的一些重要的思想，她的名言警句我都会介绍给老师，带领广大教师提高思想境界，提升做人、做事的格局，努力向于老师学习，做一个优秀的人民教师。

再后来，我调到了教育局党校做常务副校长，才了解到杨浦区教育系统从 21 世纪初，就掀起了向于老师学习的热潮，开展了"让于漪成为我们共同的形象"的学习活动，还成立了于漪教育思想研究中心，在杨浦高级中学图书实验楼建设了于漪老师的展示厅。

2010 年党委给了我一项任务，要开设于漪教育教学思想青年教师研修班，要从源头上，在青年教师工作之初，就开始培养他们学习于老师的教育思想，提升教育理念，提高教学水平，建立献身教育的信心和决心。

领受了任务以后，我特意带着办班的方案，到于老师家里去汇报请示工作，向于老师请教。于老师仔细听了我的汇报，我们办班的初步方案及培训的四个专题——"像于老师一样为人师表""像于老师一样教书育人""像于老师一样学习创新""像于老师一样献身教育"，得到了于老师的首肯。

我们从2010年就开始举办面向青年教师的于漪教育教学思想研修班，学习四个专题的内容。我们邀请了陈小英老师、陈爱平老师、谭轶斌老师来讲课，我也在其中担任了一个学习专题的讲座——"像于老师一样教书育人"，我把我学习到的于老师的教育思想，以及在她身边发生的教育故事，特别是我得到于老师教诲的感人故事，告诉青年教师。让他们在有血有肉的故事情节里了解于老师的平生事迹，了解她的教育思想和崇高风范。

后来我们又和教育局团工委合作，通过团委这条线，选拔优秀的青年教师，参加青年教师于漪教育思想研修班。基本上一年办两期，到今天也有20多期了，参加过这个培训班学习的学员也有2000多人了。有不少参加过研修班的青年教师，后来成为学校的干部，成为优秀的骨干教师，也有的成为校长和书记。虽然培训班的时间不长，前后只有两个多月，但是回想起来，他们都觉得这样一个培训班，对他们树立教育理想、建立正确的教育观、教学观、质量观都是非常有帮助的。

党委开办这样一个青年教师培训班，学习于老师的教育思想，一以贯之十几年办下来，对提升整个杨浦区教师的师德水平有明显的促进作用，杨浦区教师的师德水平在全市是有影响力的，他们淡泊名利，奋发有为，潜心教书育人，为上海市不少教育改革创新项目的推进作出了贡献，得到了市教委的高度认可。

今天，我们教师的待遇要比当年好了不少，而且我们非常注重培养教师，给他们搭建研讨交流展示的平台，让他们在专业成长方面不断取得进步。教学新秀、教学能手、区骨干教师、学科带头人等一系列培养方式和平台，让他们对教师工作更加有了归属感和自豪感。

相信我们现在能够留得住优秀的教师，让他们专心在教育岗位上做贡献，像于老师落泪的这种情况不会再发生了。

暖心的家访

1995年，是我工作的第5个年头。一天，学校办公室通知我到于校长那里去。于老师在办公室跟我说，学校准备提拔我做政教处副主任，问我愿不愿意接受这个任务。我当然十分愿意接受这个任务，也十分感恩于老师对我的培养，但心里对做这项工作还是比较忐忑的。于老师一方面对我如何履行岗位职责，提出了明确的要求，另一方面，也给了我许多鼓励。我临走的时候，于老师还特别关切地问我："许坚，你讲师评出来了没有？什么时候评？有没有困难啊？"

听了于老师这句话，我特别感动。于老师就是这样，非常关心青年教师的成长，无论是教学业务上的成长，还是职称评定的进展。我深知，于老师既希望我在教学上不断进步，站稳讲台，同时也做好班主任工作和学校的德育工作。

满怀着对于老师的感激和对学校党组织培养我的感恩，我热情地投入到工作中去了。上任后不久就放暑假了，中层干部都要值班的，学校办公室也排了我的班次。但是轮到我值班那一天，正好我发高烧了。我想，第一次安排我值班，我就请假，这不太好，我坚持骑车到学校，完成了两天的值班任务。到第三天回家的时候，我感觉自己路也走不动，心慌得很。第四天值班结束了，我赶紧到医院去看病。当时，四平路街道医院的医生听了我的心脏，就告诉我情况比较严重，叫我转诊到新华医院看病。在新华医院，经过确诊，我是得了急性心肌炎。于是我就请假休息了。

开学以后，我的病情还没有彻底好转，依旧在家里休息。我担心我的工作被落下了，所以和学校办公室说我想去上班。但是办公室的老师劝我不要急着去上班，把身体养好才是最重要的。没过几天，于老师就特意和工会主席朱老师、办公室主任韩文佐老师（她后来是杨浦高级中学的党总支书记）到我家来看望我。一般情况下，教师生病，总会有工会主席来看望。校长亲自来看望我这样一个年轻教师，实在让我受宠若惊，万分感动。

于老师非常关切地询问了我的病情，并且几次安慰我不要着急去学校上班做工作，还是要把身体养好，健康是第一位的。于老师此行一方面是来看望我，另一方面也是关心我的心态，特意来做我的思想工作，让我安心养病。于老师暖心的话让我至今难忘！

后来我身体恢复了，就去上班了。晚上二师学生有晚自修，我们干部也会轮流值夜班，关心学生的晚自修和就寝情况。吃完晚饭，在校园里散步，经常会碰到二师的杨葭书记，他和我天南海北地聊天，在聊天当中也给了我很多人生的启迪和工作的启发。特别是他讲到，做学校的干部、领导一定要去老师家里访问，以前他的学校领导就经常说，干部要知道老师的家住在哪里，门朝哪边开，煤球炉放在门里还是门外，了解了教师的家庭情况，就可以有针对性地进行关心帮助。学校领导首先要做教师的暖心人，才能够做教师的引路人。

于老师家访的关心教导，杨书记的指导，我一直铭记在心，这对我后来的工作产生了深远的影响。

2000年我去南汇老港中学支教，放寒假的时候，我们的康士凯校长也亲自来家访。我到同济中学任职以后不久，我们教育局党委陈丽玲书记，由组织科卜健科长（现在是杨浦区教育工作党委书记）陪同，也来我家慰问家访，领导们的关心和鼓励给了我莫大的信心和鼓舞，也为我做好工作树立了最好的榜样。

2001年8月下旬，我调到同济中学担任主持工作的党支部副书记兼副校长，三个多月后就到年底了，学校党政领导要接受老师们的考评。第一次由教师评分，我想我工作还没怎么开始，做得不够，但是也没得罪什么人，想必老师们给我一个"及格"总是没有问题的。不承想，考核的结果让我非常难堪，竟然有十一位教师给我打了"基本合格""不合格"。那天回家，我心里是很郁闷的，我百思不得其解，我又没得罪什么人，他们怎么会打"基本合格"和"不合格"呢？

后来我想清楚了，我不能从是不是"得罪人"这个角度去思考，而是要想我什么地方做得很不够，大家是不满意的。我反思了我的工作，因为刚刚上任做党务工作，要学习的地方太多了，我以前连团支部书记也没有做过，做党支部工作更是门外汉。所以我从图书馆借了很多书，在办公室学习，除了开会完成一些主要工作以外，时间基本上都花在办公室里看书学习了，这样就把我和老师们交流沟通的事情给疏忽了。成天坐在办公室里，那就犯了脱离群众的错误。老师们给我打"基本合格"和"不合格"，那也在情理之中了。

想明白以后，我就立即改正自己的缺点。我在学期结束的前几天特别到办公室去和老师们交流请教，了解老师们的情况，向他们表示慰问和感谢。到了放寒假，同济中学领导班子有走访学校老师家庭的传统。在石森校长的主持下，我们各自领了任务。我还特地提出我要到学校十几位资深的高级教师、老教师家里去拜访，向他们请教。石校长非常支持我的想法，特意安排了司机，送我和另外一位副校长一起去走访。到学校老师的家里走访总要带一点心意，我们学校准备的是一箱听装可乐。那时候我还很年轻，只有三十多岁，这一箱可乐都是我扛上去的。有的老师住在六楼，看到我把那么重的一箱可乐扛到六楼时非常感动。我们在教师家里聊聊家常，谈谈学校工作，我也请教他们多年来教育教学的经验，真诚地表示要向他们学习。这十几位老教师都非常热情地接待了我们，谈得非常愉快。

等到寒假过后开学了，我再次走进教师办公室。我拜访过的一些老教师，就会主动上前来和我打招呼，或者我向他们打招呼以后，他们会非常热情地回应我，夸我谦虚谨慎，后生可畏。教师办公室的整个氛围一下子和以前很不一样，充满了温暖、和谐。这时候我也想起了于老师那次对我温暖的家访，以及杨书记跟我讲的话，我由衷地体会到，学校领导关心老师，走进老师的生活，走进老师的心灵世界，是多么的重要，这就为形成良好的干群关系奠定了非常坚实的基础。

到同济中学做校长以后，寒假里我也去了很多老师的家里。有的是老教师，有的是刚进学校的年轻教师。对老教师我们关心他们的生活和健康，希望他们在学校里能够起到很好的示范作用，对青年教师更多地传帮带，拜托他们更多地支持学校的工作，给学校提出新的建议和意见；对青年教师我还关心他们的学习和进步，鼓励他们把自己的教育工作同国家民族的命运紧密地联系在一起，积极工作，不断进步，献身教育。我们学校的其他三位校领导江书记、孙副校长、黄副校长，也分别到不少老师家里去访问。有的老师的家里，我们四位校领导是一起到场慰问的。经过一个寒假的家访，开学以后学校里的工作氛围也明显温暖和亲切了许多,这为我们以后工作中面对困难迎接挑战,完成艰巨的任务,打下了良好的思想基础和情感基础。

今天由于大家都比较注重隐私,所以学校领导去老师家里访问,就比以前少了许多。其实我认为学校领导还是应该和老师们沟通好,到老师家里去走一走、看一看。特别是对一些有生活困难的老教师、生病需要关注的老师、在学校挑大梁担重任的骨干教师和班主任,以及有潜力的青年教师,都应该去家访,更好地联络感情,沟通思想,凝聚共识。这能为学校工作的顺利开展提供很好的情感基础,中国人都是特别注重感情的,家访的传统还是应该坚持,干群关系通过家访可以得到很好的提升。

认真就是水平

在于老师身边工作最大的体会，就是做什么事都要认认真真，追求卓越，这是于老师给我们最重要的榜样，对党的教育事业的忠诚，对学生的热爱，都体现在每天平凡的孜孜矻矻、兢兢业业的工作中。

我进入第二师范学校以后，就和两位比我大一点的青年教师在一个备课组。我们三个人在一起商量教学，协作得非常好，工作虽然也繁忙，但是很开心。我们师范一年级学年结束的时候，上海市师范教研室要举行统考，全市各个师范学校的一年级都要参加这个统考。这个考试成绩是对学校教育质量的一次检验，第二师范学校历年的一年级都考得不错，基本在上海市中等师范学校中名列前茅，这也是第二师范学校引以为傲的一个重要的办学业绩——我们不仅校风好、环境好，我们的教学质量也是可圈可点的。

这回轮到了我们三个人在一年级备课组，怎样继续保持这个佳绩，对我们来说挑战很大。我们三个人中没有高级讲师，要说教学经验肯定是不足的，但是，我们靠团队的力量克服了困难，在教学上也取得了较好的业绩，保持了全市领先的水平。

在备课的时候，每一个单元，我们把课文分到每一个人，每人主备一篇课文，把这篇课文的教学思路、备好的教案拿出来分享，然后我们三个人一起讨论这篇课文怎样教才更好，一起修改我们教学的思路，改进备课的方案。修改好的备课方案，我们作为备课组的共同教案来上课，三个人的脑袋总比一个人强，所谓"三个臭皮匠，合成一个诸葛亮"。所以，这个教案是我们三个人思想和智慧的体现，其质量要比一个人写的教案强很多。在实施过程当中，又可以根据个人的教学习惯和班级的特点作微调、修改，这样既保证了较高的教学质量，也能体现教学的个性。有这样的备课和教学，我们备课组整体的教学质量就得到了保证。

我们不仅在上课前统一备课，在课间我们也会相互交流，例如第一课时教下来有什么问题，哪里上得比较顺利，哪里上得不理想，都会交流。另外两位老师都可以根据前一位老师第一课时上下来的体会，在自己教的时候将教案进行修正、调整。等这篇课文教完，我们也会不定时地坐在一起，交流这篇课文教下来的体会。对于教学中发现的问题，我们会在其他课文教学中再进行改进。我们的教学在即时的交流、及时的修正当中进行，尽量使每一篇课文、每一节课的教学方案做到最合理、最优化，保证了我们整个备课组的教学质量。

到了期中期末考试、单元测验的时候，我们会将出练习卷的任务进行分工。一般来说，我们都是根据自己的特长选择出卷的部分。比如我是负责文言文部分，吴老师负责现代文阅读，蒋老师负责字词、文学常识等，写作部分的题目则是我们三个人一起讨论决定的。

我们三个人的合作非常紧密，三人之间也建立了深厚的友谊。今天回想起来，我们能够在三个人没有很多经验的情况下取得比较好的成绩，得益于我们之间的紧密合作、互通有无。

一学年结束，考试成绩出来了，我们依然保持了领先的水平，在上海市也是数一数二的。于老师知道我们考得好也很高兴，夸我们能干。于老师在教工大会上表扬了我们三个人："这三个娃娃能有什么水平？认真就是水平！"在于老师眼里，我们三个人都是"娃娃"，我们体会到这是于老师对我们发自内心的喜欢。于老师对青年教师的喜欢，都体现在她的眼神里。在校园里，于老师只要看到我们青年教师，都会笑眯眯地跟我们说话，了解我们的工作和学习情况，表扬我们的优点，给予我们鼓励，基本上看不到于老师批评青年教师。因为在于老师看来，我们青年教师能够站稳讲台，站好讲台，能够把课教好是不容易的，给予我们信心非常重要。她非常肯定我们的努力和上进，在她的身边工作，我们经常会感受到那股关怀的暖流洋溢在我们周围。这就是于校长身边的老师的一种幸福！

的确，敬业爱岗，工作勤奋，是我们教师的本分，也是我们以榜样的力量来引领学生成长的重要途径。于老师说她从来不去教导处看班级考试分数，的确是这样的，她更多的是跑到办公室，来看看我们的备课笔记，和我们聊聊教学，看看我们批改的作业和作文，向我们了解学生的情况，这同时也看到了我们的工作态度。态度决定一切，在于老师看来，只要这位老师工作是努力认真的，工作效果一定是不错的。

得到了于老师的表扬，我们是非常欣喜的，从此也把这句话深深地印在脑海中——认真就是水平，以后做什么事都认认真真、踏踏实实。这种认真踏实的工作作风也为我带来了福利。我曾经参加过上海市师范系统的青年教师论文大奖赛，这也是我第一次参加市里的比赛。我认认真真地看了书，找了资料，总结自己的教学体会，写成了论文。虽然我的字写得也还不错，但是书写的一定比不过打印的整齐美观。于是我和电脑房的老师商量，我能不能在他们机房里面把这篇文章打出来。教计算机的老师很支持我，同意我在他们机房打印文章。那时候的输入方法还是比较原始的，只有双拼，我又打得比较慢，所以一篇几千字的文章打了一整天，从早上8点打到晚上8点，吃饭也来不及，只吃了两个馒头。12个小时的艰苦努力，总算把一篇文章录入完了。第二天一早我又到了机房，再把我输入的文章进行了校对，然后打印出来，交到了学校，送到市里参评。

交了文章也没有惦记什么，大约过了一个月的时间，突然有人通知我，说到校长室去，我的论文得奖了。我喜出望外，三步并作两步奔到了校长室，得到的信息竟然是我得了上海市一等奖！第一次参评就得了上海市一等奖，真是让我想不到的。那一刻，我觉得自己最要感谢的就是于老师，于老师对我们青年教师既热情关怀、严格要求，又悉心培养、真情鼓励，才会让我们青年教师成长得这么快，进步这么大。另外，她"认真就是水平"的名言，也无时无刻不在激励着我，让我有这个决心和毅力，12个小时完成文章的输入并打印出来，我想也许这份打印稿给评委留下了很好的印象，因为当时基本上都是手写的，打印的很少。大家输入速度都比较慢，都不愿意费这个功夫去打印，而我咬紧牙关完成了这个打印的任务，在那么多的参选论文中，估计打印好的文章也是很少的。

在之后的工作中，我一直把"认真就是水平"这句话记在心里，体现在我的行动中。记得有一次骨干校长培训，我们到外省市参观学习，回来后，我们培训班要写一篇考察报告，教育局党委邓继宏副书记把这个任务交给了我。我好几天都在构思，然后利用一天值班的时间，从晚上8点一直写到了凌晨2点。之后，请我们办公室小杨老师帮我打印出来，我认真地校对和修改，再配上我拍的校长们参观学习的照片，经过很用心的排版设计，页面也做得非常漂亮，还做了一个封面，然后我彩色打印了一份送到了教育局党委，得到了邓继宏副书记的高度评价——"写得非常好，连标点都不用改动了。"

得到邓书记这个表扬，我心里特别高兴。应该感谢于老师，我这样一个在二师于校长教导下成长起来的教师，学到了于老师身上敬业、认真的态度，是我在以后的工作中比较顺利，不断取得进步和发展的关键。

今天我们在新时代，担负着为党育人为国育才的重任，使命崇高，无上光荣，我们在工作中真是须臾不可懈怠，在平凡的岗位上认认真真完成自己的工作，对学生负责，这是教师最重要的品质。

一天四次家访

做老师遇到调皮的学生是难免的,最惹人生气的还是那种屡教不改的学生。

第二师范学校多数是女生,我教过有10名男同学的班级,这也是年级里唯一有男生的班级,有些男生相对比较调皮,但是有时候这也是他们可爱的地方。

初为人师,总是希望能够把学生都教育好,把班级带好。有时候因为能力和经验不够,做工作的效果总是不够好,尤其是男孩子,有的时候他们真是"虚心接受,坚决不改"。

有一次班级里有一个比较调皮的男生,屡教不改,让我感到非常生气,又觉得工作很棘手,不知道后面应该怎么做。正巧,那天我在校门口遇到了于老师,我就向她汇报了这个学生的情况,语气中还有一点抱怨。出乎意料的是,于老师听完我讲的情况,没有批评那个学生,而是语重心长地说了一段让我一辈子都记得的话:

"许坚啊,做教师一定要耐心!当学生经过我们的反复教育,依然没有任何起色的时候,我们仍然要耐心。"

我一下子为我刚才气急败坏地向老师汇报情况的样子感到很难为情。是啊,孩子哪有一教就变好的,有反复不是很正常的吗?我耐心不够,又这样心浮气躁,哪里还会有教育引导学生的智慧呢?

"谢谢于校长的指导,我一定会有更多的耐心!我再去找这个学生聊聊。"我有点羞愧,但是也马上有了面对调皮学生平和耐心的心态,就赶紧向于老师表决心。听了我这句话,于老师笑眯眯地朝我点了点头。

后来,于老师经常和我们年轻教师讲:"要转变一个人很难,学生是人,不是机器零件,机器零件如果没有达到标准,多了一个毫米,用锉刀锉一下,就可以达标了。而学生是人,有思想,有个性,要转变他的习惯和行为是非常难的,我们要有充分的思想准备,通过我们反复的有耐心的教育,来转变他们。"

于老师的话就是这样形象生动,这样入情入理,打动人心,叫人听得心服口服。从这以后遇到再调皮的学生,我基本都不会气急败坏了,我总是会想到于老师的这句话,总是会问自己还有没有更多的智慧来面对这些教育中的困难,还有没有更好的办法来引导学生。

终于有一次,我的耐心为我的班主任工作找到了突破口。

班级里有个女生,生性聪慧,在班级中比较有影响力,但也有些调皮,不太守纪律。这天早上她没有来学校,前一天也没有请假。这个孩子情况有点特殊,爸爸妈妈经常出差在外地,平时有可能一个人住。我有点担心她,不知道她发生了什么事情。于是我一早安排好工作以后,就到她家去看看。

她家住得离学校不远,就在学校对面隔两条马路的控江路上。我走到她家,门口静悄悄的。我通过她家在走廊里的窗户往里看,好像没有人,喊了几声,也没有回应。我看没有人,就只能回学校了。中午的时候,我想孩子应该回家吃饭的,我就在午饭前又到她家里跑了一趟,还是在门口,通过走廊里的窗户喊她的名字,但是家里还是没有人,我只能又回学校了。下午,班级的学生开始上课以后,我又去了她家,想想她下午总该回来,但是依然扑了个空。这时候我有点紧张,"这孩子能去哪儿呢?会不会有什么意外的事?上学的路上会不会遇到坏人?要是这个孩子有什么意外,我怎么向她外地的父母交代呢?"我很不安地回到了学校,心里七上八下的。

到了放学的时候,我想我工作要有耐心,这是我和于老师保证过的。我决定再去她家一探究竟。我又到了她家,家里还是没有人,我通过在走廊里的窗户仔细往里看,里面的房间门口的鞋子,位置和早上一样,厨房灶头上的锅具也没有动过的痕迹,那说明这一整天家里是没人的。这就让我更紧张了,我不知道这个孩子去了哪里,会不会真的遇到坏人了呢?那个时候也没有手机,没有办法联系上她,我只能回家,焦虑地等到了第二天早上。

第二天一早我就到了学校,早饭也顾不上吃,就进了教室,看到她已经在教室里,我悬着的心放下了。

"你昨天为什么没有来学校?事先也不请假……"

"我昨天生病了,在家休息。"她很镇静地回答我。

"那我来家访,怎么没看见你啊?"

"哦，我早上去医院看病了。看好病，我就回家了。"她眼睛不敢看我了。

"那我中午来也没有看到你呀……我还在门外大声喊你的！"

"那大概我在房间里睡着了，没听见……"她的头低了下去，声音怯怯的。

"那下午呢？"

"下午我起来了，自己在家看书的。"她回答的声音更轻了。

"下午2点我也来过的，你也不在家呀。我还通过窗户朝你家里面喊了好几声，你家又不大，我这嗓门儿喊得这么响，你在家里一定听得到的。"

"啊……你下午又来过啦？"她抬起头，愣愣地看着我。

我语气温和地说道："我再告诉你啊，我放学以后还来过你家，我仔细看过的，你家里面的房间门口的鞋子，位置和早上是一样的，厨房灶头上的锅子也没有动过的痕迹，那说明一整天你都不在家。"

"你昨天来了四次啊……对不起！许老师，我骗了你……"她终于讲了实话。

原来她昨天去拍广告了。那个年代，我们根本不会允许学生去拍广告，所以她知道我不会同意，就不敢告诉我，也没有请假，擅自做主就去了。我批评她旷课违反了校纪，但是也还是宽容了她，没有报到学校里给她纪律处分。

后来，我一天家访四次的事被政教处知道了，汇报给了于老师，于老师还在教工大会表扬了我，肯定了我对学生认真负责的工作态度。

自此，我的班主任工作更有耐心、更用心了。做班主任要有敏锐的洞察力，要关心每个学生每天的细微变化，找到引导学生的契机，关心学生身心健康，关心他们品格的形成，精神的成长，引领学生走上一条健康成长的道路，这是一件艰苦的事，也是一件最能体会到做教师的幸福的事。

一句话，要做好班主任，要眼明（善于发现问题）、腿勤（常去家访）、手勤（常记工作笔记），对学生有真心、有耐心、有恒心，这样才能做好班级管理工作，成为学生一辈子难忘的老师。

让学生喜欢你的课

新学期一开学,学生当中有这样一种现象:学生领到各学科书本,最喜欢翻开语文课本,看看这学期到底学点什么。但是,一旦开学,开始了语文课的学习,学生的积极性又顿时减了下来。学语文,学生历来怕古文、怕作文,还怕周树人。我们备课组在年级里进行了一次问卷调查,大概只有40%不到一点的孩子喜欢语文。面对学生学习语文兴趣不大的难题,我和备课组吴老师、蒋老师一起商量起来——我们怎么样提高学生学习语文的积极性呢?

有一次,于老师正好到我们备课组来,我们向她汇报了想法。

于老师听完,十分肯定我们的想法和决心,并意味深长地跟我们说:"教学生,顶顶重要就是要激发他们的求知欲!"她希望我们在语文教学听、说、读、写四个方面,做一些教学改革,尝试新的方法,让我们的语文教学更加贴近学生的生活,更加适应学生的学习需求,更好地满足他们个性化的学习要求,最终,让我们的学生喜欢学习语文!

听了于老师的教导,我们三个人心里暖洋洋的,个个摩拳擦掌,跃跃欲试,对备课组语文教学改革充满信心——我们一定能够找到好的办法来激发学生的求知欲,提高他们的学习积极性,让他们喜欢语文课!

我们首先进行的尝试就是"练口"——每次上课前5分钟,安排一位学生上讲台向同学们介绍一则最近的新闻,再谈一谈对这则新闻的感受、体会,在课堂上给学生走上讲台当众说话的机会。刚进学校的学生都比较胆怯,不大敢上讲台讲,不少女孩子特别胆小,更不敢上来讲。我们就设计了一个环节——她事先可以做一些准备,和同学商量,也可以请教老师,取得帮助,这样就避免了孤军奋战的情形,让她有勇气来完成这个挑战。我们对他们"练口"的评价,也是从鼓励出发,只要讲下来就可以,有自己的观点,可以脱稿,也可以拿着讲稿上来边看边讲。这样,一个星期五节语文课,半个学期时间,一个班级的孩子就全轮了一遍,也算是比较顺利地完成了。

下半学期,我们进行第二轮"练口"的时候,就要求学生能够脱稿讲一则新闻，谈谈体会，这比上半学期的难度提高了。有了第一轮的锻炼打底，学生有信心去面对更有难度的挑战了。虽然只有三五分钟，但是学生准备得非常认真，都能够较好地完成新一轮"练口"的任务。

到了第二学期，这个"练口"的任务怎么再进一步提高难度呢？我们三个人进行了新的设计——第二学期的"练口"要进行两轮，要求相同——请学生提前一天放学前到老师这里来抽签，抽到什么题目，回去就准备什么内容，第二天课堂前五分钟来讲。提前抽签拿到的题目，是我们教师准备的，各式各样——讲一件有趣的事情，介绍自己的一位同学，介绍自己的爸爸妈妈，介绍他自己的兴趣爱好，介绍一位老师，或者对社会上的某个现象发表自己的观点等。一年下来，每个学生都经历过四次这样的训练。学生从不敢上讲台讲，到能够上讲台讲好，进步很明显，这样的训练对学生提高口头表达能力起到了很大的促进作用，学生上课发言再也不会那么胆小拘谨了。让学生敢说、能说、说好，这是我们在培养学生"说"这个方面教学的追求。

到了第二年，我们把"练口"的难度又进一步提高——让学生在语文课之前十分钟下课的时间段到老师这里抽签，拿到题目以后，利用下课七八分钟的时间准备，上课后就在班级里即兴演讲。

"这个难度太大了！"当我布置完任务，一个班的学生都惊叫起来，教室顶都要被掀翻了！

我立即安抚他们："第一轮，我不要求你们能够讲好，有胆量即兴演讲，上来能讲完，能够讲出自己的观点，就是优秀！"

"哦……"学生们如释重负。

"不过，到了第二轮就要观点鲜明哦，第三轮的时候，要有比较充分的论据，条理要清楚。"

"哦……"学生们恍然大悟，原来要求还是很高的，只是分步达成而已！

这样的课前抽签的即兴演讲，训练了一年。这一年，学生们进步得自己都不敢相信了——自己竟然这么能说！

这个"练口"的项目留给学生的印象很深刻，现在不少毕业生回忆起来，都感到这个"练口"对他们提高表达的胆量和能力的作用特别大。特别是他们做老师以后，都拥有比较好的口才，有较好的即兴演讲的能力，这对提高他们的教育教学水平是非常有帮助的。有的学生在毕业以后的聚会中还会讲起，曾经自己是一个非常胆小不爱说话的孩子，毕业以后做老师竟然能够讲得挺好，现在经过教学岗位的锻炼，已经可以口若悬河、滔滔不绝了，回想起来，这个"练口"对她的帮助是最大的。正因为"练口"，学生真正提高了"说"的能力，有了获得感、成功感，他们对语文课的学习兴趣也就增加了不少。一年以后再进行问卷调查，学生喜欢语文的比例上升到了60%。

学生怕写作文也是一个难题。怎样破解呢？

我们的改革是让学生每个星期写随笔。随笔的内容没有限定，学生想写什么都行。可是学生依然觉得很难，星期天在家，总是觉得搜肠刮肚，写不出啥。怎么办呢？

于老师的话又给了我们启发——"要把学生的读和写结合起来。"

我们备课组就设计在每两个星期的十节语文课里挤出一节课，把孩子们拉到图书馆的阅览室上阅读课。学生们在阅览室可以选自己喜欢看的书，边看边做一些摘抄，抄录自己喜欢的内容。这样，就为这个星期写随笔准备了一些材料，星期天再写随笔就不会绞尽脑汁了。这次随笔，不论长短，都要和自己阅读、摘录的内容相关。这样，我们的"随笔"作业就分成了两部分——一部分是摘抄的内容，一部分是自己阅读的体会。这样，学生们随笔的写作质量提高了很多。后来，我们每两个星期又给学生整整两节课在阅览室里读写，第一节课是阅览书籍杂志，第二节课就要求把学习的体会写好，当场交作文。写作训练的强度虽然增加了，但是学生们却很喜欢。因为在阅览室上课还是很有新鲜感，读自己喜欢的书，写自己真切的体会，真情实感从笔尖流淌出来，写作文再也不是一件令人犯难的事情了。

老师在批作文的时候，也不要求学生写得全篇都好，只要有一段文字写得有真情实感，语言比较流畅，就是优秀！渐渐地，学生们不怕写作文了，对语文课又更喜欢了一点。第三次问卷调查，喜欢语文的学生达到了80%。

我们向于老师汇报了备课组教学改革的情况和学生取得的进步——学生们经过一两年的学习，进步了很多，比较能说了，也比较喜欢写作了，大部分孩子更喜欢语文课了！于老师听了以后特别高兴，在语文教研组活动的时候，表扬了我们这个备课组在教学上动脑筋，有进步。

今天，想起这些事，依然能感受到是于老师手把手指导我们年轻教师登堂入室，体悟到教育教学的一个真谛——让学生喜欢我们教的学科是多么重要！于老师那句"教学生，顶顶重要就是要激发他们的求知欲"，对我们学会高效教学的启发真的非常大！只有让孩子们喜欢我们教的课，才能让他们学得更积极主动，学得更好！

后来，到同济中学工作，和一位陈老师合作，教一个班级的语文课（她教六个单元，我教两个单元）。我也和语文组的老师一起商量怎样提高学生学习语文的兴趣，特别是在写作方面。

于老师说，要把读和写结合起来。我们就进行了"专题阅读"的教学改革。例如：有一篇课文是郁达夫的《故都的秋》，我们教完这篇课文以后，就把古今中外关于秋天的一部分诗歌、散文、小说，收集起来让孩子们读。然后在课堂上一起交流自学这些诗歌、文章的体会。我们鼓励学生们谈体会，没有什么标准答案的限制，老师在课堂上和他们一起交流，引导他们理解。

期末考试的时候，我们就在试卷上出了一道作文题，让学生写写《秋天的随想》。这下在写作的时候，学生们不再是脑子空空、笔下艰涩了，而是脑子里有许多关于秋天的作品和名句，许多体会都在他们的思想中，绝大多数学生文章写得很顺利，也很流畅，质量非常高。这么好的效果是我们想象不到的，我们看了以后感到格外惊喜，"专题阅读"教学的成功实践让我们倍感欣慰。

这个语文教学的改革项目之所以取得成功，主要还是让学生在阅读中获得了兴趣的提升。阅读不再是一件苦差事，而是带着情感，带着感动，带着体会，是一件很快乐的事情，也是自己充实人生的一个过程。有兴趣读了很多文章，思想自然就提升了，情感自然就丰富了，再写文章也就不难了。

喜欢，有兴趣，永远是最好的老师！

"强力规定"与"红色小老虎"

每周写"随笔"的任务布置以后，不少学生还是觉得很难。连续两周，有的学生写得很少，有的甚至敷衍了事只写几行字，这让我蛮生气的。

"有的同学因为老师讲了写随笔长短不论，只要写出真情实感就好，每次随笔都写得很少，有的一看就是敷衍了事，写了几行字就交上来了。这样的学习态度是不可以的！这个星期开始，每次随笔作业都必须写满一页！不允许以写不出真情实感为借口，写得很少！"我气冲冲地在班级里宣布了新的作业要求。

接下来的星期一，随笔交上来，每个学生都至少写满一页，我为我自己这个"强力的规定"有了效果而暗自欣喜——"这随笔总算有个作业的样子了！"

没想到随笔作业批着批着，有一篇写满一页的随笔让我惊讶——有一个我很欣赏的、语文很好的小常同学（她后来担任过第二师范学校的学生会主席，现在是一所国际学校的中方校长，的确很优秀！）在随笔里振振有词，反对我这个"强力的规定"！她觉得写随笔还是要以写出真情实感为第一标准，硬性规定随笔要写满一页是不对的！

"都只写几行字，作业态度这么差，这个样子的随笔还要不要写呢？还不如不写！"我气不打一处来。

但是我转而一想，要学生写出真情实感，这也是我第一次布置随笔作业时的初心，小常同学也没有说错，感觉她在说我是"以子之矛，攻子之盾"了！虽然我有点尴尬，但是好像也不能不同意她的意见。

冷静下来，我觉得她的意见还是对的。我在她随笔本上对她的"不满之词"大加赞赏："你讲得很对，写出真情实感最重要！不再规定写满一页，谢谢你的批评，赞赏你直言的勇气！"星期五我把随笔发给学生的时候，在全班宣布：随笔不一定要写满一页，长短都可以，但要写真情实感。

现在，小常同学回忆起来，说当时写这篇随笔的时候"年轻气盛"，随笔交上来以后，心里却非常忐忑，有点后悔，怕我看了以后会批评她，提心吊胆地过了好几天——"毕竟一直以来自己是以'乖学生'的形象出现的，怎么可以如此'忤逆'许老师的规定呢？许老师肯定会生气的。"没想到我对她竟然是表扬，是赞赏，她特别感动，因此这件事一直记得，"更是从心里增加了对许老师的敬意。"

我的规定恢复以后，学生们还是很高兴的，有的孩子随笔写得比之前长了，但是有的孩子依然写得很少，内容也比较马虎。那怎么办呢？

有一次，我发现教研组陈小英老师在给学生批随笔的时候，往往都会写很多话，有的甚至写一两页，跟学生交流思想。她认真负责的样子给了我一个启发——我不要批评学生写得少，而是要给他们做出榜样，像陈小英老师这样，多写一点，学生写不满一页，我就帮他们写满一页！

于是，在批阅只有几行字的随笔的时候，我会针对学生写的内容，评语多写一点，写满这一页为止，如果实在写不满，就在最后空的三四行的空间里面，把字放大一点，写一句名言、名诗、警句、格言！有时候我的评语甚至超过一页，写到下一页。这样的示范，作用很大，效果出奇地好。当学生拿到这样"长篇大论"式的评语时候，内心是有点惭愧的，但也很感动，甚至有点震撼。这几个学生接下来一个星期的随笔交上来，再也不只写几行字了，有的写了半页或者大半页，我呢，总会帮他们写满一页。时间一长，孩子们写的也就多了，也更愿意和老师讨论问题，袒露心声，交流思想，学生的随笔就越写越好了，有的甚至一下子会写三页交上来。遇到学生随笔写得特别多的，我就格外认真地读他们的文章，特别认真地和他们交流思想，也写得多多的。

有的学生现在回忆起来，说当时最期待的就是星期四、五拿到许老师批阅的随笔本，迫不及待要看许老师给他们写了啥，有什么鼓励和表扬，有没有画波浪线，有没有打五角星，有没有给一个"优"，甚至"优+"。我充满鼓励的评语，激情满满的"优+"，让学生看了以后心里暖暖的，"优"和"优+"会让学生激动得跳起来、欢呼起来。

后来，我又到城隍庙买了彩色的动物图案的小图章，随笔得到"优"的学生，在随笔本的扉页上盖上一个小动物印章——一个红色的小老虎，如果是"优+"，就给两个小老虎！这么一来，学生周末回去最重要的事情就是要写一篇有声有色有情感的随笔，争取下周得到许老师的"小老虎"！过了一段时间，学生们还要比谁的随笔本扉页上的"小老虎"更多！这样，写作就变成了孩子喜欢的作业了，这是我印象非常深刻的语文改革的一个成功点。

当学生不太喜欢我们给的学习任务的时候，教师不要硬性规定，或者批评学生，而是用我们的以身垂范、我们的教育智慧来引导学生，激励学生，让学生在完成任务的时候得到启发，获得快乐，这也算是"寓教于乐"吧！

激励，永远比批评更有力量！

现在的学生面临巨大的学业压力，有心理问题的不在少数，如何疏导学生，教师要多动脑筋，其中，对学生多一些理解和宽容，多一些激励，少一些批评，应该会有较好成效的。正如于老师所说，教育要有温度，教师暖心的话，往往可以给学生战胜困难的勇气。

让学生出单元测验卷

学生总是怕考试,连测验也担心,一个单元教完了总要做个练习,来看看教学的效果怎么样——学生学得如何,老师教的有没有问题?于是,每个单元结束就会有一个单元测验,面对单元测验,教师要动的脑筋是把卷子出好,考查单元教学的重点难点学生掌握得好不好;学生的任务是要进行详细的复习,争取在单元测验中考出好成绩。学生不知道具体考什么,所以复习起来也觉得没有方向。面对不可知的测验,学生学习心理比较紧张,心态也是比较被动的。

于老师常说,要调动学生的积极性,激发学生的求知欲,那测验能不能调动学生的积极性,能不能激发学生的求知欲呢?我在备课组里面提出了这个问题。

我和吴老师、蒋老师一起讨论:有没有可能让学生自己出单元测验卷?这样,学生就会去琢磨、研究每一篇课文学习的要点,以及这个单元学习的重点。然后,在测验卷当中反映出来——把这个单元学习的重点、难点作为测验的要点,出一张单元测验卷。

我们备课组向于老师汇报了这一设想,于老师非常支持,她觉得我们可以去试一试,何况他们未来都要做老师,也要出考卷的,现在就可以训练起来。我们之前的语文专题阅读于老师非常支持,我们也取得了明显的改革效果——学生开始喜欢语文课,喜欢阅读,也有兴趣写作了。这次让学生出单元测验卷,于老师希望我们做好设计,对学生做好指导。

我们备课组把单元测验卷分为四个部分,第一部分是字词部分,考查学生对本单元学习的生字生词音形义的学习掌握情况,题目的类型可以是加点字注音、加点字注释,以及根据拼音写汉字,也可以是学过的这个单元课文名句的默写填空;第二部分是文章阅读分析,要求从学过的课文里选择一个语段或几个语段(出两道题),出题考查的是这篇课文的学习重点,或者与之相关的单元教学的重点内容;第三部分是文言文,出的题目包含两种形式,一种是加点字注释，一种是句子翻译；第四部分是作文，要求考查与本单元课文相关的写作技巧，比如细节描写、场景描写、人物肖像描写等。

测验卷从内容到形式都设计得很仔细，老师给学生做详细的指导，也让他们参考以前做过的单元测验卷的样式。

"这个单元的内容我们都学习完了，下个星期进行单元测验。"我在班级里宣布了测验的时间。学生们满脸的焦虑，"啊？这么快又要测验了！"

"是啊，时间蛮紧的。不过，这次测验和以往不一样——请同学们自己出试卷，不是由老师来出卷。"

"什么？我们自己出卷子，我们怎么会出卷子？"学生们在教室里立刻七嘴八舌，大呼小叫。"你们不是说不知道考什么，就不知道复习的方向吗？这下你们自己决定考什么，这还不好吗？"

我把我们对这次单元测验卷的出卷要求，详细地跟学生说了，让他们做了笔记。然后还规定自己出好的试卷要工整地誊写。每个学生给一张A3纸，要把出好的题目认认真真地抄写在纸上，答案填写处要用直尺画线，考试的卷面整洁度有5分。考卷出完还要准备一份参考答案，也要认认真真地写在另外一张A4纸上，也计5分。

"太难了，太难了，这个实在是不可能完成的！"学生们一片反对。

"我们备课组已经决定了，这次测验就要请学生出试卷，我们也向于校长作了汇报，作为一个语文教学改革的任务，大家必须完成。何况你们将来也要做老师，也要出考卷的，现在就可以训练起来了。测验卷下星期一交哦！"我坚持到底，不为所动。学生们没有办法，只能苦着脸接受了任务。

我回家轻轻松松地过了一个周末，除了备课，没有什么让我烦心的事。学生们这个周末就过得艰苦了，我知道他们肯定边出考卷边在埋怨我。

接下来的星期一，我早早地到了教室。看到一个学生已经坐下了，我就马上跑到她身边，"单元测验卷出好了没有啊？感觉如何？"

"我从来没有这么认真地看过语文书，这个单元的课文都要被我翻烂了！"学生既像是在诉苦，又像是在表功。学生一脸的委屈，告诉我这张卷子写出来实在是不容易，为了研究每一篇课文学习的重点，绞尽脑汁地回忆当时上课的情况，翻看自己的笔记，还找同学讨论，出什么内容，出什么形式的题目，真是费尽了心思。测验卷出好了，还要写出参考答案，那真是前前后后书都翻烂了。不过虽然那么艰苦,也总算是把试卷出完了,诉苦的同时,她也在骄傲地告诉我她完成了这个几乎完不成的任务。

我接过她出的试卷及答案,认真地看起来。

首先她出的测验卷,态度是极其认真的。出的题目基本符合要求,特别是誊写非常工整,填写答案的地方,直尺画的线段非常平整,线段的长度也基本符合填写答案所需要的空间。

"出得蛮好的。特别要表扬的是,你的态度非常认真,卷面非常整洁。参考答案也提供了。那这个10分你都可以拿到!"我立即肯定了她的优点,给予她热情表扬。

"真的吗?真的啊?我那个10分都能拿到的吗?哈哈哈哈……"她拍着手,激动得要跳起来了,笑得嘴都合不拢了。"这也不枉费我花了那么多时间,过了一个艰苦卓绝的周末!"她的眼神里充满了骄傲和自豪。

其他学生的测验卷收上来,我仔细地看了,绝大多数同学出得质量挺高的,反映出他们平时学习还是比较认真的,特别是为出这张试卷,投入了很多的精力。对单元教学中的重点难点,无论是字词,还是文学常识或者写作技巧,都把握得不错。更为重要的是,他们都誊写得很整洁,整整齐齐,叫人看了赏心悦目,这反映出我们这批师范生素质真是挺好的。第一次出测验卷能有这样高的质量,真是让我们备课组的三名老师喜出望外。

测验卷是出好了,那么测验怎么进行呢?我们的设计是,自己出的测验卷自己不能做,要做别的同学出的测验卷。我把这个要求在班级里一讲,学生们又沸腾了。

"啊?我们出的试卷不是我们自己做啊,我们做别人出的试卷啊。别人出了什么内容我又不知道,那我怎么考得出来呀!"

"我看过你们出的测验卷,总体上大家对单元学习的内容都把握得挺好,可见大家通过出单元测验卷,能够抓住学习的重点难点,通过出测验卷也进行了很好的复习,你们现在个个都是小老师了,要有信心去做别人出的测验卷嘛!"面对学生们一张张苦瓜脸,我赶紧安慰他们,给他们鼓励。

两节课时间很快就过去了,学生们都顺利地做完了测验卷。睁大眼睛都看着我,就等着我收卷。"这个测验卷不是许老师批改,谁出的试卷谁批改,因为他那里有参考答案啊!赶紧去找出试卷的同学,把答卷交给出卷人,让出卷人批改。"

这个决定又出乎学生的意料了。不过这次他们没有质疑我,而是带着好奇,乐呵呵地把试卷交到了出卷人的手里。"批的时候客气点啊!"这是他们对出卷人唯一的要求。

"谁出的卷子,都要认真批改哦。如果批错了,做卷子的同学可以投诉。如果我判断下来的确是批错了,那么扣分要扣到批卷子的人身上哦!"我这么一说,是把压力都给到了出卷子和批卷子的人身上。"大家要好好地再三斟酌,也可以找同学一起商量。批阅试卷是责任重大的事哦!"

因为每个人都出了试卷,每个人都要批阅别人做的自己出的卷子,这下学生们都静下来了,赶紧翻书、翻词典。相互之间还商量,几个同学共同讨论,给答卷的同学作文批几分,学习的氛围真是既热烈又紧张了。我在旁边看着,都快忍不住笑出声了——从来没有看见过我的学生们这么认真地学习,这样热火朝天的学习场景,真是前所未有的!

等学生批完测验卷,我把卷子全部收上来,再一张张仔细审阅。如果发现学生批错的或者有问题的地方,还要找相关同学到办公室来修正或者讨论。

事实证明,让学生自己出测验卷,是一个别出心裁的,让学生既能够用心复习,又能够比较好地把握住学习的重点难点的好方法。学生的一句"我都快要把书翻烂了",很好地反映了她提升了求知欲,也提高了自学的能力。这个单元的教学效果出奇地好,在后来进行的期中考试中,反映出来学生对这个单元的知识掌握得最好。

其实我们可以做很多突破和创新,来实践于老师讲的"教学生,顶顶重要的就是要激发他们的求知欲"的教育教学思想,用于老师的话来说就是要"勇于实践",找到更好的、更高效的教学方法,提高学生的学习效益,不断探索教学规律,寻求教育的真谛,做一名经常在工作中获得事半功倍效果的、智慧型的教师。

生词抄几遍好？

学语文，学生掌握字词是基本功。要记住这些字词，一定要有练习，通俗地讲就是抄写。抄多少遍合适呢？一开始，我和别的老师一样，给孩子们在课文上画词语，让学生每个生词抄四遍。然后第二天默写，默写错了的词语一个再抄四遍。但是，这样教的效果不怎么好，而且有的学生比较敷衍，甚至对抄写生词有些厌倦和抵触。

教学生掌握字词，看似简单，其实教的方法还可以研究一番，因为这不仅关系到教学的效果，还关系到师生感情。于老师一直教导我们要和学生建立"充满仁爱和信任"的师生关系，这个"仁爱和信任"就包含教师对学生理解、包容、引导，更有善意和爱护。

想起于老师在我试讲的时候，教我辨别"谐"和"协"的字形，这给了我很大的启发——教师要认真研究学生的学习心理、学习习惯、学习方法，要让教学的过程变成师生互动、师生增进感情的过程。

于是，我和学生们宣布了新的词语抄写规则：

"今天许老师不画词语了，大家把课文仔细看一遍，觉得自己不熟悉的，没有很好掌握的词语，自己画下来，然后自己抄写，抄写的遍数可以根据自己对词语熟悉的程度来决定——如果比较熟悉的词语还想再巩固一下，抄一遍就可以了；如果有的词语很不熟悉，也不太理解，通过查字典以后才了解学习到的新词汇，那可以多抄几遍。总之一句话，根据自己的情况，自己决定词语抄写的方式。"

话音刚落，同学们表情复杂。有的很开心，觉得自己掌握了学习的自由度；有的很担心，老师不画词语，自己抄哪些呢？抄几遍呢？怎么把握呢？没了方向；也有学生表示反对，还是老师来画词语比较好。

我一直记得于老师对我们的教导，一定要充分发挥学生学习的积极性和主动性，让他们自己做学习的主人。于是我还是坚持让学生自己画词语，老师以后不管这件事了。

第二天交上来的作业五花八门，有的孩子很本分，还是跟以前一样，自己画了一些词语，每个抄四遍；有的学生开始有了自主性，画了一些自己不熟悉的词语，有的每个抄了四遍，有的词语抄了一遍、两遍；更有一些孩子担心自己掌握得不好，画了好多，每个词语依然抄了四遍。批完作业，我就到教室里表扬了一些能够自主决定学习哪些新词语，抄的遍数是两遍到四遍的学生，鼓励学生要向他们学习，积极开动脑筋，更多地发挥自己学习的主动性，自己掌控学习的进程，做学习的主人。第二天上课默写词语，学生默写错了的，也不是统一抄四遍，而是由学生自己决定抄几遍，目标就是自己能够掌握。同时，我还跟学生说，默写错了以后首先不是抄写，而是先是辨析字形，查字典搞清楚字义，在理解的前提下，再去抄两遍熟悉、巩固。

从那以后，学生抄写词语的作业进步很大，越来越多的孩子能够设计完成很有个性的词语抄写作业，默写的正确率也提高了，学习的过程也变得愉快了。因为学生觉得这样学习是由自己来掌握学习的节奏，既有自己的个性，也有学习的自由度。交作业时都很开心，而且字也写得更端正，作业质量大大提高。

我心里非常开心，我觉得这样教学方法的改进，让孩子做自己学习的主人，提高了学习效率，而且师生之间有了非常好的信任关系。

对那些词语抄得比较少，而且默写时正确率很高的学生，我还会让他和同学们分享新字词学习的经验和技巧。我想通过这个方法的改进，让每个学生都能够找到适合自己的学习方法。

今天，我们知道，孩子的学习有不同的类型，有的是视觉型学习者，有的是听觉型的。所以，在学习的时候，有的孩子多看几遍就会了，而有的孩子需要听讲。那么，如果我们不规定学习的方法，而是引导孩子们充分根据自己的学习特点决定个性化的学习方法，让自己的学习主动性得以发挥。这样学习的过程，即便比较辛苦，但内心也是快乐的。

我这样布置作业以后，没有孩子是空着本子交上来的。相反，词语抄写得更加认真，词语默写的正确率更高，师生感情也更好了。有时候孩子会主动来问我："这个词语，怎么才能记得住呢？我怎么老写错呢？"跟老师来探讨怎么才能把这个词语记住，问问老师有什么好的方法。有时候我也鼓励同学之间相互探讨，因为他们都是未来的老师，应当自己去找正确的学习方法，丰富自己的学习体验，以后在小学课堂上进行字词教学时，一定更加有智慧。

写到这里，我觉得今天让孩子们学新的字词，无论是汉语还是英语，总还有抄写的任务。尤其当孩子们记不住的时候，经常写错的时候，我们是不是不要通过让他们抄写更多遍来记住呢？更多的抄写在孩子们、家长们看来就是罚抄，这么教，老师是缺少智慧的，而且这个教学过程也是比较生硬、无趣、无奈的。我想，于老师智慧的教学方法，应该给了我们启发——我们可以和孩子们一起来探讨怎么把这些词语记住，去找到更加聪明的学习方法、更智慧的记忆方法，引导孩子学会学习，这才是真正好的教育。

比如，教孩子背圆周率，3.1415926，把它改为一句诗"山巅一寺一壶酒儿乐"就很好记；我们也有聪明的学生，把化学元素周期表改成顺口溜，让自己学得更有趣、更快乐，更容易记住。比如，"我是氢，我无赖，得失电子我最菜""我是铍，耍赖皮，虽是金属难电离""我是钠，脾气大，遇酸遇水就火大""我是磷，害人精，剧毒列表有我名""我是锰，价态多，七氧化物爆炸猛""我是金，很稳定，扔进王水影无形"等，这种顺口溜就是"口诀记忆法"，优点在于方式鲜活，能提高学生学习兴趣，便于理解记忆。

又比如，我们教"戊戌变法"，"戊戌"两字，很容易写错，我们就可以把"戊、戌、戍、戎"四个字放在一起比较，让孩子们（而不是教师）来说说看这四个字的区别，如何记住它们的字形和字义，比一比，看谁讲得更清楚，记忆的方法更巧妙。"三个臭皮匠，合成一个诸葛亮"，孩子们一定会通过讨论，找到记住这个四个字的好方法。

我们也有数学老师，请学生来介绍他的不同解法或简便的解题方法，并且用这个学生的名字来命名这个聪明、简便的解题方法——"×××解题法"，这不仅让其他学生容易记住，而且能给那个发现这种聪明、简便的解题方法的学生一种成就感，激发学生更高的学习积极性。我想，这个孩子一定会感到非常自豪，这对他的学习一定会起到很大的激励作用，也许会让这个学生从此喜欢上这门学科。

有趣的记忆方法，能让孩子们一下子记住学习内容。例如，我们要让孩子们记住"西湖十景"，可以让他们记10个词语——苏堤春晓、曲院风荷、平湖秋月、三潭印月、柳浪闻莺、花港观鱼、断桥残雪、双峰插云、雷峰夕照、南屏晚钟，也可以让他们在"西湖十景"每个景里面取出一个字，变成两句五言诗，通过这两句诗来记住"西湖十景"，让同学们充分发挥自己的想象和智慧，编出不同的适合自己记忆的两句五言诗，比如："春风月月雪，鱼莺峰峰钟"，对应苏堤春晓、曲院风荷、平湖秋月、三潭印月、断桥残雪，以及花港观鱼、柳浪闻莺、双峰插云、雷峰夕照、南屏晚钟，再在班级里进行交流，看谁编出来的五言诗更容易记忆、更有趣。这样的"西湖十景"记忆效果一定非常好，不容易忘记。同时，在这样积极主动有趣的学习过程中，孩子们学会了用更巧妙的方法来进行学习。在别的学科学习当中，也可以举一反三，找到适合自己的巧妙学习法，这样就把学会学习落到了实处。

如果老师能够把艰苦枯燥的学习过程变得愉快有趣，就像古人所说的"寓教于乐"，孩子们一定会更加喜欢学习，并且在这样的学习过程中会产生很多故事。几十年以后，当他们回想起自己学习的经历，还会在同学聚会的时候讲起这些小故事、小细节，让自己的人生多了很多趣味，让自己的学习生涯有很多记忆的点，很多幸福的回忆。

充满趣味的学习，会让孩子们喜欢这门学科，也喜欢这样教课的老师。要把"学习一定有方法，记忆一定有窍门"这个理念，让孩子们领悟、记住并实践——这是我们教师很重要的教育智慧。

谁来演太监？

现在有不少孩子厌学，对所学的学科兴趣也不大，只是为了完成学业，为了考试分数，为了能够考进好的学校。教育的功利化让教育变了味，老师的工作积极性也受到影响，总能感觉到在压力下的一种无奈。一些孩子也不像我们想象的那么热爱学习，能感受到他们在分数的驱使下的一种挣扎。患抑郁症的孩子的比例在不断上升，看了真让人心疼，我们的教育究竟怎么了？

其实孔老夫子讲得很好，"学而时习之，不亦说乎？"学习本身虽然比较辛苦，但的确能给人带来快乐，孩子们在学习中应该有的这种精神上的愉悦为什么越来越少了呢？

回答这个问题就要知道我们的教育的目的是什么，教育究竟是为了分数和升学，还是为了孩子的成长和成人？如果我们的教育是为了分数和升学，那就有数不清的卷子和考试；如果我们的教育是为了孩子的成长和成人，那就应该有丰富的学习体验和感悟。

习近平总书记说："从长远来看，无论是学校教育还是家庭教育，都不能过于注重分数。分数是一时之得，要从一生的成长目标来看。如果最后没有让学生形成健康成熟的人格，那是不合格的。"于老师也说，"教育不是为了分数，也不是为了就业，而是为了'完成'。这不仅是生理上的完成，更是思想上、人格上、精神上的完成。"无论是我们的国家领导人，还是人民教育家，无不把培养学生拥有健康的身心、健康成熟的人格，放在教育的首要位置。这就是我们教育的初心，如果我们淡忘了教育的初心，教育一定会跑偏。

我教语文，希望学生语文学得好，但从不追求孩子的分数考多高，我关心的是学生是不是喜欢语文，是不是喜欢看书，是不是愿意写出自己心里的真实感受，是不是在看书听课学习中得到思想的领悟和人生的启迪。只要我们引导孩子喜欢语文课，喜欢看书，喜欢讨论，喜欢写作，他们一定能在语文学习中发挥自己的主观能动性，一定会学得不错；而且，我认为分数高低并不重要，关键在于每个学生在学习过程中不断有成长，有进步，这才是最重要的。在我看来，有进步的孩子都是好孩子，都是优秀的学生。

怎么让我们的孩子喜欢上语文课呢？有时候这并不是靠过多的讲解，而是要让学生走进作品，让他们与作品里的人物、事件声息相通，在对作品的文字欣赏和揣摩中，在对人物的经历和性格的分析中感悟社会生活，领悟人生哲理。这样的语文教学没有学生不喜欢的。

我在教学中就非常喜欢让学生来排练一些课本剧。让学生在表演的过程中有体验，有感悟，这个比教师讲自己的体验和感悟，要有意思得多，也有意义得多。

记得有一次教《茶馆》，我让学生们分角色朗读。学生们很愿意尝试演秦二爷、常四爷和王利发，对其他角色也愿意来参与，角色分配到最后，就是那个原先在宫里做太监的庞老爷没有学生愿意演。怎么办呢？

其实无论演什么角色，都是为学习，为表演，为艺术，但是孩子们还是很忌讳演太监。这个很好理解，本来就是个反面角色，孩子们不喜欢演，更何况是个太监，那个嗓音，那个阴阳怪气的声调是不太好演的。要打破学生这种思想上的顾虑，靠启发是不够的，要靠教师自己身先士卒，做表率做榜样了。于是我和学生们讲："其他角色你们演，许老师来演太监。"学生们不可置信地看着我，估计他们想不到，我还是敢演太监的！

第一遍分角色朗读完成以后，学生们都激动地鼓掌，我知道这个掌声多半是给我的，因为我模仿《茶馆》电影里那个太监的声音模仿得很像。他们一方面是佩服许老师的勇气，也是赞赏我的演技了。

"别忙着鼓掌，我们第一遍都演得很好，我们换一批同学再来演第二遍，希望这一遍，太监由某个同学来演，而不是许老师。"我抓紧机会激发学生的勇气。

同学们面面相觑。我也看着全班，耐心地等待着这位勇敢的学生。不一会儿，终于有个男同学举手了，"许老师，太监我来演吧！"

我们师范学校班级里大多数是女同学，男同学本来就少。愿意来演太监，这个男同学是经过了复杂的思想斗争的，是不容易的，首先，这份勇气就非常值得赞赏！

"好，我们给他热烈的掌声，给他鼓励，希望他能演好！"我带头热烈鼓掌，全班也跟着为他鼓掌。

有了第一遍打基础，第二遍分角色朗读，学生们更放得开，敢于表演了，所以比第一遍更加成功。非常难能可贵的是这位演太监的同学，演得比我还好，那两句"您聪明，二爷，要不然您怎么发财呢！""圣旨下来，谭嗣同问斩！告诉您，谁敢改祖宗的章程，谁就掉脑袋！"真是演得惟妙惟肖，简直和电影里的演员演得一模一样了。可见这位同学在我们第一遍演的时候，是非常细心地揣摩过这个角色的。他也有点表演的小天赋。当我们第二遍分角色朗读演完以后，班级里的掌声更响了，学生们都非常兴奋，非常激动，都想象不到这个男同学竟然表演得这么好。

　　我表扬了第二组的同学，尤其赞扬了这个演太监庞老爷的男同学，赞赏他勇气可嘉，也赞赏他演得用心。

　　这堂课的效果出乎意料地好，孩子们积极地投入到当天的学习当中，通过表演更好地理解了剧中各个人物的性格、思想情感，对作品的内涵理解就更深了。

没有清洁工的校园

上海市第二师范学校的校园整洁美观是全国闻名的。步入校园，草地青绿，树木葱茏，到处干干净净，根本没有卫生死角，这样整洁的校园，并不是来源于许多清洁工的打扫，校园的保洁工作是我们全体师生共同完成的。

我刚进第二师范学校工作，就听说学校是没有清洁工的。我感到很纳闷，这么大的校园没有清洁工，怎么扫得干净呢？后来开学了，我才知道学生和老师会一起参加许多校内的劳动，来保证学校的整洁美观。比如暑假一过开学了，老师和学生都要到操场上去拔草。每个班级都会去领一些锄草的小铲子，能用手拔掉的草就用手拔，手拔不动就用铲子铲。开学前的一次返校，这是我们必做的工作。

许多班级的同学浩浩荡荡地走向操场，操场上的草有的长得不高，有的却高到超过膝盖。我带的这个班级有男同学，他们可以很好地发挥作用，成为拔草的主力军；而有的班级全部都是女孩子，这个任务就比较艰巨了。

大家一开始兴致挺高的，过了一段时间就不行了。拔草时间一长，学生的手都发红了，有的还起泡了，泪水和汗水汇聚在一起，形成了拔草风景线。虽然困难不小，但是每个班级的学生都能够坚持下来，半天下来操场上的野草基本被清理干净了，确保开学以后广播操和体育课的场地使用。

开学前，我们还要进行整个教学大楼的打扫。那时候没有专门给学校做擦窗清洁服务的公司，室内外打扫都是靠学生完成。一楼的窗户擦起来还容易一点，二楼三楼的窗户要擦干净，就不容易了。班级有男生的，一般由男生来完成，有的班级全部是女同学，也找出了个子长得比较高的女生来完成。擦窗这项任务要完成好，不仅要有责任心，要仔细，更重要的还要有安全意识，要在确保安全的前提下擦干净玻璃窗。那时候的学校也没有把高处擦窗看作是不可完成的任务，所有擦窗的任务都是由班级学生完成的，从没有出过任何事故。当然，学校也加强安全教育，叮嘱学生在擦窗时注意安全防护，对培养学生认真踏实且可靠地做事的作风起到了关键作用。今天，在我们看来，这似乎已经是一个不可能让学生完成的任务了。时代变了，观念变了，而学生的劳动能力似乎也下降了。

每天放学以后的值日打扫，由学生轮流完成，而学生会干部会到班级来检查、评分。检查的标准是很高的——地面要扫干净，地板要拖干净，黑板要用湿抹布擦干净，黑板槽里不能有粉笔灰，抹布要洗干净整齐地放在讲台上，绝不能把黑板擦成大花脸，讲台里面要整理整齐，讲台更要擦得干干净净，一尘不染。来检查的学生会干部往往会用手指在黑板槽里面和讲台的缝隙处抹一遍，如果有灰尘就扣分了，可见检查多么严苛。学生值日完毕，要等学生会的干部来检查以后才能离开学校。值日生的心情是很忐忑的，为了不被扣分，学生们擦得很仔细，每个缝隙都不放过，擦好以后，还要守在黑板和讲台前面，不许别的学生碰。现在一些师范学生回忆起来，对这个细节无不印象深刻。虽然检查的标准有点严苛，但是也形成了学校学生爱劳动、爱清洁，有责任心，珍惜劳动成果的好习惯、好品质。

我有时到其他一些学校去上课、听课，会看到教室里面物品放得比较杂乱，黑板槽里粉笔灰很厚，黑板也擦得不干净。放学以后，值日生拿餐巾纸擦擦黑板就结束了，根本不用湿抹布擦，也没有很好地扫地拖地板，而是稍微扫一扫，把能够看见的大的垃圾扫掉就完成任务了。可见，我们现在对劳动教育的淡化、弱化是较为严重的。有些小学还曾经有家长跑进来帮孩子做值日，那就更不可取了。

现在，根据党的二十大提出的培养学生德智体美劳全面发展的教育方针，我们一定要加强对劳动教育的重视。劳动教育要踏踏实实地做起来，首先就是指导学生做好班级的值日工作，把教室、教学楼、校园打扫干净。怎样扫地、拖地板，怎样清理黑板槽里的粉笔灰，怎样用湿的抹布把黑板擦干净，怎样把桌椅排整齐，都要一样一样地教孩子做，这里不仅有劳动意识的提升，还有劳动技能的培训。

古人讲，"一屋不扫，何以扫天下？"连最基本的学校班级值日工作都做不好，我们怎么能够说劳动教育就完成好了呢？我认为，那些手工制作，带有科技含量的劳动固然是重要的，但是最重要的是从身边做起，教学生做好值日打扫工作，这里有责任感的培养，有集体荣誉感的培养，也有劳动技能的培养，是最重要的劳动教育项目。

第二师范学校除了有大扫除、每日的值日以外，每个班级都会有一个星期的劳动课。起先，学生们对一个星期不上课，不做作业，是非常欢迎的，都非常期待那一个星期的劳动课。但是一旦实施起来，学生们却得到了更加深刻的感悟，再也不是把它看作是一个星期的轻松和快乐了。

我们会把全班学生分到学校各个岗位，参加一周的劳动——有的在校园里做保洁工作，清扫校园平时打扫不多的地方；有的分派到图书馆，帮老师整理书籍，负责图书出借；有的分派到实验室，帮老师一起做实验准备；有的分派到食堂，协助食堂员工拣菜、洗菜……尤其是剥毛豆、剥蚕豆，学生们会很骄傲地跟其他同学说，"今天你吃的豆是我剥的哦！"

一周的劳动其实是辛苦的，一点儿也不比平时上课轻松。学生们在劳动中体会到不同岗位的辛苦，也就更加增强了珍惜劳动成果的意识。每当看到整洁美观的校园，学生们都会感到这里面有自己的一份付出，一份辛劳，也就特别热爱学校，对学校有强烈的归属感。

师范学校的学业压力不如中学，虽然教学任务也比较紧张，但是老师们都能够理解并且支持一周的劳动课，都能够明白劳动教育也是学校教育非常重要的部分，所以可以很顺利地完成一个星期的劳动教育课。现在的中学学业压力比较大，教学任务更是紧张得不行。在这种情况下，我们要做一周的劳动教育课是不现实的，但是，做一两天的劳动教育课还是可以的。关键是我们要看到劳动教育的重要意义，把劳动教育看作是培养学生健全人格的重要途径，必须花时间去落实。要让学生在学校的不同岗位上进行学习锻炼，了解不同岗位的工作要求，体会各个岗位工作的辛苦，也可以把它看作社会实践课的一项内容。

劳动教育是我们学校育人需要重点突破的地方，我们有许多事情可以做，还有很多的空间要去拓展。

站军姿半小时

学生在学校学习不仅要学教科书上的知识，还要学习教科书以外的知识，课内外要贯通。学生不仅要有课堂上的学习，还应该有社会实践课。学军学农就是高中课程中非常重要的社会实践课程。

我在第二师范做班主任、年级组长和政教处副主任时，都带过学生参加军训和学农。到了同济中学我担任副书记、副校长，也带领过学生去学军学农，带师范生、高中学生学军学农的印象是非常深刻的，有许多美好的回忆。

于老师说"教育首先要抓孩子的身体健康，要培养学生德智体美劳全面发展"，这样的要求在二师和杨浦高级中学是深入人心的。于老师常说，"健康就是1，其他各方面的能力和素养都是0，无论后面有多少个0，没有前面的1，结果都是0。"于老师把学生健康放在第一位的教育思想，对我的影响非常深远，所以抓好学军和学农，对我来说是非常重要的工作，我高度重视、积极投入。

说心里话，我非常喜欢带领学生去学军学农，因为这是很少能让学生走出教室和学校进行的学习实践活动。学军可以增强学生的纪律观念，增强体魄，增强意志，增强爱国主义精神。学农则可以了解农村，了解农业生产，参与农活，学习农村劳动和生活的一些技能，培养热爱劳动、吃苦耐劳的精神。我们非常重视这样的学习，所以在学军学农开始之前，我们会做很周密的计划，安排很丰富的学习内容，然后认真组织实施。在学军学农的过程中，发生过许多值得回忆的事情。

做军训工作，一开始三天是最考验人的，也是最紧张的，因为不少学生会晕倒。暑假到了最后几天，军训往往就开始了。学生们从凉爽的空调房间里走出来，要直接在太阳底下晒。由于身体不适应，再加上第一次参加军训，又到了一个新学校，学生们会非常紧张，所以，有不少孩子会晕倒。面对这个问题，于校长要求我们要做好充分的准备。首先是物资上的准备，比如要购买一批凉席，准备好十滴水、风油精、毛巾、脸盆等防暑降温的用品。同时，也要做好思想上的准备，准备好第一天会有几十个孩子晕倒，要求班主任必须注意观察，细致严谨，及时发现头晕站不住的学生，不能让他们倒地，跌坏了身体。还要关心学生的心理状态，不要勉强他们参加训练。当然，还要掌握训练的强度，张弛有度。把站军姿、练习齐步走、正步走、跑步走和做游戏结合起来，给学生比较充分的休息时间。

果然，军训第一天就有三四十个学生晕倒。我们在一间教室里面把四张课桌拼起来，上面铺上凉席，让晕倒的孩子躺在上面休息，喝点水，教室里开好电扇，小风吹一吹，晕倒的学生很快就清醒了。二师和杨浦高级中学的学生素质都是很好的，有很高的自我要求。当身体恢复以后，他们会积极要求再返回训练场地继续训练。我们班主任和校医也会进行评估，如果发现情况还不够好，我们还是劝学生留在教室里多休息一会儿。

在操场上训练的孩子也需要心理疏导。尤其第一天，他们看到身边的学生一个一个晕了，被送到了休息的教室，他们也很紧张。这时候我们就会和学生说，大家刚刚从家里的空调房间走出来，走到室外肯定不适应，而且一个暑假也没有什么锻炼，身体就比较虚弱，晕了是很正常的，不要过分紧张。同时，我们也请教官及时让学生们在树荫下休息，做做游戏，唱唱军歌，学生们的适应能力明显增强，紧张情绪也缓解了许多。

到了军训的第二天，就只有十几个孩子晕倒了，数量明显下降；到了第三天，只有几个孩子不适应了，绝大多数孩子都适应了室外的训练。

我们始终牢记于老师对我们的要求，要爱每一个孩子，要把浓浓的爱和真切的关心融入教育活动中。我们这样细致地关心和爱护学生，也在军训中与学生建立起非常好的师生关系。

我从来没有想到过会带着学生站半小时一动不动。

在军训中学习齐步走、正步走和跑步走，动作的要求比较高，尤其是整齐划一，训练的难度是比较大的，最难的是站军姿。记得我带过一个班级都是女同学，站一会儿就要摸脑袋，抓耳朵，挠痒痒，教官进行了批评教育，但是没有用。有的学生还笑嘻嘻地跟教官开玩笑，教官没辙了，来找我。我该怎么办呢？

我脑袋里忽然浮现出了"为人师表"四个字，这是于老师经常和我们学校老师提的要求。我想，这就要求老师不要光是嘴巴上教育学生，更重要的是以身作则，做学生的榜样。让学生要做到的，首先老师要做到。

于是我就跑到学生队伍前面，很认真地宣布了我带领她们站军姿的要求："许老师这次带领大家训练站军姿，时间是半个小时，在这半个小时里边，全班同学都不能有任何小动作，许老师也是一样的。无论哪个同学动了一下，我和全班同学，站军姿时间就加一分钟，如果有5个同学动了，我们就要加5分钟，以此类推。"

"啊？半个小时啊，怎么能一动不动呢？"学生们七嘴八舌地表示怀疑，也很有畏难情绪。

"是啊，的确是很难，但是军训不正是训练我们的意志品质和纪律观念吗？我们要相信自己能够完成这个挑战！"我气宇轩昂地进行了"战前动员"，学生们被我的激情感染了，都同意挑战半小时站军姿。我请教官在旁边看着，有一个学生动一下，我们就加一分钟。

我扫视了一下全班学生，自己站得笔直，中气十足地喊了一声"立正！开始！"起先的10分钟还是比较容易坚持的，学生们也很争气，没有一个学生有小动作。我也站得笔直，一动不动。站得时间长了，脚很酸，有点僵硬了。我看到有的学生脸涨得通红，有的开始咬嘴唇了。

"现在我们已经站了15分钟了，任务已经完成了一半，大家一定要坚持下去，我相信同学们一定能够完成另一半的任务！"我马上给她们鼓劲打气，激励他们继续坚持。

"还有最后5分钟！大家马上就要完成任务了，加油！"旁边教官已经激动地喊出来了，估计他从来没有看到过一个班级的女同学站这么长时间一动不动的。

"坚持就是胜利！大家咬紧牙关，坚持到最后！"我不失时机地给学生们最后的鼓励。我已经看到有几位女同学眼泪在眼眶里打转了，但是她们依然坚持着，没有动。我心里也是非常感动，这真是一批有毅力的好学生！带这个班级，我是有信心的！

"时间到！"教官终于宣布了半个小时的站军姿任务完成了。

"全体都有，稍息！"教官的指令充满力量。

我还是笔直地站着，在观察学生们的表现。奇怪的是，学生们也一动不动。我赶紧放松，稍息，"稍息，休息啦！"我向她们挥了挥手，让她们自由活动。有的学生已经放松了，还有的站着没动，我就让放松了的学生去帮助那些站得有点僵硬的学生放松休息。

两分钟以后，学生都放松休息了。原本我以为女孩子那么辛苦，刚才还有学生眼泪在眼眶里打转，在结束以后肯定会哭的。没想到她们没有一个哭的，有的学生脸上挂着眼泪笑了。

"我们人都要站得僵掉了，特别是腿，已经很僵硬了，教官宣布结束的时候，我想动也动不了！"

"是啊是啊，我也是的，感觉人被施了魔法，都被定住了，哈哈哈哈……"

"我们竟然半个小时都一动不动哦！我们好厉害呀！"

学生们叽叽喳喳地说个没完，没有学生的埋怨，有的只是为完成了看上去不可能完成的任务而兴奋和骄傲。我也为她们的顽强意志感到特别欣喜。这就是我们高素质的师范生！

"站军姿"这件事情我没齿难忘！

做好广播操的价值

在第二师范学校工作时,有三件事给我留下了深刻印象:一是学生排队行进、做广播操整齐有力,学生精神风貌非常令人振奋;二是校园整洁优美,如花园一般郁郁葱葱;三是学生都穿校服剪短发,青春靓丽。

我在担任班主任的时候,和学生一起加强做广播操的训练,为得到一个年级唯一一面流动红旗而努力。同学们训练的时候也有些怨言:

"我们现在要学习怎么做老师,广播操做得好有什么用啊?"

"广播操有必要做得这么标准吗?我们又不是军队。"

面对学生们的怨言,我也一直在思考,广播操对学生的学习成长到底有什么作用呢?

于老师非常了解学校学生的情况,她也知道一些老师和学生对训练做广播操很辛苦有一些怨言,因为真正把广播操做好,要付出艰苦的努力。于是,于老师在教工大会上就讲了许多道理,令我印象深刻:

首先,学校始终把学生健康放在办学的第一位,做好广播操不仅仅是做广播操这件事情本身,它涉及学校的办学思想——广播操是体育锻炼的一个途径,我们要让学生形成加强锻炼的意识,增强体质,有健康的身心投入学习;其次,做广播操也是每天第一项全校集中的教育教学活动,一定要高质量完成,为这一天教学活动的开展开个好头;第三,广播操是能够体现学校的精神风貌的,每天一早广播操做得好,就培养了学生的精气神,精神振奋地开始一天的学习活动。

听了于老师的教诲,我对做好广播操的意义有了更深入的认识。这不仅是一件简单的做操的事情,更重要的是,它能够体现我们学校的办学要求——关心学生健康,每一个教学活动都要认真完成,关注学生的精神风貌,形成良好的校风。于老师的这些思想,对我后来担任校长工作起到了非常关键的指导作用。

第二师范学校的学生做广播操,质量很高。入场、退场排队整整齐齐,广播操的动作标准有力，节奏准确，整齐划一。教育部师范司的孟司长带领全国几十所师范学校的校长来第二师范学校参观、交流，他们在学校里住了一个星期，全面了解学校的办学情况，无不对我们学生的广播操和学校的校园环境赞不绝口。学生的广播操也成了学校早上一道靓丽的风景。的确如于老师所说，一清早看到学生们精神抖擞地完成了广播操，真的令人振奋。学生进场、退场齐步走，表现出来的精气神，就让人感觉到这是一所好学校，凡事认认真真，踏踏实实，处处体现高质量，高品质。形成了这样的风气，学校教育教学各方面工作都带动起来了，老师教学认真，学生学习努力，学校的教育教学质量自然保持在了高水平。

  我到了同济初级中学以后，也学习了于老师的办学风格。我要求学生认真穿好校服，男生不留长发，同时，狠抓学生广播操的质量，要求学生齐步走摆臂要到位，前后都要45度，广播操动作有力，整齐划一。当然为了达到这样的高标准高质量，我们也进行了艰苦的训练。其间，有一些老师和学生表达了他们的不理解，也有些怨言。我就把我记得的于老师的教诲，在教工大会上、班主任会上、学生的校会上，反复做了宣讲，提升大家对做好广播操的认识，让他们认识到做好广播操不仅是一项具体的教学活动，更重要的是反映出学校的精神风貌，反映出学校的工作品质，是校风建设的重要工作。经过艰苦的训练，同济初级中学学生的广播操质量的确取得了很大的进步，我们在杨浦区学校广播操比赛中获得了一等奖（并在一等奖的几所学校中位列第一名），在杨教院施履滨老师的精心指导下，我们通过公开的展示活动，向全区的德育主任进行了汇报，整齐的进场和退场，以及整齐有力的广播操动作，让前来观摩的全区德育主任大为赞赏！

  同济初级中学是一所普通初级中学，在全区处于中等水平。广播操的工作能够在全区领先，为我们学校办学提振了信心。让广大师生认识到只要我们认真努力，很多事情都能够获得很大的进步，都能做得很好。以做好广播操工作为契机，我们带动了学校其他工作的进一步发展提升，尤其是德育工作，两三年后学校先后被评为区和市的学生行为规范示范校。

  此外，第二师范学校的菁菁校园，整洁优美，也是我办学所努力学习看齐的方向。我们首先要求班级把教室和走廊打扫干净。校内的各个角落，校外围墙周边，都分块包干给各个班级，作为护绿区、责任区，要求扫干净、理整齐。我们还定期评分，颁发流动红旗。经过一段时间的努力，学校变得非常整洁美观。虽然教学楼有点旧，但是非常干净，教室里面座椅非常整齐，黑板擦得干净，走进学校就有一种神清气爽的感觉。

为了让学校更加美观，我们在四个楼面都挂上了学生和教师的美术作品。每个楼面有不同的主题：有书法，有绘画，有篆刻，有摄影作品，每一幅作品上面还给它装了一盏射灯。

我们的教室是双面的，中间是走廊，所以走廊里光线不太好，加装了日光灯以后，亮堂了不少。再加上每件美术作品都有射灯，当射灯打开时，走廊里看上去就是星光灿烂了，"走廊美术馆"就应运而生了。

为了能够让学校有更多的绿化，像第二师范学校一样郁郁葱葱，我们学校把一栋旧平房拆掉了，拆了以后做什么用途，有各种意见。通过讨论大家统一思想，把它变成了绿化地，上面种植了各种各样的中药植物，并把它命名为"百草园"，和我们学校的"李时珍中草药小组"配合起来，之后学校又和上海中医药大学合作，建成了学校中医药课外活动小组的特色项目，为学校后来形成中医药的特色教学课程，建成城市少年宫，打下了良好的基础。

学校经过这两个方面的努力，带动了其他工作的推进，获得了上海市学生行为规范示范校、杨浦区文明单位、杨浦区绿化先进单位、杨浦区绿色学校等荣誉，这也是在这五年当中我做校长取得的一些进步，给我的教育生涯留下了美好的回忆，也是令我感到自豪的一段时光。

保险丝熔断的两次惊喜

第二师范学校有一个好传统,每到月末都有学生文艺演出,主要是由学生自己组织来演,给学生展示才华的舞台。毕业班离校之前,那更是要有一台精彩纷呈的演出呈现给全校师生看,也算是毕业的汇报演出。

印象中二师的节目里,有两个内容是保留节目,一个是女声小组唱《大红枣儿甜又香》,另一个是舞蹈《担鲜藕》,学校非常注重审美教育,注重对孩子的艺术熏陶。在于老师的带领下,学校让学生德智体美劳全面发展,全面提高学生的素质。

记得有一次毕业班的汇报演出,节目演到一半,整个剧场的灯光突然熄灭了。我们二师的学生纪律很好,都坐在下面耐心等待节目的重新开始。不久,大家都知道保险丝熔断了,就满心期待一会儿就能恢复演出。可是不知道为什么,修了挺长时间也没有修好。这时候台下就有点躁动,学生们小声讲着话。

就在大家比较着急的时候,突然,昏暗的舞台上面传来了动听的钢琴声——是那个年代最流行的理查德·克莱德曼的曲子。优美动听的钢琴曲在剧场里响起,一下子吸引了全体师生的注意,大家都安静下来,专心倾听。一曲弹完,大家都沉浸在美妙的乐声中。但是灯光依旧没有恢复,演出还不能开始。这时候台上又传出了第二首曲子,大家又耐心听起来。第二首弹完,灯光还是没有恢复,台上又传来了第三首曲子。这时大家才注意到台上其实是一位穿着白色连衣裙的毕业班学生在弹琴,大家都为这个学生娴熟的弹奏技巧感到惊讶、赞叹。这次的毕业班汇报演出,真是给了大家一个大大的惊喜!

"许老师,这台上的是谁呀?怎么弹得这么好啊?"我旁边有个班级的学生问我了,她叫杜萍。

"这个学生我也不认识,不过,她弹得真好!"我也由衷地赞美这个学生。

"我要是能像她这样弹得好就好了。"杜萍的眼神里充满了羡慕。

"你现在是一年级,只要你认真学习,刻苦练习,到了四年级,你也能像她一样,弹得很好。"我也就随口这么说了一句,也算是职业语言,给孩子多一点鼓励和引导。

"嗯!"杜萍用力地认真点了点头。

说完这句话,时间一长,我也就忘记了。教了杜萍三年,四年级我没有跟上去,到新的一年级做年级组长和班主任了。不久,学校加强对青年教师的培养,把我调到了政教处工作,到了政教处不久,就正好遇到一个新的年级毕业了。工作很忙,我也没特别注意是哪些学生毕业。突然有一天,杜萍来找我:

"许老师,许老师,我们过两天就要毕业会演喽,你要来看的哦。这次演出有我的节目!"

"哦,祝贺你啊,你的节目被选上了,是什么节目呀?"杜萍是那种很活泼、和老师关系比较亲切的学生,我一直记得她。她的节目被选上,能参加毕业汇报演出,我也真为她感到高兴。但是我也好奇,她会演什么节目呢?

"我的任务是钢琴演奏,是钢琴独奏哦!"她一脸的骄傲和自豪。

"哦,是钢琴独奏啊,那你肯定弹得很好的喽!"我也很激动,为她感到高兴。

"是的,是的,我弹得蛮好的。那,许老师,你知道我为什么弹得这么好吗?"

"是你努力嘛!"

"嗯!不过更主要的是,你在我读一年级的时候跟我讲的一句话,激励着我这几年一直认真学弹琴,到琴房练习非常多!我一直记得你的这句话的!"她眼睛发亮,语气非常激动,也很坚定。

我说了什么呢?她一年级的时候,我怎么一点也想不起来了呢?我努力在脑子中回忆,我曾经跟她讲过什么话,可是真的想不起来说过什么。

"记得那次四年级的毕业会演吗?有一个学生在灯光熄灭的一段时间里,弹了好几首钢琴曲,有《致爱丽丝》《水边的阿狄丽娜》,好像还有《秋日的私语》,我就跟你说,什么时候我也能像她一样弹得这么好就好了。你对我说了一句话——只要你认真学习,刻苦练习,到了四年级,你也能像她一样弹得好。这句话我一直记在了心里,这句话一直激励着我刻苦训练,所以今天我也弹得很好了!"她的眼睛发亮,似乎还有泪光闪烁。

听了她的话,我也很激动——没想到我无心的一句话,也是出于职业本能对学生一句鼓励的话,竟然能起到这么大的作用!在她四年的学习生涯中,这句话让她记得这么久,让她在学琴的时候那么刻苦认真,这真是我想不到的!

看到学生有了成长,有了进步,做老师的我有说不出的欣慰和感动,也有无以言表的惊喜——原来老师可以对学生有这么大的引领力量啊!

"好的,好的!我一定来听你的钢琴独奏!"

他们的毕业会演,我如约而至。听着台上杜萍弹的钢琴曲,我的眼眶湿润了——想到她刚进学校的模样,再看到她在台上老练成熟的样子,心里感慨万千!这就是做教师的成就感,这就是做教师的人生幸福!有了这种幸福的体验,这辈子做教师真的值了!

这两次惊喜在我的脑海中永久保存,是我教师生涯当中的泪点,也是我人生中的幸福回忆。每每想到这件事,总是感慨,我们的教师真的要有意识更多地说这样鼓励学生的话,哪怕是出于职业的本能,也要给学生鼓劲,多说激励他们的话,让孩子在我们的赞美和鼓励中成长,让他们对学习充满信心,对人生充满信心。

老师要记住,也许一句在你看来平平常常的话,一句简单的鼓励的话,就可能会给孩子在学习当中带来莫大的鼓舞,改变他的学习态度,甚至可能影响这个学生的一辈子。

教师就是要用这样充满热情的话,充满力量的话,来唤醒学生的生命,点亮学生的人生!

小莹的突变

做班主任一般会更关心两头，要么是比较调皮，经常带来管理问题的学生，要么是比较聪明，能力比较强的学生。关心前者是为了保住班级的稳定，关注后者是能够给班级带来前进的力量。

有一年，我接了一个新班以后，发现有个学生小莹瘦瘦小小，但是反应很敏捷，很聪明。到她家里去访问，只看到了她妈妈，我也没有多问，感觉像是个离异家庭。但是小莹同学的确是聪明伶俐的，我觉得这样的学生要加强培养，希望她不受家庭影响，树立生活的信心。她看上去胆子比较小，以前也没做过班级干部。

新的班级成立以后，我就让小莹担任了生活委员，希望她能够在为同学服务的过程中加强和同学的交流，增添自信。她的工作做得很仔细，和同学打交道也很热情周到，所以不久就得到了大家的好评。由于她工作做得不错，功课也好，所以，班级同学推选她去竞选学生会干部。竞选的过程比较顺利，最后她在学生会里担任了学习部长。

对于她的迅速进步，我也倍感欣慰，觉得自己把一个原来默默无闻的学生培养成了学生会干部，很有成就感。做了学生会的学习部长以后，我跟她接触就不多了，我也并没有看出她有什么特别的变化。但是，后来发生了一件事情让我猝不及防。

那是一个星期五，她上午来和我请假，说是中午上好课以后就要和几个同学一起请假出去旅游了。但这个请假我是不能允许的，因为事假要提前向我申请，更何况不是什么急的事情。而且下午还有课，怎么能够自说自话就请假出去旅游呢？我把她叫到了办公室。

"小莹，我们学校是有明确规定的，事假一定要提前申请，而且是紧急的事情、重要的事情才能够请假。你现在向我请假，中午就要走，这怎么可以呢？而且下午还要上课呢，我不能准假。"我语气缓和，但是态度还是很坚决的。

"我们火车票也买好了。"她绷着个脸,很坚决地回复我,我听这话的意思她们是非去不可了。

"这不行,违反学校规定的事情我不能同意,"我也很坚决地阻止她,"火车票可以去退掉。"我给她指出了解决这个问题的办法,没想到她后面来了一句话,让我大跌眼镜。

"许老师,我现在告诉你,那是瞧得起你。你不要给脸不要脸!"她怒气冲冲地说。

这还是我培养的曾经乖巧懂事的小莹吗?难道做了学生会干部就膨胀成这个样子了?虽然听了她这句话,我气得七窍生烟,但我并没有失态,我很平静地,也不失威严地告诉她:"你刚才这句话讲得太过分了。如果你一定要离开学校去旅游,那么我只能把你的离校当作旷课处理。"

"你是不是还要去告诉于校长,那你去讲呀!我不怕!"她反将我一军。

"你现在已经是学生会的干部,你这么做是明显地违反纪律,我是一定要告诉于校长的。"我也毫不示弱,语气也相当严厉。

她听完我的话转身就走,"砰"的一声把门关上,出了办公室。看着她怒气冲冲离开办公室,我愣在那里许久——除了震惊,还有心痛!没想到自己用心培养的干部,竟然变成了这个样子。

她果然就离校了,和同学出去旅游了。我也报告了学校政教处、团委,学校鉴于她违纪,并且对教师无礼,免掉了她学生会学习部长的职务。

被免职后的她依然还在我的班级里,每天还能看到她,但她基本上不和我说话,也不朝我看,我也没有找她谈话,因为我想要等一段时间,师生双方都需要时间来消化那场不愉快的冲突,我贸贸然跟她谈话,估计也谈不出什么好的结果。被免掉了学习部长,估计她心里对我的怨恨也是非常深的。

就这样僵持着过了一个学期。虽然我没有跟她谈话,但是我一直在反思,我培养的一个优秀的学生干部怎么会发生这样突然的变化,我是哪里做错了吗?我一直也没想明白。

一个偶然的机会,于老师的一番话,让我想通了。那时候学校要评"三好学生",有一次于老师跟我们谈起评"三好学生"的事,就教导我们不要把评"三好学生"的眼光只集中在功课好的孩子身上,"三好学生"要德智体美劳全面发展,功课只要中等以上就可以了。于老师强调,关键要看这个学生有没有和同学们和睦相处,有没有乐于助人,有没有为同学服务,另外体育方面也要有良好的水平,这样才是全面发展,才是"三好学生"。其实当时能够评"三好学生"的孩子,功课都相当好,体育也不错,对他们的品行方面的考查也是很细致的。

于老师的一番教导,让我体会到对学生的培养最重要的是育德。于老师的话告诫我们,如果孩子的品行不行,无论孩子功课多好,都不能评"三好学生"。成绩好的孩子往往在老师面前表现很好,而在同学面前就可能会有一些不太好的表现,但老师往往难以察觉。因为在我们老师看来,功课好的孩子往往都是比较令人放心的孩子,就以为他其他方面也表现很好。现在看来事实并不像我们想象的那样,有些功课好的孩子也会比较自私,有的在同学面前趾高气扬,也有的不愿意帮助同学共同进步。凡此种种,都提醒我们:对学业成绩好的孩子,特别要加强品德方面的观察、教育、引导。

小莹同学从一个默默无闻的学生,变成了一个学生干部,担任了生活委员,为大家服务做得很好。在得到了同学们的信任以后,被大家推选参加学生会的干部竞选,成功当选学习部长。也许从竞选上了学生部长开始,她的心态就发生了变化,从谦虚走向了骄傲,从自律自省走向了随心所欲,而我对这些情况却知之甚少,这也可以说是我教育工作中的一个失败和挫折。

当我想明白了,她的退步也可能和我的教育不周到有关系,她被免去学生会学习部长,我也是有一定责任的。这么一想,我也有需要检讨的地方。于是我也就很想和她聊一聊,但毕竟半年多没和她讲话,不知道从何讲起。那个时候,我们的学生都写随笔,一个星期写一篇,写写自己的学习体会、人生思考、社会观察的感悟。但是小莹同学的随笔里从来没有提那件事情,我也在思考,在随笔里和她提这件事情,她能不能接受呢?在犹豫中,又过了一两个星期。

突然有一天,学生随笔交上来,有个女同学在随笔里写,"许老师,你是不是可以和小莹谈一谈,她其实很想和你谈,但是她不敢,怕你批评她。上次的事情发生以后,她一直跟我说她很后悔,想请许老师原谅。"这个同学估计是小莹的好朋友,听了她的话,我心里倒也很难过。再怎么说,她还是个孩子,还不懂事,无论犯什么样的错,都是可以原谅的。我这个做老师的应该主动一点,做做她的工作,但我的畏难情绪让这件事情拖了半年多。

第二天，我就把小莹叫到了办公室，面对面进行了一次真诚的谈话。她向我道歉了，我也坦诚地表达了自己对她关心和引导不够，希望我们师生之间今后能真诚交流。

当时，虽然这件事情过去了半年多，我们师生对这件事情印象一直很深刻、很清晰。她对自己不当的行为有所反思，也有所领悟，这是好事。我也在这件事当中，有了教训，也有了收益。

这件事给我最大的教训就是对功课好的孩子、优秀的干部，更要在品行上对他们加强关注，仔细了解，经常提醒、教育，对这样的学生，不能因为功课好就对他们什么都放心，也许他们在你看不到的地方和时间，表现出了一些傲气和优越感，而这对他们的成长是不利的。

从这件事以后，我就更加能够体会于老师经常反复强调的，我们要关心学生的德智体美劳全面发展。正如司马光在《资治通鉴》里面讲的，"是故才德全尽谓之'圣人'，才德兼亡谓之'愚人'；德胜才谓之'君子'，才胜德谓之'小人'。"圣人不是我们老师能培养的，但至少我们能够培养君子，而绝对不能培养小人。对于才高之人，尤其要观察他的品行，教育他成为一个高尚的人，这是老师对那些所谓的"资优生"的教育中必须重视的一件大事。

我想，这也是于老师全面质量观的重要内容，无论孩子功课多不好，我们都可以发现这个孩子在其他方面的长处和闪光点，我们要注意发扬他这些闪光点，给他建立学习的信心，做人的信心，经常肯定他们的优点，也就是渐渐改变他的不足的表现。同样，无论这个孩子功课有多好，我们仍然要非常关注这些孩子的德行、品格，努力让他们成为有情怀、有境界、有精神的人，让他们的才华得到更好的发挥，为社会服务，为国家服务。

枕头底下的臭袜子

1997年,上海市第二师范学校开始改为上海市杨浦高级中学。杨浦高级中学是上海市实验性示范性寄宿制高中,那一年我们招收了第一批六个班的寄宿制高中生。

第二师范学校原来有住宿生,住宿的纪律非常好,尤其是寝室内务的管理,达到了很高的标准。曾经有外省市的校长代表团,来学校参观考察,走到住宿区,看了男生宿舍以后就非常惊讶,这个房间里的内务整理得这么整齐,牙刷、牙膏、杯子都在一条线,被子叠得四四方方,地上的鞋子和桌子上的物品整整齐齐,非常赏心悦目。一位校领导就脱口而出,"这一定是女同学的宿舍吧。"我们陪同的领导告诉他,这是男生寝室时,他们大为惊讶,赞不绝口。等到了女生的寝室,领导们对学校的宿舍管理、学生的素质更是啧啧称赞。我们女生的寝室不仅整齐干净,而且还很美观,有寝室文化的个性化创建。今天我回忆起来,这一幕幕美好的镜头,还依然清晰地浮现在脑海中,定格在我的记忆里。

改为杨浦高级中学以后,住宿的孩子里多了不少男同学,要让他们形成爱干净、有条理的习惯还真是不容易的。

有一次,我和我们新来的政教主任王保林老师一起去检查寝室。王老师也是区德育室派给我的带教师傅。我们走进寝室没一会儿,就觉得有一股比较熟悉的刺鼻的味道——那是男孩子穿运动鞋,脚臭的味道。我们就好奇在寝室里面怎么会有这个味道,看他们鞋子都放得蛮整齐的。还是王老师有经验,他就翻枕头、床褥,果然在一个学生的枕头下翻到了两双没有洗过的臭袜子。看到这种臭袜子,我气就不打一处来,关于要爱干净、洗袜子、洗衣服的事情已经强调过多次了,还有学生把臭袜子放在枕头底下,真是叫人无法容忍。

我拿马甲袋把两双臭袜子装起来,准备带到办公室去。

"你准备带回去干什么呢?"王老师很认真地问我。

"他们好说歹说都不听,我这次要让他们长点记性!我把袜子带回办公室,让这个学生通知家长来领袜子!"我没好气地说出了我的处理办法。

王老师拿过我的马甲袋里装的臭袜子,放进了学生的脚盆里,手脚麻利地打肥皂,一会儿就把两双袜子洗干净了。

"您怎么还帮他们洗袜子?那您帮他们洗,学生怎么有决心改正呢?那么多男生,您怎么洗得过来呢?"我很怀疑王老师这样的做法会有什么好的效果。看着王老师认真地把袜子晾好,脚盆放好,我跟着王老师,将信将疑地离开了学生寝室。

到了中午,学生们下课了,吃过午饭,有几个男孩子就主动跑到我们办公室来了。孩子们主动来承认错误了,说,"袜子没有洗,对不起","我是回到寝室发现袜子已经洗好了,不知道是谁洗的,就想过来问问"。

王老师笑容可掬地接待了他们,目光里充满了慈爱。"袜子没有空洗不要紧的,以后就放在盆里,不要塞在枕头底下,也不要塞在被子底下。我平时是有一点空的,我来帮你们洗吧。"

听到这里,学生们大惊失色,"那怎么好意思,怎么能让老师帮我们洗袜子呢?"

"没关系的,没关系的,你们学习很紧张,功课多,时间不够,袜子来不及洗,可以理解的,王老师还是有点时间,你们没空洗袜子,以后跟我说一声,王老师来帮你们洗。"

看着王老师认真、诚恳的样子,有的孩子羞愧地低下了头,有的孩子马上摆手说:"不用不用,我们不要王老师洗,我们会自己洗的!"

我在一旁看着,觉得不可思议。王老师认真诚恳地帮他们洗完了袜子,学生们竟然立刻觉悟了,下决心自己洗袜子了!但是,我还是担心孩子们表态积极,最后还是不好好洗袜子,又是"虚心接受,坚决不改"。

没想到,第二天我们再去检查寝室,寝室里竟然没有臭袜子了。

我很纳闷,这个方法为什么效果这么出奇地好,不用剑拔弩张的批评,竟然也让学生自觉改正了。我向王老师请教,"师父,您是怎么想出这么高的以柔克刚的招数的啊?"王老师说:"孩子们不洗袜子,这多半是因为时间不够,不能说一定是懒惰。即使他们真的是懒惰,我们对他们宽容一点,帮他们洗掉,既是爱护他们,理解他们,同时也是通过我们的行动感动他们,教育他们，他们会懂事的，慢慢地他们就会自己自觉洗袜子了。"听了王老师的这些话，我茅塞顿开，原来教育学生一定要讲究方式方法，不能伤他们的自尊心。王老师这样一种充满仁爱、以柔克刚的教育方式，真值得我学习。高中男同学和师范学生是不一样的，他们在学习上更加灵活，有冲劲，但是在生活上自理能力比较欠缺。我应该看到他们的不同点，包容他们的缺点，同时引领他们逐渐改进提高，要耐心帮助，期待他们成长成熟。

王老师的教育方法给了我很大的启迪，面对学生的缺点他从来不批评训斥，而是耐心引导，热情关心，率先垂范。事实证明，有温度的教育，最能启发学生的觉悟，让他们获得进步。这一点对我们今天的教师来说，尤其要学习借鉴。今天，大家都比较焦虑，都希望快点得到教育的良好效果、成果。这样，当我们付出很多努力，目标依然没有达到的时候，难免会对学生态度差一点，甚至横眉怒目，以不太正确的表达方式来传递教育，其实这些都是不可取的。教师在教育中遇到问题，一定要有耐心，有爱心，有信心，耕耘不辍，静待花开。

平时做好学校教室的值日和宿舍的内务，这都是学校劳动教育的重要内容。后来，我在做校长的时候，也特别重视劳动教育。我们会很认真地把值日的要求、打扫校园的要求，布置给各个班级，让每个同学都有任务，每个同学都要认真负责地完成任务，通过检查，才能够放学。我们也会组织学生会的干部给他们评分，奖励优胜。

平时的学校工作中，特别是我教的班级，卫生保洁方面对学生要求也比较高。我也十分注重肯定那些热爱劳动、愿意吃苦的同学。我教的班级里面就有这样一个男同学——小周同学。他功课是不太好，经常考不及格。但是人很可爱，对老师也很亲切有礼貌，所以我还是很喜欢他的。有一次我走进教室上课，前面一节正好是体育课，孩子们刚刚跑过1 000米和800米，都累得趴在桌上休息，突然有一个女同学就呕吐起来，旁边的同学们都赶忙往两边让，我看到这个小周同学也赶紧跑出了教室。我就在想，"虽然这个学生吐得满地都是，气味也难闻，但也不至于这么夸张的，要跑出教室吧！"

不一会儿，小周拎着一个拖把跑进来，我一下子就明白了——原来他去拿拖把了！看着这个小周同学很麻利地把地板拖干净，然后拎着脏的拖把去厕所里将其洗干净，又跑进教室，把地板拖第二遍。他不怕脏，不怕累，积极肯干的样子真是可爱！我做老师从来不拿分数评价孩子，我觉得孩子只要态度认真、每天有进步就是好学生，如果孩子能够有这么强的劳动意识，不怕脏不怕累，为同学服务，这样的同学我就更加赞赏了！

等下了课，我就找到他们班主任跟她说，"这个小周同学今天表现很好，把同学吐在教室里的东西，都用拖把拖干净了，这么热爱劳动，这么愿意为同学服务，真是非常值得肯定的，这星期就把他评为每周之星，下个星期一我们升旗仪式就让他做升旗手吧。"班主任也很赞成我的意见，班主任非常肯定他，同学们也说他平时就是这样，表现非常好。

第二个星期的星期一早上，我看到小周同学已经精神抖擞地站在领操台旁边的旗杆下了。他戴着鲜艳的红领巾，满脸的自豪，笑得那样灿烂，那样阳光，叫人看了好生喜欢。我想我们对这样学习比较落后的学生，要重视发现他们在其他方面表现好的闪光点，我们也要肯定他、鼓励他，充分发扬他的优势。我也相信这样的教育方式，一定能够引导他进步，并且让他们把这种积极向上、努力进取的劲头，迁移到自己的学科学习当中去，学习成绩也会进步的。

果然这个小周同学比以前更加努力学习了，我看到他这么努力，也很想帮他一把，让他考试及格。他的记性实在是不好，前背后忘，前一天刚刚默写过的，第二天又写不出来。于是，我在考试的当天，让小周同学一早 7：30 就到我的办公室，我把我猜想的、可能会考到的默写，或者他平时错得比较多的内容，给他选了一点，再让他重新看一看，默写订正一下，并叮嘱他进了考场第一件事情就把默写部分写好，然后再做别的内容。小周很好地完成了试卷上的默写题目，期末考试果然及格了，这是他在重大考试中语文第一次考及格，这对小周同学来说，是一个非常大的鼓舞，这以后他看到我就更加亲切了。

学有成
历练在同济

把阳光播撒到孩子心中

2003年,我到同济初级中学担任校长。做校长以后,想得最多的是如何让学校的办学既继承传统,又继往开来,办出新的创意。

我就到于老师家去请教了。我汇报了学校的情况和前任校长办学的特点,向于老师请教,如何办学才能够提高水平,办出更高的质量。

于老师听完我的汇报,非常肯定我在办学方面有新的追求。同时,于老师也指导我说,办学就是要以学生发展为中心,关注教师的培养,用正确的教育思想来引领教师的工作。我请于老师给我们学校题词,为我们学校的工作指明方向。于老师很爽快地答应了,过了几天,于老师就让我去拿她的题词,于老师给我们题的词是——"把阳光播撒到孩子心中"。

拿到了于老师的题词,我们就把它做成了标牌,悬挂在教学楼底楼大厅,从此于老师的教育思想也成了同济初级中学的办学指引。

那么,怎样落实于老师"把阳光播撒到孩子心中"的要求呢?

我和老师们一起商量,首先要根据于老师的题词,确立学校新的办学目标。向老师提出新的工作要求,找到学校新的办学增长点。

和老师们一起商量后,我们明确了学校要践行于老师的教育思想——我们做老师就是要引领学生走一条健康正确的人生之路,要培养学生德智体美劳全面发展。

全校老师一起讨论,一起确立了学生培养目标:健康,自信,好问,乐群。

我们把学生的"健康"放在第一位。学生最重要的是健康成长,这个健康既包括身体的健康、心理的健康,也包括培养学生良好的道德品质的要求,为学生形成正确的世界观、人生观、价值观打下基础;同济初级中学是一个普通的初中,在这里学习的一些学生自信心不足,尤其是学习困难的同学,我们希望学校能够让学生提升学习和生活的自信,让他们积极投入到学习生活中去,努力进取,成长成才;学习,最重要的是有求知欲和好奇心,好的学习是能够提出问题的学习，所以我们把"好问"放在了第三个目标，希望学生能够积极开动脑筋，喜欢提出问题，有探索未知的习惯和积极性；我们考虑到当时的孩子们基本都是独生子女，相互之间都不太会交往和协助，团队意识、协作精神不够强，所以我们希望学校能够培养学生"乐群"，同学间相互友爱，团结协作，共同进步。

提出了学生的培养目标，我们就开始思考学校应该怎样才能把学生培养成"健康、自信、好问、乐群"的学生呢？

于老师在二师提出"一身正气，为人师表""两代师表一起抓"，这就启迪我们，办学校，抓师资队伍建设是大事，要抓思想建设，提出教师的工作要求，引导教师的实践。同时，于老师还讲，"熏陶感染塑心灵"，我想，这就要求我们教师要以人格力量、道德境界、情感交融来感染、培育学生的心灵。由此，我和学校干部教师一起研究，反复讨论，提出了"以德育德，以心育心，以人格育人格，以智慧育智慧"的办学理念。

我希望老师们能用他们的崇高师德引领学生的思想道德，教师应该成为学生的榜样，教师的认真敬业、言传身教，无时无刻不影响着学生，感染着学生，激励着学生。"其身正，不令而从"，教师在教育教学过程中显示出来的尊重、平等、民主的意识，与人为善、谦虚谨慎的品质，对于真善美的价值追求，都会给学生满满的、积极向上的正能量，对学生的成长产生积极的影响。

我希望老师们用他们的爱心培育学生的真心。爱是最好的教育，当老师用慈爱的目光、友善的微笑面对学生的时候，学生的一些思想问题、心理问题就会解决一大半。"熏陶感染塑心灵"，老师真诚的谈心、谆谆教诲，是打开学生心扉最有效的方法。教师和学生之间相互信任，将心比心，以心换心，才能够培养出学生的真心。陶行知说"千教万教教人求真，千学万学学做真人"，要教出有真情真意、真心真爱的"真人"，教师首先要对学生真情真意，真心真爱。

我希望老师们以他们的高尚人格培育学生的健康人格。在二师，于老师常讲，"做人是要有一点精神的"，这句话深深地印在了我的脑海中。教师有情怀，有境界，有奉献精神，其高尚的人格将会对学生产生巨大的感染力和感召力。孩子的青少年时期，正是长身体、长知识的重要时期，也是人格成长的关键时期。教师热爱教育，淡泊名利，辛勤工作，追求卓越，奉献社会，其高尚的人格力量将对学生产生巨大的榜样力量。

我希望老师们以他们的教育智慧、人生智慧培育学生的学习智慧和生活智慧。教师工作应当是充满智慧的职业，教师在教书育人的工作中，光靠勤奋和努力是不够的，更需要我们不断学习，开动脑筋，不断创新，与时俱进。教师要运用自己的聪明才智和人生智慧，力求在教育教学过程中找到更加智慧的方法，追求事半功倍的效果；在学生的思想教育、道德品质教育、行为规范教育等方面，面对不同个性的学生，面对各种教育难题和学生的思想困扰，教师们不能靠大声压制、斥责驯服，而是要通过观察、了解，找到激励学生、改变学生的关键点、突破点，用耐心的沟通、亲切的鼓励，让学生产生积极向上的内驱力，自主改进，取得进步。这一切都需要教师把握教育的规律，把握学生成长的规律。

同济中学在这方面就做得非常好。姚玉清校长在办学中的"积极心理学"理念深入人心，强调放大"积极"的力量，她强调"以鼓励和赞赏的眼光去发现学生的优点，给予充分的肯定""老师以平等的身份对待学生，做到心理疏导、学业辅导、思想引导、生活指导、困难助导，体现全方位育人"，为学生健康成熟的人格形成做了实实在在的工作，得到了家长的好评——"孩子进了高中以后，心情好多了，快乐了许多。回家学习也自觉了，成绩进步了。"可见姚校长引导学校老师运用积极心理学，运用智慧的工作方法，营造了学校积极向上的教风、学风和校风，为学生的健康成长，付出了爱的真诚、爱的智慧。

正如于老师讲的，教师的责任是教书育人，"唤醒学生的生命，点亮学生的人生"。教师必须是学生的榜样、信赖的朋友和人生的导师。从这一思想出发，我要求老师们在学校工作当中经常问自己三个问题——学生是不是喜欢你？是不是喜欢你的学科？是不是敬佩你的学识和敬业的态度？"亲其师"，才能"信其道"。如果老师不受学生欢迎，他教的学科一般也不会得到学生的喜欢。如果教师工作不够认真踏实，他的学生也不可能学习勤奋、积极进取。所以这三个问题是提升师生关系、改进教学水平、提升教育质量的关键所在。这三个问题解决不好，教育教学质量的提高就无从谈起。

所以，我要求老师在工作中"用情、用心、用智"，在工作中全情投入，用心做事，遇到问题时，不愠不恼，多动脑筋，运用智慧解决问题。一定要建立这样的信念——这个问题一定能够找到合适的方法解决。遇到困难和挑战，总是要追问自己这样一个问题——我的智慧够不够？失败一定有原因，成功一定有方法！

通过几年的努力，学校获得了明显的进步，被评为杨浦区文明单位、杨浦区德育先进集体、杨浦区科研先进集体、杨浦区绿色学校、上海市行为规范示范校、上海市军民共建精神文明先进集体等，教学业绩也明显进步。

回首往事，一直很感恩于老师对我的培养，于老师的办学思想、精神风骨、崇高风范，以及她对教育、教师、学生的大爱无疆对我有很深的教益和影响。

感恩遇见，感恩培养，感恩教诲，感恩引领！

七彩阳光评价

我在同济中初级中学做得最有意义的一个科研项目是"阳光评价"研究。"阳光评价"以"二期课改"理念为指导，主要关注学生评价，目的在于促进学生全面、和谐、个性发展，形成评价理念及评价方法的总和。

为什么会想起研究"阳光评价"呢？主要有两个原因：

一是我接替陈寿鸿校长的时候，就有学校干部跟我说，学校有一个课题刚刚完成，是"初中学生学业质量评价的实践研究"。我对评价很感兴趣，"评价"虽然不太好做，但是做好了，对引领教师、学生的发展，促进学校教育品质提升，有非常重要的价值。因为，有什么样的"评价指挥棒"，就有什么样的办学导向，相应地就会有怎样的教育教学行为。所以，我很希望在陈校长课题研究的基础上，再做一个更深入的关于"评价"的研究课题。这样，学校的一个龙头课题，既可以对学校发展、教师成长、学生进步产生积极的促进作用，一些看似分离的、不成体系的工作也可以通过课题研究组织起来，产生聚能效应。

二是我在如何办好学校的方向上，认认真真地去请教了于老师，请她老人家给我们学校题词，为我们办学指明一个努力的方向。于老师欣然接受了我们的请求，为我们学校题写了"把阳光播撒到孩子心中"。得到了于老师的指导以后，我突然对这个新课题的名称有了思路——就叫"阳光评价"吧。于是我们新的课题就确定了下来"初中学生实施'阳光评价'的实践研究"。

课题的确定并不难，要做好课题却不容易，因为要回答好几个问题：为什么我们的"评价"研究要叫"阳光评价"？"阳光评价"的内涵是什么？途径是什么？方法是什么？实施的步骤又是怎样的？为了回答这些问题，我和学校的一些干部和老师开始了"头脑风暴"。

关于为什么叫"阳光评价"，我们想出了这样一些理由——

首先，我们的评价应该像阳光一样温暖人心，给孩子们鼓励，让我们的教育有温度；其次，我们的评价应该是多元的，像七彩的阳光，要分层分类；

再次，我们的评价应该像阳光普照大地，顾及每一位孩子的需求，是平等的、公平的；最后，我们的评价应该像阳光一样明媚透亮，照进孩子的内心，让他们有敞亮积极的心理、自信自强的心态。

有了这样一些想法，我们就把做"阳光评价"的原则给确定了下来——

首先，评价要公开、公正。要关注、评价学生的学习过程，平等地对待每一个学生，不能够偏袒或者歧视任何一个学生，公正客观地反映学生的真实能力和表现。

其次，评价应该全面。要对学生的知识、能力、态度等多方面进行评价，不仅要关注学生的学业成绩，还应该关注学生的社交能力、创新能力、艺术素质等方面的表现。

再次，评价要注重科学性。评价要规范，遵循一定的规范和标准。评价标准应该明确，评价过程应该公开透明，评价结果应该能够让学生和家长有效地了解学生的表现和进步情况。评价工具和评价方法应该具有科学性，确保评价结果的准确、可信。

最后，评价要能激励学生。评价并不是为了简单登记一个分数，在学生之间形成比较，更多的是要了解每个学生的发展需求，重视被评价者之间的差异，关注每个学生的进步和变化，及时发现孩子的优点，肯定他们的进步。评价要能鼓舞士气，而不是给学生压力，力求通过评价，对学生的学习和发展产生积极的促进作用。

"阳光评价"中"阳光"，有两个含义：一是教师要成为学生的太阳，教师充满温暖和激励的评价，能给孩子更多的信心，鼓励孩子敢于尝试和探索，增强学生学习的积极性和主动性；二是学生自己要成为太阳，热情正直，有阳光心态，能够客观公正地评价自己和他人，能够激励自我，超越自我。

所以，我们的"阳光评价"有四个特性——

一是有生命性，我们的评价并不只关心学生学会多少知识，而是更多地关心学生成长的变化。

二是有激励性，我们的评价可以更好地激发学生的求知欲，激励他们的进取心，让他们能够迎接挑战，自我完善。

三是有公开性，评价的标准公开、过程公开，结果也要公开，以个别传达为主，一对一告知学生和家长。当然，有些数据也要保密，保护学生隐私。

第四是有发展性，评价并不是要给学生下一个明确的结论，而是要着眼于学生的学习进步和动态发展，着眼于教师的教学改进和能力提高，关注学生每天发展变化中的点点滴滴，给予一个"看得到发展过程"的评价，调动师生的积极性。

今天，回头看那个时候的"阳光评价"，还是做得比较初级的。后来的张晓明校长又在我们课题的基础上，让课题研究有了新的发展、新的提升，形成了"阳光教育"新的品牌。

那时，我们在同济初级中学进行的"阳光评价"实践研究，老师们动了很多脑筋，形成了一些非常有效的评价方法。

一是分层评价。分层评价，就是不同层次的学生可以分开评价，评价标准可以有所不同，体现对学生差异性的尊重，力求实现学生的最优发展。走班教学、作业、测验都可以分层。

比如作文，对写作困难的学生，有时候我们并不用统一的标准来评价他，只要看他比以前明显进步了，无论是句子写得更通顺了，还是错别字减少了，还是他态度认真、卷面比较整洁，就可以给他比较高的成绩。

又如，我们曾经把年级中学习最困难的14个同学编成一个新的班级。这个班级的测验就未必要做统一的试卷，而是让学生做适合他们的试卷，为他们这个班单独出卷子，做的都是最基础的题目，力求他们都能考及格，完成得好的同学也能考个八十几分。这样可以给学习比较落后的孩子增添学习信心。

对这个功课比较落后的班级里的学生，只看本班排名位置，多看进步，多看转变。要看到学生的努力，对他们加以肯定，让他们在学校里的学习有尊严，更有成功的快乐。

二是分类评价。这是对不同个性的学生开展多维评价，体现"发扬优势、带动弱势"的原则。我们依托多元智能理论，尊重学生差异，重视学生个性。例如：我们可以更重视单项评价，少看总分，多看单项优势和单项进步；我们重视学生全面发展，不仅看学科成绩，更看学生品行习惯、音体美艺方面的发展，看劳动习惯和对劳动技能的掌握程度；我们不仅关注个人成长，更关注个人在集体中发挥的作用，看团队协作、看友爱精神；我们的评价，少一点横向比较，多一些纵向比较，只要进步就是好学生，明显进步就是优秀学生，我们力求让每个学生都能够有得到表扬的机会。

平时，我们总是表扬、肯定总分领先的学生。实施"阳光评价"以后，我们更关心单项优秀的学生，或者进步明显的学生。每次测验考试以后，对单个学科的前几名，学习明显进步的学生我们也给予奖励，颁发奖状。我们对学生的行为规范、劳动、体育、音乐、美术等都会设立评比、比赛项目，来评奖评优，这对那些学习偏科的同学特别有激励作用，对那些考试成绩不太好，而在劳动、艺术等方面有特长的学生，这样的评价方式对他们的激励作用就更大了。

三是综合评价。以前学校普遍存在教师对学生的单向评价，而"阳光评价"要求老师评价须客观、公正、理性、温暖，鼓励、指引学生进步。教师写评语，要以鼓励为主，符合学生个性，忌程式化和模板化，像那种写好二三十句评语，然后就排列组合给学生"编辑"评语是不可取的。我们鼓励教师评语有个性表达，写出每个孩子的特点，有针对性地对学生加以肯定和提出改进的要求，展现教师仁爱、敬业的精神。

综合评价有学生自我评价、小组评价、教师评价、家长评价，构成多方的评价，体现评价的多方位、多视角，并且给予各种评价不同的权重。当然，设计评价的维度、量表，要简明，不搞大而全，注重小专项；评价的数据要尽量可视，图标呈现结果（如柱状图、曲线图、雷达图）；得到评价的数据并不只是为了定性，教师还要利用这些数据，加强和学生家长的沟通。指导教师分析运用数据，对学生进行更多的心理疏导和人文关怀，给予学生鼓励和指引。

四是二次评价。对每一阶段的测验，或者小练习、默写，我们都会给学生更多的评价机会。当学生某次测验、练习掌握得不够好，成绩不够理想时，他可以复习几天以后重新再来测验。如果他进步了，成绩提高了，我们就可以记录后给一个较高的成绩。因为可以二次、多次评价，所以学生面对测验的心态好了很多，可以减少焦虑。

五是亮点评价。我们鼓励老师、家长多看到学生的闪光点，看到他的进步，及时给予鼓励。就像于老师一样，她曾经对一位语文成绩较差的学生写的作文给予了很高的评价，因为这个学生观察仔细，写乌龟和龙虾打架，具体生动形象。于老师帮他把作文面批好，还印出来给同学们学习。于老师在这个评价当中是只取一点，不看其余，启发我们可以对学生在学习中表现出来的进步，哪怕是很小的一个闪光点，也要及时抓住，表扬鼓励。

同济初级中学还推出了评选"每周一星"和"每月一星"，"每周一星"主要是选取在一个星期里某一方面表现出色的学生，比如劳动态度、学习态度、作业质量、行为规范、服务同学、拾金不昧等有突出事迹的同学。"每月一星"主要是看学生的具体进步和获得的奖项。通过这两个"星"的评选，有不少学生都能在星期一的升旗仪式上得到奖励和表扬，给了孩子更多的激励，更何况有一些学生从来没有被当众表扬、肯定，这些评选机会让学生对学习生活更加有信心，在学校的心情也灿烂了起来。

六是档案袋评价。这是我们对学习时间比较长的项目进行"过程性评价"的一种好方法，体现了评价的发展性。我们把学生在学习过程中的作品、感想、材料、教师的评语都积累起来，一次次放入他们的学习档案袋。这个项目学习快结束的时候，让他们自己去回顾总结学习的情况，做成作品展示给大家看，自己评定，同时也请老师和同学们给予评定。档案袋里的这些材料，可以给学生积累生活和学习的点点滴滴，也是未来值得回忆的初中学习生活的一个亮点。

七是积分制评价。有的老师给学生制定"积分评价"的方案，在一个学期的学习中，无论是听课表现，做作业，还是订正，甚至完成其他小的任务，都可以获得积分。这样的积分评价能够激发学生的学习热情，可以形成"比学赶帮超"的好学风。一个学期结束的时候，对积分领先的同学给予表扬。当然这种评价也可以分层，把班级同学分成比较好的、一般的和比较落后的三种类型，在三个类型里面分别找出积分领先的同学，这样激励的面更大一些，让学生都能在他那个层面获得领先的地位，这个对激励学习成绩平平或比较落后的同学有特别积极的意义。

其实我们做这个"阳光评价"研究，更看重的是"评价"对学生的激励作用。希望我们的评价让学生感到温暖，在学校的学习生活中有更多的成就感，能够在初中四年的学习生活中建立起对生活的阳光心态，培养出"阳光少年"。

学校的任务就是育人，还有什么比培养出朝气蓬勃、积极向上、充满自信的孩子更重要的呢？

和于老师一起审教材

关于教材的事，是国家大事。

无论是编教材的教授、博士，还是审教材的各位专家、学者，水平都很高，学养很深，令人敬佩。对教材的编写使用能够提出点什么建议，这对我们在一线教学的老师，或者和我这样一个"菜鸟"校长来说都是遥不可及的事情。但是命运就是这样，有时候你觉得遥不可及的事情，突然会近在咫尺。

我很意外地接到了于老师的电话："许坚啊，我们有一个初中语文教材的审核小组，想请你一起参加。"

我真是又惊又喜，于老师给我这么好的学习机会！可是我转念一想，我这个能力水平怎么可以去审教材呢？这不都是大专家、大教授的活儿啊！

"谢谢于老师给我这么好的学习机会，可是我这个能力水平，怎么能够去审教材呢？"我老老实实地向于老师汇报我的想法。

"你在一线做校长，最了解一线教师的想法，教材在使用当中会有什么样的问题，老师们对教材有什么好的意见、建议，希望通过你带到小组里，我们很希望听到一线教师的声音。所以，请你来参加我们的教材审核。"于老师的话真是既亲切，又温暖，这不由得让我回想起在二师时于老师经常教导我们的场景，真是感动得话也说不出来了。

"好的，好的，谢谢于老师，我一定来好好学习！"激动的我只能用最普通的话来表达我最高的敬意和最大的决心了。

不久，我来到上海市教委教研室，在一个小会议室里，参加初中教材评审小组的工作了。评审小组一共五个人，于老师是组长，另外还有特级教师、大学教授。我毕恭毕敬地接过于老师给的待审核的教材，认真记录了于老师对教材审核的具体要求。领受了任务，我就回学校了。

审核教材对我来说可是一件难度很大的事情，不仅要看教材里的课文选择是否合适，还要看课文后面出的练习题、思考题是不是符合教学的要求以及学生学习的特点。对于我这样一名普通的语文老师来说，有很大的挑战。

我也真心诚意地把教材带给我认识的一线语文老师去看，听取他们的意见和建议，然后归总起来，加上我自己的理解，把这个信息带到审核小组时，向于老师及各位专家汇报。

当我第一次把我的意见带到审核小组，我是很忐忑的，生怕讲得不对，贻笑大方。但是于老师给我很多鼓励，让我不要有顾虑，有什么就讲什么，怎么想的就怎么说，老师们有什么建议就直接和组里面的专家说。在于老师的鼓励下，我认认真真汇报了我的思考，有些建议也得到了组内专家的肯定，于老师也给了我表扬，说我看得认真，有自己独到的想法。于老师的表扬，尤其让我感到有成就感，感到幸福！

前两次教材审核，就这么顺利地完成了。在审核的时候能听到于老师高屋建瓴的意见，学习到另外三位专家的真知灼见，的确很有长进，很有收获。第三次再参加教材审核，却不同于前两次，让我留下了终生难忘的印象，让我对于老师的思想境界、教育情怀有了更震撼的了解。

和前两次一样，我拿到了要审核的教材，回去认真看起来，看着看着，我有一个疑惑产生了：这次教材里的文章怎么和前几次不一样，好几篇文章都显得非常柔弱，写的多是风花雪月的情感，有的甚至基调有点灰色，我不太喜欢。以前教材里总有一些革命传统教育的篇目，有英雄之气，有阳刚之气，现在这本教材里一篇也看不到。但是，我毕竟只是一个普通老师，也不大敢质疑编教材的专家学者。但是疑惑藏在心里，不说也难过，何况于老师跟我说过，要我怎么想就怎么说，有什么就说什么，在于老师这里，我是不怕说错丢脸的。

到了汇报的日子，我早早地到了这个小会议室。于老师来得也蛮早的，她坐下来以后就倒了一杯水，从包里拿出塑料盒子里装的药，我看她一顿吃好几种药，分三次才把药吃完。我既感到震惊，又感到心疼。于老师七八十岁了，身体不太好，这个我是知道的，但是每顿要吃这么多药，我还是第一次看到，于老师为教育事业孜孜矻矻、全心奉献的精神和顽强的意志力，真是给了我很大的震撼，景仰之情油然而生，对他老人家带病坚持工作更是感到心疼。

看着于老师吃完药，我都不忍心再提我的问题了。我也没把握，不知道我想得对不对，我想还是直接听于老师讲比较好。

于老师好像看出了我的犹豫，笑容满面地问我："许坚啊，这本教材看下来有什么感受啊？"

被于老师这么一问，我的心就更乱了，要不要说我自己的疑惑呢？

"于老师，我想问个问题。编这一册教材的老师是不是都是女教师？"我没敢直接回答于老师的问题，我想迂回一下，换一个方式，了解一下情况。

于老师笑了，"编书的都是男同志啊，怎么了？"

"哦，都是男教师吗？那为什么选的文章都是属于很阴柔的，一点阳刚之气也没有？我还以为都是女教师编写的，选的文章风花雪月的比较多。"我也就直截了当，向于老师汇报了我的想法。

没想到我的想法得到了于老师的肯定，其他专家看起来也有同样的感受，有一位专家看得很仔细，从注释里看了课文作者的介绍。

"这个是不行的，我们的教材里面，那些传统的篇目，是不能少的。不能因为要创新，把这些传统篇目都去掉了，而且这一次教材里面外国作者的文章太多，这也是不合适的。"于老师的话旗帜鲜明，掷地有声。

"对的，我们以前教过《七根火柴》《金色的鱼钩》《老山界》这样的文章，都是非常打动人心的，应该保留，让孩子们通过课文了解我们光荣的革命历史，学习红军的精神。"我非常赞成于老师的话，我真不希望我们的教材，把我们的孩子教得思想灰色，缠绵柔弱。

"这册教材必须退回重写。"于老师的决定我们全体都赞成，我尤其感到震动很大，因为退回重写，这是很少有的，我刚刚参加审教材就碰上了，看来教材的事情，于老师是绝对严肃和负责的，她从国家的高度向我们明确了教材的价值——"教材代表国家意志"。我听了以后深受教育，被于老师为国家负责的高度责任感，以及深厚的家国情怀所深深折服。我怀着对于老师深深的崇敬离开了这个审核教材的小会议室，也第一次深刻地感受到，作为一名教育工作者，我们对国家、对民族、对学生肩负着沉甸甸的责任。

过了好几个星期，我们才拿到了新修改编写的教材。我猜要重新编，重新写，重新选文章，肯定费时间，再重新编写课文后面的练习思考题，就更费劲了，修改时间长一点也是可以理解的。

后来一次偶然的机会，听到于老师讲起这次教材修改的艰难性。要修改这册教材，首先要得到主编的认可，主编也有他自己的思想，当时他和编写教材的学者一起，也经过了严肃的讨论和研究才编成了教材，也不会轻易变动。于是，于老师就请主编通知那些编写教材的年轻学者、博士晚上到于老师家里去，于老师面对面和他们交换了意见。

于老师说她和这些年轻人从晚上8点谈到了10点，最终这些年轻人都被于老师真诚的话语和正确的思想打动了，同意回去以后根据于老师的要求，重新选编课文。于老师语重心长地和这些年轻人讲教材编写的要求，有两句非常深刻的话，点醒了这些编教材的年轻人："编教材，不同于编《文选》，编《文选》可以根据编者的个人喜好来选择文章，而教材代表国家意志，承担重要的教育使命，不能够凭自己的个人喜好来选择课文。""基础教育涉及整个国家、民族，必须对国家负责，对每个孩子负责。"于老师讲得很对，编教材是代表国家来编写，教材应该体现党和国家教育学生的目标要求。于老师对教育理解之深，对国家责任之厚重，再一次深刻地教育了我，让我感佩，让我崇敬。

再次修改编写的教材里，我又重新看到了《老山界》这样优秀的革命传统篇目，这样的课文不仅能够让学生了解离他们年代较远的革命年代，了解革命前辈顽强的革命意志、坚强的斗争信念和大无畏的牺牲精神，而且能提振学生的精气神，涵养学生的正气、英雄气，让我们的孩子更加坚强，更加勇敢。

于老师为教育所做的贡献不胜枚举，她总是能从国家发展、民族振兴的高度，从学生健康成长、品格铸造的高度，来引领我们提升境界、扩大格局，把我们的精神和思想往高处引领，站在制高点上来办学校，办教育，这是对年轻的教育工作者最重要的指引。于老师为教育呕心沥血、无私奉献的精神，永远是我们光辉的榜样！

打造精神文明高地

走进二师的校园,总感到阳光明媚,心情愉悦。

这不仅是由于二师的校园整洁美观,更重要的是,在这里的人有积极向上的追求,有一种精气神,正直、善良、进取。有这样的校风,跟于老师长期以来倡导的一个重要的思想密切相关——于老师认为学校是学生学知识、学做人的神圣殿堂,我们要把学校打造成"精神文明的高地"。

于老师有两句名言,"社会上允许的,学校不能都允许;社会上流行的,学校不一定都提倡"。她强调"学校风气有其独特的育人要求,不能降低到社会上的一般水平,它代表正气,代表主流,代表精神文明的威力""学校提倡的是健康的、积极向上的东西"。这就是说,外面流行什么,学校里未必允许这种流行元素进入学校,要看这样的流行元素,是不是符合我们的主流价值观,是不是有利于学生的健康成长。社会上那些流行文化,也不一定适合在学校里流传,我们培养的学生应当是朝气蓬勃,积极向上,有责任感,有担当的孩子。如果社会上流行的一些内容和我们的培养目标不一致,学校也是必须反对的。

当时我们第二师范学校是不允许学生穿牛仔裤的,当时有一些人不太理解。作为二师的老师,我倒是非常支持的。牛仔裤代表了一种休闲的文化元素,我们这所培养教师的学校里,要让学生在四年的学习实践中,形成一个重要的观念——教师要衣着得体,朴素端庄,展现良好的教师形象。当时,社会上流行喇叭裤、直筒裤、小裤脚管裤子、七分裤、九分裤,有些人赶时髦,穿到学校来以后,学校的风气就变得很怪异,所以学校坚决地禁了。

学校里的老师和我们的师范生都不应该穿这样的流行服饰,就像现在有的老师穿露脐装去上班,也是很不合适的。这看上去似乎是刻板,是保守,其实是要让我们的老师保持端庄,是坚守。而这个意识的培养不是一朝一夕的,它需要时间来输入和沉淀。

我们学校里也不允许学生化妆,爱美的女学生也是有点抵触的。我们就和她们讲道理，最美的是青春，是纯真。没有比青春更美的形象，最美的青春形象就应该是"清水出芙蓉，天然去雕饰"，引导孩子追求朴素、大方、清纯的美，也是第二师范学校美育的理念之一。

当学生们穿着整齐的校服，一头短发，朝气蓬勃地出现在校园里的时候，整个校园洋溢着青春的气息，叫人非常喜欢，非常享受。

青春期的学生喜欢唱歌，特别是社会上的流行歌曲对他们吸引力很大。第二师范学校广播台，每天中午会有一段时间广播。每天播送的除了一些新闻以外，也会放一些流行歌曲。当然这些流行歌曲是经过学校审核的，要充满正气，有积极向上的情感。那些有些怪异，有些灰色情感的流行歌曲，是不允许在我们学校播放的。于老师经常讲，"我们的教育就是要把学生往高处引领，提升他们的气质，才能够去除愚昧。"良好气质的形成，不是一时一事、一朝一夕可以达成的，用于老师的话说就是"熏陶感染塑心灵"。教育无小事，学校的点点滴滴，时时事事都是教育学生的重要内容。所以学校广播台播放得最多的是传统的民歌、著名电影的插曲，以及抗日战争、解放战争时期的革命歌曲，像《大红枣儿甜又香》《五月的鲜花》《游击队之歌》《谁不说俺家乡好》《茉莉花》《春天的故事》《望星空》等。用今天的观点来看，这些歌曲依然是很好的，对学生进行了革命文化和社会主义文化的教育。每天有这样一两首优秀的歌曲的熏陶，二师的学生普遍都很正气、进取、乐观、开朗，让你处处能看到阳光般的笑脸，听到银铃般的笑声。

于老师不仅提出"一身正气，为人师表"，还提出"两代师表一起抓"，要求老师须为学生做出榜样，一个好老师要"传道，授业，解惑"，要"智如泉涌"，"行可以为表仪"。教师以身作则，为学生作出了榜样，作为未来教师的学生们也就能建立这样的意识——要用教师的标准，来要求自己，严谨细致，认真负责，言行文雅端庄。二师的学生，有一门重要的功课就是学毛笔字，学硬笔书法。所以毕业以后的二师学生在社会上反响非常好，他们不仅专业基本功扎实，普通话好，而且写得一手好字（人称"钱体"，特级教师钱沛云教学水平很高，学生的字进步很大，风格与钱老师相似），为人正气大方，工作积极努力，二师也由此获得了很好的社会声誉。

在第二师范、杨浦高级中学成长的十年，是我教育生涯当中，进步最大、收获最多，最值得回忆的十年。离开了第二师范学校，到了同济中学和同济初级中学担任校领导，我把在二师学到的于老师办学的重要思想——要把学校建设成精神文明的高地，在我自己的办学过程中去实践。

在同济中学，我抓紧培养青年教师，和他们一起学习研讨，听课评课，交流教学感悟。注意观察他们平时的工作，对于他们的闪光点，给予充分的肯定。我要求青年教师不计名利，积极肯干，展现出年轻人朝气蓬勃的热情和积极向上的追求，也要认真谦虚地向老教师学习，向老教师请教教学经验，感恩老教师的教导和培养。在我的带动下，学校的青年教师有了明显的提升、进步，也开始在政治上积极要求进步。短短两年，向党组织递交入党申请报告的，从原先的三四个人发展到两年以后的十四人。青年教师有热切的追求，热爱生活，热爱教育，积极向党组织靠拢，令人欣慰。

到了同济初级中学以后，我请于老师为我们学校题词，于老师题词"把阳光播撒到孩子心中"，我抓住这个契机在学校里开展"阳光评价"课题研究，让我们的学生能够建立阳光般的心态，相信自己，努力学习，获得进步。学校还通过广播操，来抓整个学校的精神风貌，通过班级行为规范的评比，促进学生讲文明，有礼貌，守纪律，爱劳动，乐助人，鼓励学生间团结协作，互帮互助，共同进步，形成了积极向上的校风。

同济初级中学学校广播台，我们也请学生会干部做好节目编辑，主要是播放经典的民乐、民歌，经典的交响乐。我们希望学生们能够熟知《黄河大合唱》《红旗颂》《梁祝》《步步高》《花好月圆》《彩云追月》《十面埋伏》等经典曲目，也希望他们了解经典的西方交响乐。即便学生毕业以后不能够说出这个乐曲是贝多芬、莫扎特的，还是德彪西、勃拉姆斯的，抑或是柴可夫斯基、德沃夏克的，但只要听到这个乐曲，就能跟着哼上几段。这种艺术的熏陶和美的熏陶对学生青春期的健康成长是非常有帮助的，这也是从一个侧面去实现学校办学对学生培养的第一个目标——"健康"。孩子们喜欢的流行歌曲，比如周杰伦的，我们也会选择播放几曲，像《双截棍》《七里香》《青花瓷》《东风破》等，让校园有时代的气息，满足孩子们的审美需求。

我们各方面工作都积极努力，我到学校一年，学校从局文明单位，进步到了区文明单位。两年以后，学校准备参加下一轮的区文明单位的评审，这时突然宣布，这次评审通过的名单会在原来的基础上减掉三分之一，这对一个新评到区文明单位的学校来说，是一个非常大的考验。我们努力根据评审的细则和要求，做好准备，改进学校工作，补上短板。同时，我们也认真做好评审的材料。学校所有的干部带动年级组长、教研组长、备课组长、青年教师一起来准备材料。我们的材料有统一的格式，统一的封面，统一的文件夹。材料内容全面、扎实充分，得到了当年市民评审团的高度评价。他们还夸我们，作为区文明单位，工作做得非常出色，应该申报市文明单位。市民评审团的负责人还特意打电话给另外一所当年正在申报市文明单位的学校领导，邀请他们到同济初级中学来看一看我们准备的汇报材料。在文明单位评审中，得到市民评审团的高度肯定，我们感到非常意外，当然内心也非常高兴、自豪。最后我们如愿以偿，在名额减少三分之一的情况下，学校第二次评到了区文明单位。

　　这次评到区文明单位以后，全校老师的干劲就更足了。我们还和五角场附近的部队加强共建，为部队的孩子和家属提供学习和就业的支持，特别关心照顾部队的孩子，为部队官兵解除后顾之忧。全心全意为支持我们的国防建设做贡献，也成为全校老师的共识。

学校要有个性鲜明的形象设计

走进二师的校园，绿树葱茏，优美整洁。往里走，在学校中间有一个荷花池，非常吸引人的目光，荷花池不大，这里最优美的是三个手拉手在跳舞的女孩子的雕塑。这个雕塑古朴优雅，别具一格。听于老师讲，这并不是出自名家大家的雕塑作品，而是于老师请当时学校里一位美术老师设计的作品。

于老师一直认为，学校里应到处能看到老师和学生的作品，体现师生的才华，也能通过这个创意让师生对学校更有归属感。看到这个雕塑——三个女孩子在跳舞，想到这个作品是出自本校美术教师之手，就会感到特别亲切，也很自豪。

后来我到同济初级中学担任校长，我想我们学校也要像二师那样加强学校文化建设，彰显学校师生在文化建设中的作用。可是，该从哪里入手呢？

我想，一所学校应该有它的个性化标记，应该有鲜明的形象。就像于老师当年在做二师校长时，发动师生，设计了校标和学生的校服，展示了师范学校的风格和办学方向，展现了新一代师范生朝气蓬勃、端庄靓丽、青春活泼的形象。于老师注重学校形象设计、注重文化建设的办学策略是非常值得我学习的。

我和我们的学校领导班子及中层干部商量，学校是不是应当设计校旗、校歌和校徽？而且在讨论的过程中，我也讲到了二师荷花池里三个拉手跳舞的女孩子的雕塑以及二师学生设计校服的故事。我们也应该像二师一样，让老师和学生共同创作设计我们学校的校旗、校歌和校徽。

在学校团委学生会的带领下，学生也投入了校歌的歌词创作中，我们选取了几篇写得比较好的，反复比较后，最终选中了朱雯斐同学写的歌词，然后请团委组织学生一起修改，修改完毕后，再请我们的学校老师进行修改润色。

全校师生热情很高，集体创作了质量较高的歌词：

向着蓝天飞翔

沐浴着杨浦的春风，

传承同济的精神，

我们是朝气蓬勃的初中生。

书声琅琅，

我们勤奋努力增长智慧，

我们追寻梦想诚实团结，

我们砥砺品行互信互励茁壮成长。

来吧，健康自信的朋友！

来吧，勤学好问的伙伴！

向着蓝天放飞我们的希望，

向着明天谱写人生新篇章。

歌词有了，那么校歌的曲子由谁来写呢？

有的老师提议我们去外面找一名音乐学院的教授来谱曲。而我觉得，二师校园内的雕塑可以请本校美术老师来设计，我们同济初级中学的校歌，为什么不可以请我们本校的音乐老师来谱曲呢？

正巧，当时新进来一个音乐老师，叫牟玉琨，是在新疆长大的孩子，学音乐的。大学毕业以后想在上海找工作，留在上海就业。他知道了学校的这个要求以后，自告奋勇来给校歌谱曲。第一稿出来以后，我听完了说，"这个曲子不够有激情，希望我们的校歌铿锵有力，能鼓舞学生，唱出来有精气神。"时间不长，他就把曲子又改好了，然后再通过配器制作，作品就完成了，配上歌词，既有气势，又悠扬，得到了师生们的好评。

学校的美术老师也不甘落后，一起设计了学校的校标——图形中有火炬，有帆船。有火炬，是因为有少先队的特点；有帆船，是因为我们是同济品牌的学校。校标形象俊美，寓意深刻。

我们在学校里做了一个校标的立体造型，放在校门口的大道旁。把校标放到旗帜上，校旗也有了。每星期一早上升旗，我们除了升国旗、唱国歌，还有升校旗、奏校歌，别具一格。当时有校旗、校歌和校标的学校还是很少的，学生们感到很稀奇。家长们、社区居民站在透绿的围墙外面看到学校里面有校旗、校标，每周一升国旗、升校旗，他们感到十分新奇，社区居民和家长们也非常认可学校教育理念的进步和文化建设的创意。

在二师的岁月，我得到了于老师的教导培养，听到了不少故事，又在校内耳濡目染，这对我日后做校长，有深远的指导意义。于校长办学的高度、思想的深度、育人的温度，对我影响至深。

校牌的故事

有了师生共同设计的校旗和校歌，学校形象为之一新，但是校门口的校牌却是老气横秋，显不出特色，校牌和新设计的校旗、校歌有点不太匹配。那么，新的校牌由谁来写呢？我还是想到了学生，让学生写校牌更有意义。我也曾看到过，有一所学校门口的学校名是学生写的，虽然有点稚嫩，但是很显出学校的个性，让人眼睛一亮！

不知道我们学校有没有这样书法水平较高的学生呢？

凑巧的是，我们学校正好来了一位字写得很好的学生——小磊。孩子的爸爸带着他从外省市到了上海，就住在学校边上，希望能够进我们学校来读书。

那天下午，孩子的爸爸带着小磊同学到了我的办公室，跟我说孩子想进我们学校来读书，我看着孩子长得斯斯文文的，我对他印象挺好的。我也是关切地问了一句："小孩子有什么特长吗？"我喜欢有个性、有特长的学生。

他爸爸马上说："我孩子字写得蛮好的。"

字写得好的孩子我都是很喜欢的，字如其人嘛。我就问他什么字写得好呢？是毛笔字还是钢笔字呢？他爸爸从包里拿出了他的作品——是毛笔字，我一看写得还真是好，字形端正，笔画也很有力。

"小磊是不是学了蛮长时间书法，是五年，还是八年呢？"

"他只学了两年。"

他爸爸这个答案让我对这个孩子刮目相看，这个孩子在书法上是有点天赋的，学两年能写这么好的字，真是很少见。我立刻就同意了他到我们学校来读书，因为我们也正好想搞个学生的书法比赛，找个写得最好的孩子题写校名。

过了不久，我们学校就组织了一场学生的书法比赛，参加的学生有一二十个，最后经过比选，不出所料，小磊同学胜出。我们就决定让小磊把我们的校名——"同济初级中学"写一遍，我们把他的字做成校牌，挂在校门口。

过了一段时间，突然有老师来找我，说门口有两位中央电视台的记者要来采访我们。我听了以后不敢相信"怎么可能呢？我们这么一个小小的学校，怎么会有中央电视台来采访，他们是不是骗子呀？"我唯恐他们是假记者。

我和江书记一起到了他们住的地方——我们学校隔壁的燕园宾馆。我还让这两位记者拿出身份证、记者证仔细核对，回了学校以后又打电话到中央电视台去核实，最后得到的信息，的确是中央电视台有记者到我们学校来采访，采访的内容就是我们门口的校牌是由学生题写的这件事。

中央电视台怎么会知道呢？

我详细地问了其中一位冷记者，他告诉我——这是我们上海广播电视台的记者路过我们学校时，看到是学生题写的校名"同济初级中学"，六个大字下面还写了"王磊书"。一打听得知王磊是本校学生，就觉得非常特别。而且通过仔细了解，还知道王磊同学是到上海务工人员的孩子，这就更多了一个特殊的意义：到上海务工人员的子女，怎么样融入上海大城市的生活；上海这座城市又怎样更包容、更平等地对待这些务工人员的子女，给他们一样的培养和教育，还发掘他们的特长，给予他们展示才华的舞台。

这一年的"六一"儿童节，中央电视台向全国电视台征集关于孩子教育培养的线索，准备编辑6个故事，在"六一"儿童节庆祝晚会上播出。上海东方电视台提供的这条线索引起了中央电视台的重视，因为这里有一个很重要的信息，王磊同学是外来务工人员的孩子，在上海得到了很好的发展。于是，中央电视台就派记者到我们学校来采访。得到了这些信息以后，我们向当时的教育局王平局长作了汇报。得到领导认可以后，我们全力以赴支持记者的工作，记者们在我们学校采访了两天，拍了很多视频，记者们满意地带着多项资料回北京了。

到了5月份，中央电视台通知我们，我们这个故事已经被选上了，题目就叫"校牌的故事"，要求学校校长带着孩子一起去中央电视台录制。这可真是喜出望外！我和总务主任带着王磊到了北京，进了中央电视台，经过将近一个星期的准备和录制，完成了《校牌的故事》录制任务。

第一次登上中央电视台的舞台，在1号大厅，我和王磊都很激动，但是艰苦的录制过程又让我们对节目的录制望而生畏。实践的体验告诉我们，在中央电视台录制节目是一件很艰苦的事，天天吃盒饭，也比较枯燥，轮到我们就上去排练，没有轮到我们就耐心在下面候场。由此，我们对中央电视台的工作人员和参加节目录制的其他老师、同学也产生一种由衷的敬意。

最后正式录制的时候，我特意还去买了一件衬衫，穿着挺精神。上台以后，主持人朱军看到我还特别说了一句，"校长怎么这么年轻啊？在我的脑海中校长都是白发苍苍的。"老校长有老校长的经验，我们年轻的校长经验虽然不多，但是工作还是很有勇气创新的。我在台上讲述了我们为什么请一位学生来完成校牌的书写，也表达了希望在大城市务工人员的孩子能够更好地融入城市生活，希望我们的城市给这些孩子更平等更包容的教育，发现这些孩子的长处，让他们展示自己的个性特长，建立在城市生活的信心，在学校学习的信心，也正是我们学校的培养目标中的第 2 个词语——"自信"。

节目播出以后，社会反响很好。全校师生为学校能够在学校文化建设工作中得到社会的认可，感到非常欣喜。打这以后，就有更多的学校让学生题写校名了。走在外面，经常会看到有学校学生题写的校名，有的学校书法水平高的学生还不少，他们就一个季度或一学期换一次校牌——他们的校牌是学生用宣纸写好，然后贴在镜框里边，挂在校门口的，也很有创意。

"校牌的故事"是我的教育生涯当中最值得纪念的事情之一，能够登上中央电视台的舞台，阐述自己办学的理念，更是令人自豪。这件事正是我践行于老师的办学思想——要让师生成为学校的主人，让师生共同在学校的发展中出力、出彩的特别成果。

二师校园的荷花池里边三个手拉手舞动的女孩子的雕塑，一直镌刻在我的脑海里，给我启发，让我有所领悟，在办学中有所创新。

走近"四书",走近中草药

2003年,我到同济初级中学担任校长。做一名学校的校长很不容易,要学习的东西很多,对我来说最好的学习榜样就是于校长。于校长在第二师范学校的办学,有高度,有深度,有温度。于校长一直强调,"作为管理一所学校的一校之长,必须有明确的办学理念,追求高尚的教育境界。"特别是于校长对学校传承中华传统文化非常重视,对我影响至深。

也许因为是语文老师,我对中华传统文化非常喜爱,在做校长以后我就特别思考,希望我办的学校能够有更多的中华传统文化的元素在校园里呈现,也希望学生和老师能够更多地得到中华传统文化的熏陶。于老师说,"学校的任务就是传承文化并加以发展创新,学校要把中国的优秀文化和人类的进步文化,通过教师的创造性劳动,传承到学生心中。"那作为校长怎样弘扬中华优秀传统文化呢?怎样让老师有创造性地劳动,把中华传统文化传承到学生心中?我的目光聚焦在三件事情上。

首先,我觉得孩子们要学习中华传统文化经典著作"四书"——《大学》《中庸》《论语》《孟子》,我们的教科书里面有一点相关内容,我想再做一些课外拓展。"四书"内容博大精深,蕴含丰富的文化内涵,是青少年思想启蒙、道德启蒙的重要书籍,对打牢作为一个中国人应该具有的思想文化、精神品格的底子意义深远。比如,《大学》里有"苟日新,日日新,又日新",鼓励人追求完善;《中庸》里有"博学之,审问之,慎思之,明辨之,笃行之",给人们正确的学习方法的指导;《论语》里有"吾日三省吾身,为人谋而不忠乎?与朋友交而不信乎?传不习乎?"告诫人们要经常反省自己的言行,让自己的言行接近完美;《孟子》里有"富贵不能淫,贫贱不能移,威武不能屈,此之谓大丈夫",要求做人须保持节操等。这些思想对青少年形成正确的世界观、人生观、价值观非常重要,能够促进学生形成走上正确的人生道路的思想观念。

"四书"里有的内容比较浅显,有的比较深奥,那我们选什么内容给学生读呢？我组织语文组的老师一起来研究两个问题——选哪些内容给孩子们读？让他们怎么读、怎么学才更有收获？

经过和语文组的老师一起研究讨论，我们确定了给孩子读的内容要符合两个条件：一是初中的孩子容易读懂的，二是这四本书里最有价值的经典名句，尽管学生可能较难理解有些句子的内涵，我们还是希望让孩子知道了解，有个印象也好，不强求完全学懂、完全掌握。

《大学》《中庸》我们主要选择的是"致知在格物""正心修身""齐家治国平天下""物有本末，事有终始""富润屋，德润身""苟日新，日日新，又日新""博学之，审问之，慎思之，明辨之，笃行之""诚则明矣，明则诚矣""好学近乎知，力行近乎仁，知耻近乎勇"等一些短句，比较好懂，也容易记。

《论语》《孟子》相对易读一点，有选短句的，也有一些小篇的文章。例如《论语》，选"学而时习之，不亦说乎？有朋自远方来，不亦乐乎？""知之为知之，不知为不知，是知也""学而不思则罔，思而不学则殆""吾日三省吾身，为人谋而不忠乎？与朋友交而不信乎，传不习乎？""君子周而不比，小人比而不周""君子喻于义，小人喻于利""三人行必有我师焉，择其善者而从之，其不善者而改之""岁寒，然后知松柏之后凋也""知者不惑，仁者不忧，勇者不惧"等。《孟子》选"老吾老，以及人之老；幼吾幼，以及人之幼""得道者多助，失道者寡助""爱人者，人恒爱之，敬人者，人恒敬之""穷则独善其身，达则兼济天下""生于忧患而死于安乐""生，我所欲也，义，亦我所欲也，二者不可得兼，舍生而取义者也"，以及非常励志的"天将降大任于是人也，必先苦其心志，劳其筋骨，饿其体肤，行拂乱其所为，所以动心忍性，曾益其所不能"等，让学生在这些名言警句里，悟得中华文化的精髓，打下作为中国人应该有的文化和精神的底子。

句子选好以后，我和语文组的老师反复精选、调整。定稿以后，我们就着手进行第二个问题的研究，即如何让学生学得懂，记得住。通过一起讨论，我们把《走近"四书"》等校本阅读教材的体例确定为每一篇课文下设"原文""注释""译文""阐释""相关链接""学习感悟"六个内容。"原文""注释""译文"和教科书上的要求差不多；"阐释"是教师写一段话，把原文和译文里讲的主要内容，给学生做一些更通俗、更浅显的解释；"相关链接"是选择和这篇课文内容相关的故事、名言,进一步扩展学生学习的范围;"学习感悟"则是让学生自由发挥,在学了这篇课文以后,写一些自己主要的思考和感悟。这个设计总体上是合理的,符合学生的认知规律,更重要的是,我们不以掌握、记牢和考试为目标,更多关注学生积极参与、积极思考学习的过程和得到的不同感悟。

这本校本阅读教材编好以后,语文组的老师特别高兴,这是我们办学的一项成果,也是语文组建设的一个成绩。编好以后,我们就在学校的四个年级进行试用,效果总体还是令人满意的。

学校办学中,相比开发有中国传统文化特色的《走近"四书"》,中草药的特色项目创建,我少了些主动积极的意识。幸运的是这个项目能够做成,其功劳在于我们有一位普通的生物老师——王红卫老师。

最早我只知道我们学校有一个"李时珍中草药小组",是一个课外活动小组,负责的老师是生物老师王红卫。王老师做事情有热情,很认真,活动开展也很积极,在活动中她让学生了解中医中药,学习一些最基础的、我们生活中常见的、实用的中药知识,例如,银杏可以定咳平喘,无花果可以补脾益胃,金银花可以清热解毒,枸杞可以延衰抗老,藿香可以芳香化湿,茴香可以健胃散寒,艾草能够温经散寒,山楂可以消食健胃,灵芝可以补气安神等。我当时对这个小组关心也不多,只是对"李时珍"这个名字特别喜欢而已。

有一次,教育局开会,根据当时杨浦区"三区联动"工作要求,布置我们中小学的办学要尽量联合大学,利用大学的资源,提升我们办学的水平。我回去以后,就和教导处一起把这项任务布置给了我们各个课外活动小组。要联合大学呢,我们基本上没有什么门路,也没有什么很好的资源。布置归布置,至于能有多大的收获,我也不知道。但是,认真的王老师来找我了。

"许校长,大学没有办法联系,中医中药方面,我一个大学老师也不认识的。"王老师很焦虑地跟我说。

"教育局要求我们利用大学的资源来开展办学,你想办法去找找看。"我还是鼓励她去努力一下。

"我真的不认识人,那要是真的联系不上大学怎么办呢?"她紧紧地追问我。

"那不和大学联办,不符合要求,那你这个中医药特色小组就不要办了!"她还没去找就跟我说找不到,我是有点不高兴的,就很武断地回答这一句。

"噢,我试试看吧。"王老师神情落寞地离开了我的办公室。看着她的背影,我也觉得刚才的话有点太重了,心想她要是找不到就算了,等她来向我报告的时候,我再安慰安慰她吧,我也不会真的取消她这个课外活动小组。

没想到的是,第二个星期的星期一,王老师就又来找我了。我想她应该跟我说肯定找不到大学合作了,没想到她给了我一个很大的惊喜——

"许校长,许校长,我找到了,我找到了!"她非常兴奋喜悦地跟我说。这实在出乎我的意料,那么短的时间,她上哪儿找的?我赶忙问她是怎么找到的。

"许校长,你跟我说,我要是找不到大学合作,我们那个中草药小组就不要办了。我听了这句话压力很大,回去睡也睡不着。于是我找了一下我们上海张江有一个中医药大学,我虽然一个人不认识,但是我可以到他们学校去找找看,我上星期六就去了中医药大学。我就在门口等着,想随便找一位老师,认识一下这个老师,通过他能够和别的研究中药的老师联系上,看看他们愿不愿意和我们合作。我运气很好的,竟然找到了一个愿意跟我们合作的老师。"王老师语速很快,竹筒倒豆子一般把她漫长的找寻经历很快地告诉了我。

我听了她的话,真是敬佩这位老师的认真、敬业和执着,也为那天自己比较武断的一句话感到惭愧。王老师是个实在人,我这么一句比较随意的话,给她带来的压力可想而知。但是任何事情都有两面,也许正是因为我这句比较严厉的话,和王老师老实本分的性格合在一起,才出现了工作中的奇迹——王老师单枪匹马,一个人就把这件事情搞定了!

我给予了王老师充分的肯定,赞美的话讲了一大通,因为这也是我们学校第一次和大学合作的突破。此后,我们和上海中医药大学的老师建立了联系,由他们指导我们这个小组开展内涵更丰富的活动,学校还派了大学生来做志愿者,参加我们这里的活动,活动搞得有声有色。一学期后,我们还正式和上海中医药大学的一个院系签署了合作协议,请他们的老师和大学生定期来指导我们的活动,我们也可以定期到他们学校,进入他们的实验室开展活动。

为了让这个课外活动小组能够有更多的活动空间，我们还把学校一座旧房子拆了，建成了绿地，里面种上了多味中药材，挂上牌子，帮助学生们辨识，并且把这块绿地命名为"百草园"。后来我离开学校到教育局党校工作，在接任校长的领导下，这个小组越办越好，后来办成了上海市"城市少年宫"。

除了组织学生学习"四书"，大力支持学校"李时珍中草药小组"的活动，我对学校美术组也提出了要在学校教学楼走廊布置有中华传统文化特点的美术作品，比如说剪纸、篆刻、书法、国画，即便是动漫，我也希望是有中国文化元素的漫画。因为我想到了于老师讲的，"社会上流行的，学校不一定提倡"，我觉得办学当中要增强弘扬中国传统文化的意识，主导我们的学生学习接受中华传统文化，厚植他们对中华传统文化的情感，培养他们有中国情、中国心。正如于老师讲的，"用中国文化的基本精神滴灌孩子的生命之魂，让他们有一个健康的人生，长成后为国服务，为民造福，这就是我们教师的人生意义和价值。"

在同济初级中学的这几件事情，是我短暂的校长生涯当中值得回忆、令我感到自豪的事情。我总是在想，一个校长在学校工作五年也好，十年也好，总要为学校留下点什么，留下的这些项目，能不能为学校的可持续发展作出贡献，应该是一个校长必须有的价值追求。做校长的时间无论长短，都要写在学校的历史上，我希望我写下的一笔，无论长短，都必须是浓墨重彩的，可以是为学校的发展取得进步，获得奖项，也可以是默默无闻，为学校后来的发展奠定基础，"功成不必在我，功成一定有我"。

每一个校长对学校的发展，都负有重大的责任。这是我给自己的一份压力，也是一份动力。于校长教导我的一个重要思想——做校长要有对国家、民族的责任感。我也在工作中践行了于校长"生命与使命同行"的思想，让我的教育人生有了值得回忆的动人篇章。

把用餐的选择权给老师

于老师常说,教师是学校最宝贵的资源。各校领导一定要关怀教师,努力为教师创造更好的工作环境。我到同济初级中学做校长以后,首先就是装修教师的办公室,把老师们的办公室都修缮改进好了,再改造我们校领导的办公室。我们也很朴素,把一间大的计算机房分隔开,就做了我们多位校领导和人事干部、校办主任的办公室了。

到学校工作,教师会吃早餐和午餐,这两顿饭对老师来说很重要,不仅关系到教师的健康,也影响到老师在这个学校一天工作的心情。如果两顿饭都安排得好,符合教师的需求,让他们感到比较满意,老师们在学校里工作就比较愉快,对缓解教育工作中的焦虑,缓解因为学生成长过程中的问题带来的苦恼,都具有一定的作用。

第二师范学校的食堂还是挺好的。早餐有生煎、包子,还有糍饭糕、豆浆,有时候也有面条。20世纪90年代初,生活水平还是不高的,但是二师食堂的早午餐让老师们比较满意。后来调到同济中学工作,老师们对餐厅的伙食也比较满意,我做书记的时候还从来没有为教师吃工作餐的事操过心。

到了同济初级中学,情况就不一样了。我刚到学校不久,老师们就来跟我说餐厅的伙食不够好,主要是做的饭菜质量不够好,味道不行,菜品也比较单调,等到第四节课下课去吃饭,往往都是冷饭冷菜。对此,老师们颇有怨言。

我找了食堂的管理员,和她详细地讨论了这件事情。从她那里我也了解到食堂本身面临的一些困难,他们也不容易。但是我们最终要达成共识,提升伙食的质量,让老师们吃得满意。我首先提出让他们增加菜的品种,还要选一个做菜水平高一点的师傅来。

经过一段时间观察,发现情况变化不大,老师们依然意见不少。

于是我和总务部门的老师商量,能不能改变统一到食堂吃饭记账的方法,让老师自己决定是不是每天到食堂用餐,来的话就打钩,不来就不勾,不打钩的学校不支付这个午餐费。这个办法试行了一段时间以后，效果也不明显，为此我也批评了食堂管理员。

但有时候批评还解决不了问题。我们把吃饭的统一计账变成不统一，再进一步变成由学校教师来选择吃还是不吃，来选择吃什么，我们把吃饭的津贴打到每个老师的卡里，老师也可以在自己的就餐卡里充值。到不到食堂吃饭，到食堂吃什么由他们决定，要几个菜都是可以的。可以每天吃素，也可以每天多吃荤菜，或者荤素兼有。这样，吃什么也由老师决定，学校就掌握了这项工作的主动权。

我们的立场始终站在教师这一边，为他们能够吃好饭，我们要坚决改变现状，减少食堂供餐方的决定权。食堂管理员不肯答应，她说这样的模式，老师们不一定来吃，如果烧了很多菜他们都不来吃，这些菜就浪费掉了。风险太高，赔本是一定的。

"我们的目标是让老师吃好午饭，再大的困难我们也要克服。可以先试行一下，如果你食堂的饭菜的确做得很好，老师是不会到外面去吃的，老师工作也很忙。如果你的菜品质量和数量都不能让老师满意，那么他们用脚投票，就不会在这里吃。"

我告诉管理员，如果他们按照这个方案做，做得很好，但是因为老师们吃得不多，造成食堂的亏损，我们会用学校行政经费补贴食堂。我相信老师们是非常敬业的，平时中午基本都会辅导学生。如果饭菜质量做得相当不错，他们是不会到外面去吃饭的。

刚开始实施，伙食质量明显提高了。老师拥有选择权，他们可以决定来不来吃饭，吃多少。如果当天吃的饭比较硬，或者菜的质量出现问题，老师们就会跑到校外去吃。实行的结果是食堂明显提升了饭菜的质量，还买了保温的设备，第四节课下课也有热菜热饭了，所以，绝大多数老师都是在食堂用餐。

过了一个学期，食堂的伙食进步更大了，老师们都很满意，来我们学校听课评课、参加会议和活动的老师也很喜欢，夸我们食堂伙食质量高。当老师拥有到餐厅吃饭的选择权，就倒逼食堂必须提高伙食质量，努力争取让老师们留在学校吃饭。

在学校用餐看上去是件小事，其实是关系到老师们满意不满意，高兴不高兴的大事情。关心老师，为老师服务，不是讲在口头上的漂亮话，而是应该扎扎实实地在实践中做到。老师们早餐吃得满意，一天精神就好，老师们中午吃得满意，下午工作就更带劲儿了。

现在，我们有的学校为了让老师和学生吃得满意，渐渐地开设了自助餐。一开始，有的学校也担心学生和老师会吃得比以前更多，成本控制不住。其实吃了一个礼拜以后，师生用餐的量还是跟原来差不多。现在大家生活水平高了，吃得并不多，但希望吃得好一点，因为大家都要保持健康。

餐厅的管理仅仅是学校工作的一个侧面，其他诸多方面也要像解决老师们吃饭一样，多调查研究，了解老师们的需求，我们要有更强的服务意识，为老师的学习、工作环境的改善提升，竭尽全力。

有的学校还搞了"直通车"，每个月让工会组织老师分批来提意见、提建议。面对老师们的不同诉求，能改进的马上做，一时做不到的，创造条件去做。如果是在当下做不到、一段时间里面也不可能做到的，会与老师做好细致深入的解释工作。这样，学校干群关系就会更加和谐，学校就更加有凝聚力。到年底开民主生活会的时候，老师们提出的意见就很少了。工作中的不足都在平时老师们提建议意见、学校改进工作中改善了。这种做法和我们教的课文《邹忌讽齐王纳谏》有点相似。

有人说，学校只有把教师放在第一位，教师才会把学生放在第一位，我觉得这是有道理的。做书记、校长，要谦虚谨慎，倾听老师的声音，帮他们排忧解难，教师们也会竭尽全力克服困难，把学校的工作做好，把学生教育好。

学农乐事

带高二学生学农是一件有趣的、令人怀念的工作。

学生们得到了要去学农的消息后,欢呼雀跃,觉得离开教室到农村去,怎么说都是一件非常令人期待的事。而我们作为组织者,却没有那么放松兴奋,组织工作千头万绪,不好做,压力大。我们不仅要让学生了解农村,学会一点农活,同时还要加强纪律教育,确保安全,也不能耽误学科学习。

我们设计了这样的学农方案:每天早上要出操,做广播操,复习军训的内容——立正、稍息、四面转法、齐步走、跑步走,上午学农,中午休息,下午学农,早晚也要讲评,晚上吃完晚饭18:00—21:00还要晚自修。让学生复习军训的内容,是为了抓紧纪律教育,也是为了锻炼身体。干农活是为了培养劳动精神,学习劳动技能。晚自修,是要加强自学能力培养,特别是提高预习的水平。

轮流巡视

由于安排得丰富有序,学生们非常高兴,在了解农业、农村、农民的同时,也了解了农村科技的新发展,扩大了视野。在学农过程中,最难管理的就是学生的纪律。学生们已经不是像高一刚进来的时候那么拘谨,大家都熟悉了,晚自修和就寝以后,讲话的学生还是不少。如何提升学生的纪律意识,是个挑战。

一开始我们给学生们提要求,加上班主任巡视,但是效果不太好。由于自修是在食堂里进行的,很大的一个空间,班主任根本管不过来,而且一天训练下来,班主任身体也吃不消。怎么办呢?

我们想了一个办法,请学生轮流来巡视,每个班级的纪律委员,在班级所在的区域巡视,发现有学生讲话,没有在认真做预习、做作业,就可以请这位学生来巡视,原先的纪律委员就可以去学习了。如果这位新的巡视的学生,发现了另外一位没有认真自修、在讲话的学生,自己就可以休息了,让那位学生来巡视，负责管理晚自修。试行了一会儿，刚开始还是挺热闹的，经常换学生巡视。但是过了15分钟以后，基本上就很少有学生再被选出来巡视了——学生们都静下心来，不讲话，认真做作业、做预习。这个办法既培养了学生的管理能力、责任心，也在一定程度上降低了班主任的工作强度，可以让他们得到比较好的休息。

窗前的人影

晚上就寝以后，学生往往还是很兴奋，而且分散住在不同的宿舍，要抓好管理，还真是不容易。我和年级组长、政教主任，每天晚上都带一位班主任做巡视，但是学生们依然此起彼伏地讲话，不好好睡觉。看来是要采取一点措施了。

我了解到有一个男生的寝室特别闹腾，于是当他们"入睡"后不久，我就悄悄地走到了他们的宿舍门口。他们在宿舍里面讲得正起劲，我就敲敲门，提醒他们早点睡，他们马上停止了讲话。

我转身离开了他们的宿舍门，但是走了几步以后，马上返回，悄悄地站在了他们宿舍的窗户前。这个"回马枪"杀得是有效果的，学生们以为我走远了，讲话就更起劲了，说说笑笑乐不可支。男同学和女同学不一样，男同学调皮一点很正常，他们这种兴奋，我也很能理解，也挺喜欢他们这样的青春活力。不过，纪律总是要维持的。我站在窗户前，一动不动地听他们讲话。突然有位学生发现了我，"窗户前好像站了一个人，会不会是老师又回来了？"

学生很机敏，马上不说话了。过了一会儿，他们没有听到窗外有什么动静，窗户前的人影也没有动。"没有老师来，那窗户前的影子不是老师，大概就是树影吧！"虽然我听他们在讲话，但是我保持一动不动。

"不可能是老师，老师怎么会站着一动不动呢？"他们真是小瞧我了，我可是训练过的，能够带领学生站军姿连续半小时不动呢。

我之所以没有立即打断他们，一个是想给他们一个"惊喜"，另外也想在这一时刻，学生无拘无束的情况下，听到他们对我们学校工作的评价和意见。于老师说，我们教师要注意倾听学生的心声。这不正是好时机吗？

听了足足有5分钟，孩子们对我们军训的很多评价和期待我都听到了。我就把门敲开，请他们都下床。

"我说的吧，是许老师，窗户前是有人影的，你们偏偏不信。"有一个学生在数落他的寝室同学。

"我们老师并不是要和你们过不去，而是要让你们第二天有充沛的精力参加学农、做操、晚自习，要培养你们良好的学习习惯，培养你们有严明的纪律，这些对你们未来成长都有非常重要的意义。只有大家提高了认识，才会自觉自愿地不讲话，用心学习。"

"老师我们知道了，我们晚上睡觉，我们不讲话了。"

"态度这么好吗？转变这么快啊？许老师要奖励你们，好不好？"

"好的，好的，是什么奖励啊？"学生们很期待。

"为了让你们记忆深刻，你们穿好鞋，许老师带你们到操场上跑两圈。"

"啊……上当了！"

"这个操场很小的，跑两圈5分钟。运动有助于睡眠，许老师和你们一起跑两圈，回去睡觉也睡得香！"

学生们看我坚持也没办法，只好下床穿好鞋跟我一块去操场上跑了两圈，我还要求他们脚步要整齐，队伍要整齐。两圈跑完以后，孩子们都乖乖地上床睡觉了。一点儿声音也没有，一会儿就有打呼的声音传出来。这就是可爱的男同学，这就是带这些可爱的男生驻训的乐趣。

第二天我们也没有批评这八位男同学，他们却把那天晚上的经历当作很有趣的事情，和同学们做了分享。这件事情很快在同学里面传开了，有我教的班级里的学生告诉我，大家都对我站在窗口一动不动，瞒过了学生仔细的观察感到好笑，笑过一阵以后，就有学生提醒大家，"今天晚上咱们可不要讲话啊，许老师要是发现我们讲话，也要到操场上去跑步的。"果然，那天晚上熄灯以后，就听不到学生讲话，大家都乖乖睡觉了。

在管理中和孩子们斗智斗勇是很开心的事，我也很包容孩子们的缺点，从来不轻易用比较犀利的语言批评学生，我总是和和气气，所以我教的学生基本上都很喜欢我，这对我顺利地开展教学很有帮助。

我一直记得于老师的话，我们要满腔热情地帮助学生，引领学生成长。少批评，多表扬，让学生都有开心、温暖的学习回忆。

虽然带孩子们跑了两圈，看上去像惩罚，但是在孩子们看来，也是一种经历，也是一个值得回忆的点。也许三年的学习生活当中，给他们留下印象最深刻的就是这次晚上跑步,我也通过这件生动有趣的事情,让孩子记住了纪律的重要性。

拉练看海

我们学农的地方离海边挺近的,住在城里的孩子很少有机会到海边去看看。我们利用这次学农,组织学生进行了一次5公里多的拉练,既锻炼他们的意志品质,也让他们去看看海边的风景。于老师常讲教学要立体化、多功能,我们在学农活动中加入了拉练,让这次学农活动有了立体化、多功能的特色,也更加有内涵。有活力的教育活动,学生一定喜欢。

从学农基地出发,走到海边大约要一个半小时,走过去的时候,学生们体力还不错,而且因为是去看海还很兴奋,我们顺利地走到了海边。学生们在海边捉小螃蟹、挖沙坑、堆沙墙,玩得不亦乐乎。有的学生还专门拿了瓶子,装了海水,把捡到的贝壳、捉到的小螃蟹放在里面,像带着战利品一样,高高兴兴地踏上了回程。

经过了前面一个半小时的行走,又到海边玩了一通,回来的时候有些学生就体力不支了。那些走不动的同学,我们让他们走在后面,我们关心他们,鼓励他们,让班级干部陪着他们。"可以走得慢一点,但一定要坚持到底走回去。这就是生活对我们的考验,我们要战胜困难,不能被困难吓倒!"我虽然也有点累,但是我还是强打精神,带着他们在后面走,我要做他们的榜样。有的女生实在走不动了,我们也会派学农基地的车带她们回去。我也是很爱护学生的。

当我们走回学农基地以后,学生们虽然很累,但是个个脸上都洋溢着幸福的微笑——他们又一次战胜了自己,为自己的学习生涯增添了一个非常值得回忆的经历,非常自豪。

这次拉练给学生和老师都留下了深刻的印象,由于我们组织得很细致,活动很成功。同时也丰富了学生的学习体验,让学生对这次学农刻骨铭心。

紧急集合

在学农过程中,我们还组织过一次夜间的紧急集合。这件事情在学农之前就和学生们宣布了,但是具体哪一天没有告诉学生,我们也是到了学农基地以后，看情况临时决定时间。

到了那一天晚上，我向老师们通知了明确的集合时间，但没有通知学生。到了半夜两点，我们突然通知学生紧急集合。由于事先和学生打了招呼，每天晚上睡觉前要把衣服和外套折叠好，有序地放在旁边。当紧急集合的军号声响起的时候，宿舍里的灯都不能开，学生们没有慌乱，绝大多数学生都动作迅速地穿好了衣服，跑到了指定的集合地点，用的时间也比较短，秩序很好。学生们一开始有点睡眼蒙眬，跑到集合地点以后，基本上精神都比较振奋了。

"同学们，在不远的厂区发生了紧急事件，上级通知我们马上增援。各班教官和班主任一前一后带好队伍，马上出发，跑步前进！"基地的负责人下达了出发的命令，我和政教主任带着教官、班主任和学生，排着整齐的队伍跑步出发了，我们沿着学农基地门前的大道往前跑了一段距离，然后折回。回到基地，我们做了简短的讲评，一次令人难忘的紧急集合，完成得非常顺利。学生们好奇和兴奋的心态很普遍，毕竟从来没有体验过紧急集合啊！

第二天，学生谈起前一晚的紧急集合都还非常兴奋，津津乐道。看来这次人生中从来没有过的紧急集合，给学生留下了深刻的印象。我们的教育就应该这样，通过丰富的活动，组织有序，过程精彩，让学生在几年的学习时间里有多个特别的学习经历，留下令人难忘的回忆。这些回忆不仅有知识的学习、能力的训练、意志品质的培养，还让学生有了多样的人生阅历、经历，促进学生心智成熟，人格健康。

在学农中学生除了犁地、播种、浇水，还要去挑粪、浇粪、学习搓麻绳。我们还进行过一次搓麻绳的比赛，各个班级里每个人都要参与，选出搓得最好的三根，拿出来放在年级里评比。学生们为了能够取得好的成绩，不怕艰苦，手都搓得通红，有的还起泡了，但是学生们脸上都洋溢着可爱的笑容。

学农虽然艰苦，但是有些记忆是非常难忘的，我们给孩子们留下了人生宝贵的经历、体验和感悟，让学生懂得生活，领悟人生，也给自己留下了难以忘怀的回忆。

这才是完美的教育，给人幸福，为幸福奠基的教育！

早晚讲评的力量

我到同济中学上任是8月下旬，上任的第一件事情就是带军训。当时同济中学的区行为规范评比没有得到"金座校"，这和区重点中学的形象是不太符合的。教育局领导在我上任谈话的时候也给了我工作重点指示，要把学校的德育工作抓上去。看来我工作的第一道关就是要抓好军训，为后面全校德育工作的提升打下好的基础。

我和政教处主任赵强老师以及年级组长一起，制定了详细的军训计划，信心满满地开始了军训工作。

军训第一天，我只是在观察。我初来乍到，不便发言。一天下来，学生训练还是比较认真的，老师也很关心学生。但是有两个现象引起了我的关注。一个是班主任把学生带到操场以后，等学生训练开始，站一会儿以后，班主任都到教室休息了，只留个别班主任巡视，自己的班主任一走，学生训练的积极性明显下降；第二个是早上到了训练场以后，由部队教官各自带开训练。上午训练结束之前，整个年级整队后带去吃午饭。下午训练时也是一到操场就由教官各自带开，训练结束以后，年级整队，年级组长或者政教主任简单讲几句，一天的训练就结束了。

我想起了在第二师范和杨浦高级中学军训的情况。我们当时训练的组织要比这里精细、严格得多。我们经常会进行军训的讲评，表扬学生的良好表现，也对训练中出现的问题，提出明确的改进要求。我觉得重不重视讲评，军训效果是不一样的。于是我在第一天训练结束以后，就和政教处的赵强老师一起商量，第二天一早由我来对第一天的军训进行点评，并对当天的训练活动提出要求。

第二天一早，各班到了操场，我已经站在了领操台上了。教官整完队后宣布请我讲评。

我首先宣布："从今天开始，我们军训要增加一个讲评的环节。每天一早到操场以后，我会对全年级进行简要的讲评，布置当天的训练任务。上午训练结束，政教处也要对各班的训练情况进行点评。下午训练之前，班主任要根据上午训练中班级的优点和问题，对下午的训练提要求。一天训练结束以后，全年级集中整队，再由我对整个一天的训练活动进行讲评。"然后，我讲评了前一天的训练情况，特别表扬了表现比较好的几个班级，也指出了训练中普遍存在的问题，提出当天训练中要注意改进的要求。

"讲评完毕！各班带回训练！"我清晰有力地下达了指令。宣布了新的工作要求，也进行了充满激情和力量的讲评，训练场上教官、学生、老师精神为之一振，队伍比前一天整齐，动作也比前一天有力多了。看着同学们精神振奋的训练场景，我内心感到欣慰，同时又布置了另一件事情。

我把全部班主任、年级组长和政教主任都集中到一个教室里，开了一个短会，给老师们也提了一个要求。

"我们各位老师能够克服困难一起参加军训，首先要表扬大家！大家在军训过程当中也表现出了对学生的热情关心，值得肯定！"我首先要肯定班主任们的辛苦工作，表示慰问。然后我话锋一转，提出了我们工作中的一个问题。

"我们有一项工作是值得改进的。当学生开始训练后不久，我们班主任老师基本都撤到教室里休息了，没有和学生一起在操场上，这对激励学生以饱满的精神状态投入训练是不利的。所以希望各位老师尽量能够多在操场上陪学生训练，而且我们在操场上，也不能一直站在树荫下，有时候也要走到孩子身边，近距离地去观察、关心学生。"我话一讲完，老师们就有一些反对的意见。

"以前军训从来没有这个要求，我们不也完成得蛮好的吗？如果按这个要求做，班主任太辛苦了，身体吃不消的。"一位年长一点的老师表达了反对意见。

"大家的辛苦我是知道的，但是学生在那边训练，我们班主任都不在操场上，这样是不是合适呢？我们能不能把关心学生、爱护学生做得更好呢？"我还是坚持要有点改变，"当然让老师们陪着学生军训，也不是一直都要陪在旁边。大家站不动，可以拿椅子坐在操场边，但不要离学生太远，并且时常要走到训练场边去关心一下学生。"我还是坚持我的要求，因为我觉得这是严格管理的必然要求。

"那我们可不可以以两个班级为单位，两个班主任轮流去巡视。"因为年轻班主任看我还是坚持，又提出了新的建议。

"轮流巡视是个好主意，可以由两个班主任协作完成，但是坐在操场边上的要求还是要做到，如果实在有困难或身体不适，可以向我请假，到教室休息，特别是年长一点的老师，我们是会照顾的。如果有班主任请假到教室休息了，我们会请政教处的老师顶上去。如果人手不够，我也可以帮忙的。"看到我说得这么诚恳，老师们同意了。同济中学的老师有较高的思想境界，很快适应了新的工作要求。

给老师们提出了陪伴学生军训的新要求，我也一直提醒自己做到基本上都在操场上，要身先士卒，以身垂范，这也是一直受到于老师的教育，建立起来的工作习惯。其实，我要做好每一天早上和下午的讲评，也必须在操场上一直注意观察，轮流到每个班级去看，才能在讲评的时候有的放矢，有根有据，并讲出一些生动的细节。

这样有讲评的军训进行了两三天以后，训练的质量大为提高，每天及时地肯定和指出问题，给训练提供了很好的指向。而且，由于班主任经常陪在旁边，学生们训练也一直精神抖擞，认真投入。老师们及时发现体力不支的学生，及时给他们关心照顾，也保证了学生训练的安全。

整个军训完成得很顺利，区教育局也确定了全区高中军训会操的时间，地点在杨浦区体育场。为了能够很好地展示同济中学的精神风貌，我还和政教主任一起到城隍庙去，给每个孩子统一买了一顶帽子，并且把女学生戴的帽子的两侧向上折起来，看起来还真像香港女警察的帽子，这样的着装别致又好看，很能吸引人们的目光。

由于我们的积极努力，争取把各种细节做到完美，我们在这次军训会操当中取得了名列前茅的成绩，得到了区教育局的肯定，在全区也树立了同济中学德育工作的新形象。

还是于老师那句话管用——认真就是水平！

"四个从来没有"的家访

一所初中，面临最困难的事情就是学校的学生到初三毕业时的差距很大，有的学生五门学科可以考五百分，有的五门学科连一百分也考不到。然而，学校又希望学生们都能圆满完成初中学业，合格率达到100%。这真的非常困难——每个班级都有一两个学习非常困难的同学，有的孩子五门学科加在一起只有一两百分。怎么办呢？

于是，我们把每个班里一两个学习困难的同学聚集起来组成一个新的班级，重点攻关。希望通过这个新班级，老师给他们更多的关心爱护、指导帮助，让他们能够在中考中及格。班级组建起来了，谁来做班主任呢？这件事情颇费周章，绝大多数老师是不愿受这个苦的。

最后，我们选了郭宝琴老师来做这个班级的班主任，她竟然满口答应，作为校长，对这样勇挑重担的老师十分感激。郭老师管理班级很有能耐，困难的、调皮的同学在她这里，都能有所转变，不仅能够保持良好的学习状态，面对教师的批评也不会恼火，反而能够体会老师对他们的关心和爱护。

郭老师肯定做了很多耐心细致的工作——情感沟通，思想教育，生活关心，孩子们跟她很亲呢！用于老师的话来说，这个郭老师肯定给了学生"满腔热情满腔爱"，对他们的生活、学习关心和指导，给他们帮助和鼓励，孩子们非常能够体会到郭老师满满的爱。郭老师后来也获得杨浦区教育系统师德标兵的提名奖。

这个14个人的新班级刚组建的时候，我到教室里，看到孩子们在教室里嬉闹追逐，非常散漫，我把他们喊到座位上安顿好。这时候郭老师走进来了，我非常诚恳郑重地跟郭老师说，"这个班级就交给您了，希望郭老师能够把这个班带好，为我们学校的毕业班工作立功。"

"许校长放心，我一定会做好的。"郭老师的眼神里面充满了坚定和信心，我放心了许多。

暑假一过开学了，初三的同学进行了三天集训，这次集训一开始就要排队做广播操,没想到这个 14 个人的班级在操场上的表现是最好的、最整齐,广播操也做得很好。在旁边的老师要是不熟悉情况,看到这个班级,还以为这是一个非常好的优秀学生的班级呢!

我大感诧异,初三老师们也觉得非常奇怪,这个班怎么那么好,纪律尤其好。等半天的集训完毕,我去请教郭老师:"郭老师辛苦了!这个班怎么换了一副样子,那么听话,纪律这么好了。您是怎么做到的?秘诀在哪里?"

郭老师笑容满面地告诉我:"我就是暑假里面去家访,一个一个地跑他们家里,和他们家长和孩子谈心,给他们鼓励,给他们提要求。"我想,家访这件事情我熟悉,单是家访,效果有这么好吗?我有点疑惑。

等郭老师有空的时候,我请她到我办公室喝茶,继续向她请教,"您是怎么家访的,怎么暑假一过,这个糟糕的班级就神奇地改天换地,变了一个样子了?"

郭老师娓娓道来,跟我讲了她家访的经过,我听了以后非常感动。于老师讲我们要对学生"丹心一片","要走进他们的生活世界、学习世界、心灵世界",这个要求很高,但是我们郭老师真的做到了。她的家访是"四个从来没有"的家访。

郭老师到每个学生家里都去过,毫无疑问是完成了 100% 的家访,不同的是每个学生家里她都要坐 2~3 个小时,和家长聊,从孩子的出生开始聊起,幼儿园时候的表现,了解孩子在小学里的学习状态,再讲到初中,一直到初二结束,升入初三。对学生每一段成长经历,郭老师都要了解。这一路谈过来,孩子从小到大的情况,郭老师都知道得很详细——那些孩子小时候也表现挺好,很可爱的。随着年龄的增长,在学习上分心了,或者是交了不太好的朋友,放松了对自己的要求,也有的在学习上遇到了困难,没有得到及时的、很好的解决。所以,学习上落下得越来越多,于是功课就越来越差,学生也就丧失了提高改进的信心。他自己放弃了,家长也基本跟着放弃了。这么长时间的谈心,这么深入的讨论分析,从出生聊到初三,又给孩子鼓励,给家长信心,这是我知道的家访案例中两个"从来没有"的事情,"从来没有"一个老师对全班学生都进行 2~3 小时家访的,"从来没有"家访从学生出生一直谈到毕业班,这么全面了解学生的。我自己也从来没有在家访当中,在一个孩子家里超过两个小时,谈得这么深入。最难能可贵的是,郭老师对

14 位学生都做了长时间深入的家访，下的功夫之深令人惊讶，也令人敬佩！

郭老师是冒着 38℃的酷暑去家访的，还有一次，遇上下暴雨，郭老师也不失约，大雨倾盆，弄堂淹了，水位很高，已经到了膝盖。郭老师只好一手把裙子拎到膝盖上面一点，一手打着伞，小步走路，蹚着水，艰难地走进了弄堂。家长看到郭老师这么艰难地走到家门口，非常感动："从来没有一个老师，这么热的天，下这么大的雨，到我们家来访问的！"这个"从来没有"是郭老师强烈的责任心和顽强的意志力的深刻体现！

其实郭老师的家访还有一个"从来没有"。"从来没有"一个老师的家访，让每个学生、家长的心被如此打动、震撼，有的学生和家长与郭老师谈得泪流满面，有的同学痛哭流涕，觉得自己没有珍惜宝贵的学习生活，浪费了很多时间。有的学生跟郭老师说，"初三了，一定会痛下决心，一定会'痛改前非，重新做人'。"

学生表决心的言辞有点夸张，但是可以看出决心非比寻常。带着这样一种决心，开始新的初三学习生活，那学习的劲头，认真的态度，真是突飞猛进，不可同日而语。

学校对这个 14 个人的班级格外关照，我们安排了学校优秀的老师来教他们。数学老师是我们孙立副校长，英语是有经验的肖老师（开小小班，六个人上课），郭老师教语文，物理、化学是教研组长教的。正因为有这样的师资配备，所以家长对把他们 14 个人组成一个新班级，是不反对的。因为我们双方的目标是一致的，希望学生进步成为合格的初中毕业生。

为了更好地帮助这些同学在短时间里提高学习效率，获得更大的进步，我们把他们放学以后留了下来，17:00 学校免费给他们提供晚餐，用好晚餐且休息后，在 18:00—21:00 三节晚自习课上，每天有一个文科的老师、一个理科的老师留在教室里，指导他们做作业，个别辅导，每天也安排一位中层干部、一位校级干部值班。我们的中层干部和校级干部也进教室，给孩子做个别指导。无微不至的关心和帮助，赢得了家长的赞许。家长也非常配合学校，每天晚上 21:00 准时到校门口把孩子领回家，确保了学生的安全。

日复一日，月复一月的坚持，我们看到了孩子们很大的进步，老师们心中感到由衷的欣喜。最后，考试阶段，我们还特意在考场附近订了一个小茶馆，让这些孩子考前、中午的时候到茶馆吃饭、休息，给他们再提醒一些应特别注意的关键地方、重要的知识点，给他们更多的考前心理指导和信心鼓励。

功夫不负有心人，这14位学习比较困难的同学，通过我们一年的努力，最后都在中考中获得了合格，为他们初中毕业画上了圆满的句号。

对学习困难的同学，我们要厚爱，要全情投入，这是我们教育工作取得进步的重要法宝。就像于老师讲的，教师要"有教无类，教好每一个学生"，我们的老师要看到、接受学生的差异。于老师要我们认识到——"学生之间的差异是客观存在的。当你深切地明白这个道理，碰到学习困难的、调皮捣蛋的学生，就不会再埋怨，因为你知道每个学生都要受教育，受到良好的教育"。

学生学习越是困难，越能考验我们的耐心、真心、爱心，越能体现我们"仁爱"的师德境界。郭老师"四个从来没有"的家访，为我们教师如何做好班主任，如何深入了解学生，悉心指导学生，引领学生成长，树立了很好的榜样，令人赞赏！

胡老师的10个汉堡

小学、初中、高中三个学段里初中是最不好教的，学生分化很厉害。特别是有一小部分学生，长期以来学业比较落后，丧失了上进的信心，功课一直很糟糕，中考要及格，难度是非常大的。

面对工作的压力，我们也在千方百计寻求突破的办法。于老师说对学生要"满腔热情满腔爱"，"用情用心用力扑在孩子身上"，给了我们很好的工作指引。我鼓励老师们，首先要关心爱护这些学习上有困难的学生，特别是从生活中帮助他、关心他、指导他，从而建立充满信任的温暖的师生关系，这样才能够让孩子真正感受到学校和教师对他的关怀，孩子才能够努力改变自己原先的行为方式，有信心有决心投入学习当中去，获得进步。

同济初级中学的胡老师曾告诉我这样一个感人至深的故事：

胡老师的班级里有一个小云同学，功课很糟糕，而且有时会逃课，还会去酒吧，这个孩子很难管，家长基本上已经放弃了。胡老师对她很关心，但是也一直找不到能够改变她的机会。

这天早上广播操，小云同学突然晕倒了，被送到医务室，校医看了以后说她是低血糖，胡老师就问小云同学："你早饭吃了吗？"

"我爸爸妈妈每天晚上都打麻将，很晚才睡，早上都不管我的，我基本上早饭都不吃的。"

"不吃早饭来上学那怎么行呢？说说看，你想吃什么，胡老师帮你去买。"

小云家境比较困难，她说喜欢吃肯德基的汉堡。那时候汉堡10块钱一个，对当时的教师工资来说是略微有点贵的。胡老师毫不犹豫地走出了校门，到斜对面万达广场的肯德基买来了汉堡包。看着小云吃完汉堡包，精神好了，笑眯眯地进教室上课了，胡老师看着她的背影，很心疼这个孩子，想着以后几天也给她买早饭吧。

放学的时候胡老师找到了小云，跟她说："明天早点来，胡老师帮你把早饭买好，你吃好早饭再做早操、上课。想吃什么呀？"

"还是汉堡包!"小云乐不可支,明天早饭又有着落了,高高兴兴地回了家。

第二天一早,胡老师果然给她买好了汉堡包和豆浆,小云美滋滋地吃完了早饭,进教室开始了一天的学习。就这样,胡老师天天给她买早饭,天天给她买汉堡包。小云同学再也不逃课了,晚上也不出去乱跑,在家里做功课学习了。

有一天下午放学的时候,她找到了胡老师,跟胡老师说:"明天能不能不吃汉堡了?天天吃汉堡吃腻了,明天吃什么都行,馒头包子油条都可以,只要不吃汉堡就行了。"

"好的,你想吃什么胡老师就给你买,以后每天下午放学都可以告诉我,第二天胡老师给你买你喜欢吃的早点。"

什么样的情况能够让一个孩子把最喜欢的汉堡包吃腻了?

听着胡老师的故事,我禁不住打断了她,好奇地问胡老师:"你给她买了多少个汉堡吃,她才吃腻的呀?"

"十来个吧!"原来胡老师看她喜欢吃汉堡包,就天天买,一直买了10多个汉堡,小云同学吃得受不了了。正是这个吃腻了的汉堡包,让小云的心从此和胡老师贴得近了,很听胡老师的话,学习上也用心了许多,功课进步非常大,从五门考试学科总分200多分,进步到了500多分,语文考了130分,最后考进了园林中专。

毕业的时候小云抱着胡老师泪流满面,喊胡老师"妈妈"!现在小云同学已经成为一家保险公司的独立代理人了,前几年,她还特意去拜访了胡老师,对她表达了真挚的感谢,微信里都亲切地称胡老师"亲爱的胡妈"!

小云同学巨大的进步,归功于胡老师对她生活上的热情关怀,把她当作自己的孩子,在生活上、学习上给她关心和指导。这和于老师的一个故事非常相似,于老师曾经把班级里一位学习和品行很差、家长都不要了的孩子,带到自己家里,安排他的生活,指导他的学习,最后学生也慢慢改变了自己身上的缺点,进步很大,还考取了大学。于老师为孩子高度负责、无私奉献的精神在我们胡老师身上也有体现。

胡老师的故事再次给我们教育工作者提供了一个转变困难学生的成功案例,我们首先要关心爱护学生的生活,特别是给成长困难的同学温暖。再在学习生活中找到激励他、关心他的机会,"用心、用情、用力"引领孩子健康成长,让学生成为合格的毕业生,成为社会的有用之才。

于老师常说,学生不仅是家长的宝贝,也是国家的宝贝,所以一定是教师的宝贝。"今天的教育质量,就是明天的国民素质。"每一个在我们眼前的孩子都是未来建设国家的有用之才,带着这样一份认识,这样一份信念,我们就会对学生全身心地付出,就有决心把每一个学生都培养好,无论困难多大,事情多烦。

教师的教育要唤醒学生的生命,点亮他们的人生,让他们成为积极向上的人,有本领的人,这是我们教师最重要的责任,也是我们最高的教育追求!

"乔老爷"的数学课

虽然在同济中学担任党务工作,但是对课堂教学的研究我向来非常重视。我进入一个新学校后,不仅带领语文组进行了语文教学的改革试验,也非常注重向其他学科有经验的老师学习。数学乔老师就是这样一位值得我学习的、有着丰富的教学经验和突出业绩的老师。

乔老师,老师们喜欢称他"乔老爷"。他的数学教得非常好,听说他很少补课,作业也不多,但是班级的考试成绩在年级里遥遥领先,据说比别的班平均分高十分!那么乔老师有什么秘诀呢?我很想去学习研究一番。可是,听有的老师说,乔老师一般不太欢迎人家听他课。我仔细去观察了一下乔老师,他中等身材,头发已经花白。跟大家客客气气,经常笑呵呵的,平时讲话也很幽默,一看就知道是一个充满智慧的老师。向这么优秀的老师学习的好机会,我是不能错过的。

我做好了他会婉言谢绝我听课的思想准备,"古代有'三顾茅庐',我可能多提几次请求,终归会打动他,让我听课的。"下了决心,我就去找乔老师了。

"乔老师好!"我走进办公室,略微欠身鞠躬,向乔老师问好。

"哦哟,是许书记啊,有什么事吗?"乔老师站起身和我打招呼。我觉得今天是有希望的,他并没有摆出一副拒人千里之外的样子,有些传言可能不准确。

"乔老师,您叫我小许就可以了。我想到您的课上学习可以吗?"我做好了他找理由不让我去的思想准备,但我依然用真诚的、恳求的目光望着他。

"哦,领导要听课啊,这个当然是欢迎的啦。"没想到他这么爽快地答应了。果然,越是把困难想得足,事情可能反而做得越顺利。

"不是听课,不是听课,我是来向您学习的!"我很激动地去握他的手。

"许书记客气了,客气了!"他满脸的微笑。他看了一下课表,告诉我他第二天上午第四节有课。

"那好，那好，我明天上午第四节课来学习哦，谢谢乔老师给我这个学习的机会！"我再次欠身鞠躬表示感谢。

离开了乔老师的办公室，我想，我不是教数学的，明天教的内容我会不会不太懂啊？我应该先听一节课打个底。于是我找到了一位年轻教师，她和乔老师在一个备课组，第二天上课的内容是一样的，她是上午第二节课。"这真的是太好了，我先听听青年教师是怎么上这节课的，熟悉一下内容，再听听乔教师是怎么上这节课的，还可以做个比较。"我为能够得到这样的听课机会暗自高兴。

第二天，我首先去听了青年教师俞老师的课，上的是三角函数。俞老师备课非常认真，她的课设计成三个板块，中规中矩：第一个板块是和同学们一起回忆，写出了上一节课学习的三角函数比的 6 个公式，$\sin\alpha=\dfrac{a}{c}$、$\cos\alpha=\dfrac{b}{c}$、$\tan\alpha=\dfrac{a}{b}$、$\cot\alpha=\dfrac{b}{a}$、$\sec\alpha=\dfrac{c}{b}$、$\csc\alpha=\dfrac{c}{a}$，做了很好的复习；第二个板块是逐一列出今天要学习的"三角函数关系"的 3 组公式——倒数关系：$\tan\alpha\cdot\cot\alpha=1$、$\sin\alpha\cdot\csc\alpha=1$、$\cos\alpha\cdot\sec\alpha=1$；商数关系：$\tan\alpha=\dfrac{\sin\alpha}{\cos\alpha}$，$\cot\alpha=\dfrac{\cos\alpha}{\sin\alpha}$；平方关系：$\sin^2\alpha+\cos^2\alpha=1$，然后带领学生逐一证明；第三个板块是讲了三道不同类型的例题。我觉得教学环节很清楚，课也讲得很明白。但是下课问问学生呢，他们对今天上课的内容好像学习得并不十分清楚。我想也许是高中的数学比较难吧，孩子们第二课时的新课，学起来有点不太懂也是正常的。

第三节课一下课我就早早走进了乔老师的教室，到了第 4 节课，乔老师进教室，我赶忙迎上去，"乔老师，我来学习啦！"

"哪里哪里，不客气的。"乔老师把装着教案的备课夹放在了讲台上，就走到学生身旁和他们聊天，看上去师生关系很亲密，学生们很喜欢乔老师。

乔老师的课上得真是不同凡响，让我脑洞大开。

一开始乔老师并没有直接给出那 6 个函数比的公式，而是先画了一个坐标，从原点在第一象限画上一条射线，这样射线和 x 轴的夹角就有了，再从射线上取一个点向 x 轴作垂线。然后，他请学生说出 6 组三角函数比的公式。他让学生上黑板来写，而不是自己写。虽然他的方法和俞老师不一样，但是我觉得只是方法的不同而已。

接着，我就在想，乔老师应该会像俞老师一样，逐一列出今天学习的三组数量关系的函数公式，再带领学生证明公式的成立。没想到，乔老师就把刚才那6个公式挂在黑板上，让学生自己观察。

"同学们仔细看，这6组公式之间有哪些等量关系啊？"乔老师问得很耐心，问完就站在一旁看学生了。学生们起初没什么大反应，乔老师也不着急，耐心等着。

一分钟过去了，有学生发现了这里的倒数关系：$\tan\alpha \cdot \cot\alpha = 1$，乔老师马上表扬他们聪明，"除了这一组倒数关系，其他的倒数关系还有吗？"乔老师提醒了一下。

学生们又看了一会儿，又发现了两组倒数关系：$\sin\alpha \cdot \csc\alpha = 1$、$\cos\alpha \cdot \sec\alpha = 1$。乔老师请学生上来把这3组公式写出来，然后也没有证明等式成立。

"大家再仔细看看，还有什么数量关系？"乔老师还是耐心地站在一旁等学生观察。

这回一分钟是解决不了问题了，学生们看了两三分钟，才看出了另一种数量关系——商数关系：$\tan\alpha = \dfrac{\sin\alpha}{\cos\alpha}$，$\cot\alpha = \dfrac{\cos\alpha}{\sin\alpha}$。在学生观察的时候，乔老师很耐心地待在一旁，不言语，很沉得住气。我坐在下面却有点沉不住气了：像乔老师这样的节奏教，15分钟要讲完那些公式肯定是不够的。那后面的例题还讲不讲呢？我有点纳闷。

乔老师看到学生们找出了另一种数量关系，很高兴，直夸学生像孙悟空火眼金睛。他在黑板上带领学生做了一个简单的演算，证明等式成立了。大概因为是学生自己看出来的，所以这个证明不用费劲。

"还有一个等量关系，我就不让你们自己看了，你们看到下课也不一定看得出来。"乔老师改变了刚才"稳坐钓鱼台"的节奏，写出了最后一种数量关系——平方关系：$\sin^2\alpha + \cos^2\alpha = 1$。

"我把等式写出来了，请大家在下面自己演算，证明等号两边相等。"乔老师说完就开始在教室里巡视了，看学生在草稿纸上、笔记本上自己做演算。教室里静悄悄的，学生都在认真地完成乔老师布置的任务。乔老师在巡视当中还不时地给一些同学启发和指点。不一会儿，他大概发现了有一个学生做得很好，就让他到黑板上把证明的过程写出来。

等那位同学在黑板上写完，乔老师就请全体同学看黑板，看看他这样算对不对。这个学生做得完全正确，乔老师问下面的同学，"你是不是也是这样做的啊？"

他问了一个学生，可能是中等水平，这个学生没有做对。"你是哪里跟他做得不一样啊？"乔老师让学生讲出了自己跟黑板上写出来的做法不一样的地方，找到了他题目做错的关节点。找到了问题所在，乔老师非常精准地点拨了学生，如何才能找到正确的解题方法。

我一看手表，时间已经过去半小时了。后面的课怎么上呢？例题讲三道肯定来不及了，我估计只能讲一题，我为乔老师捏了把汗，教学进度估计来不及完成。

没想到乔老师讲例题的方式让我脑洞大开——原来还可以这么讲例题！他在黑板上笃笃定定地写了一道题目，具体题目记不清了，反正题目不难，只记得题目的条件是这个角在第一、第三象限，同学们看着书本上的公式，很容易把它做出来。然后，乔老师开始像变戏法一样，把第一、第三象限擦掉了，改成第二、第四象限，同学们也很快就做对了。这时候，乔老师把第二、第四象限也擦掉了。

"这道题目现在应该怎么做呢？"

"要讨论，要讨论！假设这个角在第一、第三象限，再假设这个角在第二、第四象限，然后要分两道题目把它做完。"学生们七嘴八舌，马上找到了解题的方法。在前面两个小题目的基础上，乔老师问的这个问题对学生来说已经非常容易回答了。这时候乔老师让两位学生上黑板来做，其他同学在下面做。下面的学生不一会儿就做好了，上黑板的学生却做不出来。

"那你们为什么都完不成呢？"乔老师很客气地、笑眯眯地问上黑板做题的两位学生。

"我们公式记不清，没有公式做不出来。"两位学生也实事求是，说出了没有完成题目的原因。

这时候乔老师就因势利导，跟学生们讲："你们看记住公式很重要吧！'巧妇难为无米之炊'，没有公式你就没有办法做题目。有的人说三角函数很难学，你们看，记住了这些公式，做题目是一点都不难的。公式记不住，就没有办法做,是不是啊?所以,回去要好好记住这些公式,要对它们非常熟悉,就好比你对家里的电灯、板凳和桌子、椅子这么熟悉哦!"

同学们被他这种生动形象而又风趣的话语逗得哈哈大笑,在笑声中领悟到了牢记这些公式的重要性,以及掌握这些公式熟练度的要求。

课上完了,乔老师布置了一点作业,不多,学生回去主要的任务是把公式记熟,明天课堂上默写。下课了,我向乔老师表达了感谢,告诉他,我听了课以后学到了很多,非常受启发,乔老师的教学设计是非常精妙的,令人佩服!

我还问了周边几个同学,"今天的课听懂了没有?有没有觉得三角函数很难学啊?"同学们都高兴地告诉我,不觉得三角函数很难学,乔老师讲的课一听就懂。我带着满满的收获离开教室,和乔老师一起走回了办公室。

记得于老师常对我们说,课要上得"一清如水",要生动,更要深入浅出,让学生易学易记。乔老师的课就是这样一堂让学生学得生动愉快,学有收获,让学生如沐春风的好课。

回到办公室,我仔细揣摩了乔老师的课,再把他的课和俞老师的课做了比较,体会到了乔老师的课有三大精妙之处:

一是注重降低难度,巧设导入。在导入的时候,画出坐标和射线,在射线上面找一个点向 x 轴作垂线,让学生从具体可视的图像中回忆复习上节课学习的内容,降低了学习的难度,提高了教学的效率,尤其是对学习比较困难的同学。这样的导入和复习,也把这些公式的来源又复习了一遍。

二是培养学生的观察能力,巧设台阶。乔老师并没有直接告诉学生那3组数量关系的公式,而是让学生自己观察。学生们观察以后,得到了倒数关系的3个公式。乔老师让学生继续观察,又得到了第二组商数关系的两个公式。在学生第二次观察的时候,乔老师非常耐心地等待,巧妙地点拨。最后的平方关系,乔老师又换了一种方式,直接告诉学生公式,让学生来证明等式的成立。乔老师非常熟悉学生学习的难点、堵点在哪里,和如何解决难点、打通堵点的办法。这样一种步骤清楚、由易到难的教学方法,完全符合学生的认知规律,很好地激发了学生的求知欲,学生学得主动积极,而且不觉得很难。

三是注重渐进微改,巧设例题。乔老师并不是像俞老师一样,教三道不同类型的例题，而是只讲一道例题，再从第一道例题上改出另外两道题目，巧妙地从角在第一、第三象限，改为第二、第四象限。然后，再不明确角在哪个象限，让学生领悟到如果不明确角在哪个象限，那就要进行讨论，要分第一、第三象限和第二、第四象限两种情况来解题。这种在第一道题目上渐进微改，再分出另外两种情况的例题教学方法，降低了学习的难度，让学生易学易懂，特别是为数学不太好的学生铺设了很好的台阶，整个班级听课学习的效率大为提高。如果讲三道不同例题，就有可能把学习数学困难的同学甩掉了。就好像我们教"相遇问题"的应用题，有的老师讲了三道例题，三道题目里面的交通工具分别是飞机、汽车和轮船，在我们教师看来，这三个情境的变化没有难度，而对六年级学生来讲，恐怕孩子对三个情境的理解是有不同的学习难度的，尤其对那些智力发育比较慢的学生，三种交通工具也许会是他们解题的干扰因素，特别是在上新课的时候。

乔老师教学中丰富的经验，表现在他非常了解学生什么地方一学就会，什么地方需要点拨以后才能学懂，什么地方又需要更多的指导，学生才能学会。他对学生的学习心理、学习起点、学习动态、学习能力都有非常好的掌控。

此外，乔老师还和学生建立了非常亲近的师生关系。他讲课风趣幽默，让学生上课有"轻松一刻"，在会心的笑声中，教师达到了教育引导学生的目的，这种教育过程中显示出来的智慧，也是很值得我们学习的。有的地方搞过问卷调查，问学生喜欢什么样的老师，排列第一的就是"喜欢风趣幽默的老师"。可见，教师上课的语言，不仅要简明生动有激情，更要幽默风趣有智慧。虽然乔老师是一个数学老师，但是他教学语言的功力，也让我这个语文老师非常敬佩。

这让我想到于老师非常注重提高自己的教学业务水平，2000多节公开课的历练，不仅让于老师教学技能精湛，而且把上课变成了一门艺术。像乔老师这样的优秀教师，也是把课上成了一件艺术品，得到了教师和学生的尊敬和爱戴。难怪他们称呼乔老师为"乔老爷"，这里面不仅包含了对老教师的尊重，更是对他精湛的教学水平的钦佩！

教学水平的提升永无止境。于老师常说，她用一把尺子量别人的长处，另一把尺子量自己的短处，我们要向于老师学习，多拿尺量别人的长处，向别人学习，特别是向像乔老师一样有经验的老教师取经，传承他们的好方法、好传统，更快地提高自己。

虽然只听过乔老师一节数学课，但是这节课的场景以及给我的启发，我一直铭记在心。原来作为一名语文老师，去数学课上讨教经验，也可以有非常特别的收获。"他山之石，可以攻玉"，我们的老师也应该放开眼界，除了向同学科的老师学习，也要向不同学科的教师去学习，有时候会学到更多的、更能冲击原有思维模式和教学习惯的好经验，让我们获得更大的进步。就像我在乔老师的课堂上学到的，对我今后的语文教学工作也有许多帮助——上课的导入要温故而知新；上课要给学生充分的时间思考、观察、练习，要注意铺设台阶，由易到难，尽量照顾到不同层次的学生，尤其是学习比较困难的学生；上课还要风趣幽默，寓教于乐，和学生们建立亲密的师生关系等。

"好的课堂教学是充满智慧的求知探索"，于老师的话说出了教学的至高境界。我们要努力追求这种境界！

美术教师教数学的奇迹

做校长最担心的事情之一,就是学校的教学质量不稳定,尤其担心某些班级成绩滑坡。导致班级成绩滑坡的主要原因一般都出在教师身上,通俗地讲,就是他教得不好。不让他再教下去吧,这个老师会有意见,有时候甚至搞得干群关系很紧张;让他继续教吧,耽误了孩子,家长会有意见,学校声誉也会受损。有时即使换老师,也不能及时找到合适的老师来接替。

数学组就出现了这样一位老师,他是一位中青年男教师,刚刚调入我校不久,他是东北一所大学数学系本科毕业的,也算是科班出身。东北人性格很可爱,在学校里面很受人欢迎。教课不能说不认真,但是他教了两个班以后,成绩在不断退步,班级的平均分比年级平均分低了 10 分。教导主任看在眼里,急在心里,赶紧来找我,问是不是要给他减掉一个班级,让他先集中精力把一个班级教好。

我想做这样的安排,总是要有根有据的,我必须亲自去听一节课,看看他的教学问题出在哪里。教导主任和他事先打了招呼,学校要组织教导处、教研组的老师一起去听课。

他的课上得很认真,板书也写得整齐。我听完课问学生,是否能够听得懂老师的讲课,学生们老老实实地跟我说,听得不是很明白。我不是数学老师,坐在后面听,觉得他教的内容其实并不难,我是能听懂的。但是他讲课能"深入",不能"浅出",也许他以前是教高中的,教学语言比较符合高中学生学习的认知水平。到初中来教课,他的教学语言,并不适合初中学生,把数学概念讲得学术味太浓,缺少生动具体的语言来解释概念和讲解例题,初中的孩子学起来就觉得比较累,不太好懂。

听完课,我觉得他的教学水平要提升不是一天两天的事,要改进的地方还真不少。我同意教导主任的建议,让他少教一个班级,这样,他能有更加充裕的时间来备好课,转变教学观念和教学方法,以适应初中孩子的学习。另外,少教一个班级,他有时间还可以多听听同年级组其他数学教师的课,学习别的老师怎么教初中的孩子。至于他的收入会受影响，我也做了比较妥善的安排，让他去协助管理物理实验室，这样呢，工作量满了，收入影响不大。他也很乐意接受这样的安排，在物理实验室工作得很认真，有几次我去看他的工作状态，都看到他在认真地拖地板，把物理实验室打扫得非常干净，东西摆放得很整齐。我及时肯定了他工作上的努力，希望他能够在最快的时间里扭转教学上的被动局面。

安排妥当了这个数学老师，接下来的问题就是他不教的那个班级由谁去教？学校的数学老师很紧张，好像抽不出老师来多教一个班。即便有老师可以克服困难，多教一个班，他也未必愿意去接，因为这个班成绩实在是落后太多了，要赶上去，要付出超常的代价才行。怎么办呢？

我在行政会议上向全体干部和盘托出了这些情况，问大家有什么好的对策。其中一位干部随口说了一句，"平均分差10分，实在是问题太多了，我去教也比他教得好，也不至于平均分差10分的。"我定睛一看，是我们教导副主任张嘉鸣老师，他是一位优秀的美术教师，教学比赛曾在市里得过奖。

"那张老师，你有没有决心去教这个班级？"我对他是有一点信心的。他是个美术老师，课教得很好，教学方法一定有自己的独到之处。虽然说"隔行如隔山"，但是也有一句话叫"隔行不隔理"，能教好美术课，想必教数学课也是可以试一试的，毕竟六年级的数学还不算很难，更何况现在真的没有人教这个班。

"哈哈，这个还是有难度的。"真的让他去教这个班级，张老师还是有一点疑虑的。

"没有关系，你去试试看吧。教得进步了，算你立功。如果教得没有进步，责任我来负。"我积极鼓励他，在困难面前，只有干部冲上去了。

他还是很爽快，答应了去试一试。他教了这个班不久，我就去听他课了。张老师的优点在于他能够深入浅出，吸引学生的注意力，激发学生的积极性。他的语言比较亲切，生动形象，有时候还很风趣，很受学生欢迎。听完课以后，有数学老师跟我说，他有一个地方讲的数学知识不准确。

"哈哈，这个问题不大！他不是数学科班出身，讲得不那么准确是可以谅解的，这个我们不要求全责备。相反，我看到今天的课堂上，他和学生的教学互动非常有质量，学生在他的调度下学得积极主动，而且比较活跃，改变了这个班级以往沉闷的气氛，提升了由于成绩落后产生的低落士气，这是一个非常重要的进步。我对张老师教这个班，提高这个班的学习成绩，还是有信心的。"我帮张老师解了围。

虽然，听课的数学老师说的情况是事实，我们的确要重视。但是，我认为瑕不掩瑜，教学中数学知识讲得不够确切，对于一个非数学本科毕业的美术老师来说，完全是可以谅解的。只要在以后的备课当中，多向同组的老师请教，这类问题完全可以克服。相反，要调动学生上课学习的积极性，倒不是那么容易的。

听完课，我在和张老师评课的时候，首先肯定了他的课教得有声有色，孩子们学得投入，积极主动，至于他课上有个数学知识讲得不够准确，我压根就没提。现在最重要的是鼓励他有信心教下去，改进学生的学习状态，提高班级的平均成绩——10分的差距。

听完这节课以后，我没再去多问他的教学情况。我想，不管进步快还是进步慢，要给他一个时间的宽容度。我的目标就是这个班有进步，哪怕平均分和年级平均分的差距缩小一两分也是好的。

一晃半年过去了。张老师接手时，这个班级的平均分比年级平均分低了10分，半年以后，这个班级的平均分竟然和年级平均分持平了。这简直是个奇迹！一个美术老师教数学，竟然把数学教得这么好，估计在整个杨浦教育系统也找不出第二个这样的案例。

我很喜欢张老师这样的聪明劲儿！我特意去问张老师，他是怎么做到的。张老师跟我说了他种种激发学生学习的办法，真是让我大开眼界，为之叹服。

张老师为了教好这个班，想出了三个极为有效的激发学生学习热情的办法：

一是建立学习积分制。他把学生上课的听课表现、完成作业的情况，以及完成作业订正的情况，都给予量化的评价。上课有突出表现的有积分，作业完成情况好的有积分，认真完成作业订正的也有积分。积分从1分到5分不等，由老师来评判给分。尤其是给作业订正评分，非常好地激发了学习比较困难的学生做作业的热情。如果作业做得不太好，只能得2分、3分。但是，如果错的题目订正得好，答出老师面批时的提问，也能得到2分、3分，就能和作业做得好的学生一样，最后都获得4分、5分。这样，学习比较落后的孩子做作业的积极性就被激发出来，很愿意做作业，也很乐意认真做好订正。这样，学生的成绩自然就提升了。积分是画成表格贴在墙上的，对全班同学来说有很强的激励作用，全班"比学赶帮超"的劲头一下子被激发了出来，班级学风浓厚了很多。

二是建立荣誉晋升制。配合上面的学习积分制，张老师还给学生设计了一套与积分对等的荣誉晋升制。一开始大家都是"数学童子"，达到一定的积分就是"数学秀才"，积分再提升上去就是"数学举人""数学进士""数学探花""数学榜眼""数学状元"，最高是"数学王子"。这个晋升制度既有中华传统文化因素，又有古代科举制的知识，吸引了学生的兴趣，很能激发学生的上进心。学生有了上进心，成绩进步就很可以期待了。

三是讲故事式的教学。张老师很懂得学生的学习心理，六年级学生还是很喜欢听故事的，特别是《西游记》的故事。六年级教应用题比较多，张老师就把应用题改编成《西游记》里的故事。应用题的主角再也不是小明、小王、小张了，而是唐僧、孙悟空、猪八戒和沙僧，特别是跟速度有关的应用题，孙悟空、猪八戒经常成为主角，一个快一个慢，一个俊一个丑，张老师这个教学方法真是体现了我们古人讲的"寓教于乐"的教育原则。孩子们有兴趣的学习，往往才是高效的学习，有了高效的教学，必然就有了成绩的提升。

张老师上课生动有趣，给孩子们带来了学习的乐趣。学生们很喜欢听张老师讲故事，下了课就围在讲台边上，和张老师探讨数学问题中的孙悟空、猪八戒，师生关系也变得非常亲密，学生们已经不叫他"张老师"了，喜欢叫他"嘉鸣老师"。走过这个班的教室，经常能看到张老师和学生们亲亲热热、嘻嘻哈哈地在聊天。从他们的表情里面，你可以看到张老师对学生真诚的喜欢，看到学生对张老师由衷的热爱。有这样令人羡慕的师生关系，教与学一定可以有很好的配合。在我看来，学校里边还有什么能比这亲切自然、和谐有爱的师生关系，更令人感到赏心悦目的呢？

我是真心佩服张老师，能想出这么多巧妙的方法来激励学生学习，在他的带动下，这个班级的学习成绩进步得很快，张老师真正做到了让学生喜欢他，让学生喜欢他的课。一年以后，张老师教的这个班，创造了我们学校教学的奇迹，估计也是杨浦区的教学奇迹了——一个美术老师教的数学，班级平均分比年级平均分高了 10 分，和一年前刚接班的时候相比，一进一出竟然有 20 分的提高，这无疑是一个令人感到不可思议的进步，也是一个令人折服的进步！

张老师还兼任了年级组长，他带的年级，教学成绩也比较突出，而且整个年级团结向上，老教师和青年教师之间协作得非常好，整个年级的凝聚力、向心力非常足，张老师真是一位情商高、有教育智慧的好干部。张老师在学校"阳光评价"研究的工作中，也是一位得力干将，经常有一些奇思妙想，有大家意想不到的创意。张老师很好地体现了我们学校提出的"以智慧育智慧"的工作要求。

于老师说，我们要为学生的健康成长、学习进步，竭尽全力。我想我们的"嘉鸣老师"做到了，希望我们其他老师也能像"嘉鸣老师"这样，有更多的教育创意、教育智慧，来激发提升学生的学习内驱力，学得更加积极主动，学得有兴趣，学得有成就感，将学习变成一件乐事，而不是一件苦事、难事、令人抑郁的事，让学生在学习知识的同时，保持健康的身心，形成积极进取、健康成熟的人格。

唐老师物理课的多和少

我们一直在说追求高效课堂，到底课堂教学怎样才能高效呢？

有的人说，高效课堂应该是课堂教学容量很大。这句话是有道理的，但是对这句话不同的理解会使有些人产生一个误区——容量大就是教得多。于是在课堂上，老师讲得多，例题也教得多，一节课下来，学生被塞得饱饱的，而教学效果却不太好。认识到课堂教学里多和少的辩证关系，才真正有利于我们提高课堂教学的效率。

有一年，同济初级中学初三的物理成绩不理想，我只能把初二物理教研组长调到初三去紧急支援。物理教研组长洪老师是一个教学非常投入、非常认真的老师，能吃苦、能奉献，她教的班级成绩一直是不错的。那么洪老师到初三去了，初二这个班谁来教呢？

正在我犯愁的时候，有一个小唐老师想调到我们学校，说是原来的学校不准备跟她续签了，她希望能够调到同济初级中学来。我也正好缺老师，没得挑，有人要来，我都是欢迎的，直接把她派到了洪老师教的这个班，总算把窟窿给补上了。

这个老师比较年轻，又刚生完孩子，孩子才两三个月大。年轻的妈妈带班教学，精力总会受到一点影响。对此我是理解的，总会有这个过程，过个半年一年就会好的。但是，毕竟她接的是教研组长教过的班级，会不会和前面教研组长的教学水平差距比较大？如果学生们不能够适应，会不会有意见呢？带着这个疑问，我去听她的课了。

小唐老师教学，思路很清楚，上课例题教得也不多，教学语言比较流畅，板书比较简洁、整齐，听下来没有明显的问题。下课问问学生，学生说能听懂，我就放心了。

过了一段时间，举行了一次测验，这个班级成绩相当好，我就对这个小唐老师刮目相看了。年轻教师，又带着个小宝宝，教出这样的成绩着实不易。我又跑到班级里去，问了问班级的学生唐老师教得怎么样。因为我担心这个比较好的教学成绩，来自大量的作业和操练，学生负担会比较重。出乎意料的是，学生们回答我，唐老师教得很好，上课讲得很清楚，作业也不多，也不太给他们补课。学生们很喜欢唐老师，因为跟着她学物理，负担又轻，考得又好。

"那么和前面的洪老师相比呢？"因为唐老师教出来的成绩比原来洪老师教的时候还要好，我很想听听学生们是怎么比较这两个老师的。

"洪老师教得很认真，就是作业比较多，她也很负责任，经常会来给我们做辅导。"我一直很欣赏洪老师在教学上的付出，没想到学生们更喜欢的是让他们在学习上减负的小唐老师。

我听过小唐老师的课，小唐老师上课思路清楚，讲得简洁明了，我是知道的。但是她作业不多，也不补课，还能取得较好的教学业绩。这个我就很感兴趣了，我想知道小唐老师有什么诀窍。

我把小唐老师请到办公室，告诉了学生对她教学的评价。对她事半功倍的教学，我给予了充分的肯定。

"那你是怎么做到给学生作业又少，又不补课，考出来还蛮好的？"我问了最关心的问题。

"其实我也是被逼出来的。我孩子很小，才三个多月，每天下班就急着赶回去。回去以后，忙孩子的事情就要忙到很晚。所以，我没有时间批很多作业，更没有很多时间给学生补课。我只有在孩子入睡以后才能安心备课，我想得最多的就是，我怎么样教，学生才能容易学会。所以，怎么讲解概念定理，教什么样的例题，布置什么样的作业，我必须很用心去思考，我必须提高教学的效率。"

听了小唐老师这样一段话，我感慨良多。小唐老师是一位教学上很会动脑筋的老师。虽然是迫于生活中的一些难处，只能在备课上多动脑筋，让自己能够少批点作业，尽量不占用学生时间去补课，争取提高教学效益，来完成自己的教学任务。但她无意中做对了一件教师都应该做好的事情——把功夫"多"花在备课上，花在选取教学内容、教学方法上，花在有针对性地布置符合学生学习特点的作业上。借用陆游和他儿子说过的一句话，"汝果欲学诗，功夫在诗外"，我把它改为"汝果欲教课，功夫在课外"。我觉得我们所有的老师都应当向小唐老师学习，"多"在备课上下功夫，精心选择教学内容，明确重点难点，巧妙设计教学步骤，精心设计课后作业，上课讲得精要一点，让学生"少"做点作业，教师也"少"补课。我们的老师应该追求这样的教学境界，也就不会像现在一些学校，经常让学生做作业到十一二点，把学生搞得疲惫不堪，教师也精疲力竭。

我想起了于老师讲的话，教学要"胸中有书，目中有人"。教师要认真备课，备课不仅要备教材，更要备学生，要把学生学习的起点作为自己教学的起点。精心选择讲什么，用心思考怎么讲。课堂上要有充满激情的、能引发学生兴趣的导入，要有能够组织起学生积极主动学习的教学环节，要有学生各抒己见、促进学生思维发展的讨论，要有触动学生的思想、熏陶学生的感情的亮点和高潮，还要有能够帮学生理清学习思路、记住学习要点的简短小结。我想小唐老师的课在这些方面都做得不错，才可能取得这样低负担、高效率的教学业绩。

所以，我体会到"好的课容量要大"，并不意味着教得多。教学一定要把握好度，教得少是不对的，教得太多也未必是好事。每天把孩子塞得饱饱的，影响他们对知识的理解和消化，时间长了学生会消化不良——学习理解不透彻，学得糊里糊涂。

课堂教学容量要大，一是要教得丰富，课内课外要贯通，课内知识和课外的生活要联结，争取每一节课都让学生学得明白，记得清楚，不要动脑筋去加课、补课；二是要让学生动起来，让他们积极投入学习，多给学生自己尝试、体会、领悟的时间。

对于第一个要求，我自己在教学中也深有体会。我一直记得于老师说的，"课要教得一清如水"。我在初中做校长时，也曾经教过一个班级的语文，由于没有时间批很多作业，作业只能精选。我也没有时间给学生补课，所以上课力求讲清、学生学透一两个重点，课上得不紧不慢，非常注意观察学生学习的状态、接受的程度，调控教学节奏。我觉得有时候课堂上讲得"少"就是"多"，学生真正学懂、学会才是高效率，尤其第一遍教新课，一定要讲清楚、讲明白，不能指望没讲清楚之处，下节课再来补救；而且我很注重在课堂上教得生动有趣，我喜欢把课内与课外联结起来，古今中外的轶事，特别是最近社会上、世界上发生的事情，经常会在课堂里面讲到，在我的课堂里经常有笑声。教师讲得生动有趣，学生才能学得不累，而且考得不错。我曾经教过一个班，是年级里比较好一点的班。接班的时候，这个班级语文平均分比年级平均分高 3 分，但是 80 分以上的学生，没有另外的一个班级多。我教了半年以后，区里统测，这个班级的平均分比年级平均分高了 8 分，80 分以上的学生比另外那个班级多了近十个，这也是我一直引以为傲的一个成功案例。我的实践告诉我，我们的确可以教得精致一点，让学生作业少一点，尽量不去补课，也能取得较好的教学成果。

至于第二个要求，那时不少老师都放不开手脚，不敢也不肯给学生充分的时间自己去探索。有的老师喜欢上课自己先讲好，实验做好，然后请学生按照老师讲的要求，把实验重新再做一遍，自己体会一下。有一次，我听完一节物理课，就跟这个老师探讨——能不能让学生拿到实验器材以后，两个人一组或四个人一组，自己去设计实验，来研究电阻、电压和电流之间的关系呢？

"许校长，这个想法是好的，但是多数学生都做不出来，还是要我来讲的，不这么教，教学进度就完不成了，肯定不行的。"这位老师讲出了她的难处、她的无奈。

我很能理解这位老师，但是我也在想，我们这样教，学生就一直在被动中接受，他们的学习能力，特别是探索意识和动手能力提高得很慢。放手让学生有充分的时间去自己探索，看上去教得慢，费时费力，但是，如果能够自己成功设计实验，学生会记得更牢。我相信这样的教学方法，对提高学生的学习能力是更有效的。我们的教学要把学生从"学会"提升到让学生"会学"，让他们越来越聪明，这才是我们教师应该有的价值追求。

现在教育综合改革里一个很重要的内容是作业设计。教师怎样用心设计好作业，有更强的针对性，让学生作业少一点，学习效率高一点，这的确是值得研究的。

此外，校长还应该在课堂导入、提问设计、学生活动、板书设计、课堂小结等方面，让教师做专项的研究，把教学中的难点逐个突破，有效提升教学效率，最后整体提升教师的教学能力。我们可以在这些方面有更多的探索。

穿上海关制服的小楠

　　初中阶段学习困难的孩子各有不同。有的是不努力学习，学习上已经放弃自己的。这样的学生要先给他温暖，给他鼓励。还有一些学生，他们本身是努力的，但是由于方法不对头，或者学习上的反应比较慢，导致学习成绩也不理想。

　　我遇到的小楠同学就属于后者，她学习上反应比较慢，虽然比较努力，也有上进心，但是学习上进步始终不明显，语文多次不及格，也打击了她努力的信心，对考试也有了畏惧感。她感到苦恼、无助。

　　初三了，我们希望每个孩子都能够顺利通过中考，把年级中比较困难的同学找出来，新组成了一个班级，而且我们给这个班每个同学配了一位学校的校领导或者中层干部，予以具体的指导和帮助，可以说是"包干到人"了。我这个校长也不例外，他们给我安排了这位小楠同学。

　　小楠同学长得端正秀气，话不多，纪律也很好，是个乖巧的女孩子，学习上比较努力，但就是找不对方法，再加上做题慢，以及由此产生的完不成试卷的焦虑感，所以语文考试经常不及格。

　　我趁夜自修的机会到教室里去看看小楠同学，观察她的学习情况，想着怎么能够引领她改变目前落后的学习状态。我仔细观察后发现，其实她主要问题是动作慢，因为动作慢造成考试多次不及格，让她感到寒心，自信心受到了很严重的打击。

　　面对她的不及格，我也在动脑筋。她是努力的，就是速度慢，拿到考卷以后还紧张，担心自己能不能做完，越是焦虑越是做得慢。考前我特意找到小楠同学，跟她说，"今天考试，你拿到试卷以后，一定要先写作文，把作文写完基本的任务就完成了，至少有 30 分到 35 分。然后做基础题目，最后做阅读理解，不管难度多大，你能做多少做多少，不用着急。"考试那天，我特意走到她的考场，看看她试卷的完成情况。她很听我的话，先把作文写好了，她的写作水平没有问题。然后她再做基础题目，最后做她觉得很难的阅读理解。我考前关照她，按照这个顺序来答题，她很认真地按我的要求做了。

调整了考试的策略，效果果然明显，小楠同学考及格了。她脸上苦恼无奈的表情减少了很多，多了很多笑容，和同学们的交流更多了。她考得好，我就趁热打铁去家访，几经辗转到了她的家——是一间普通的住宅，而且是比较老式的房子。我一手提着香蕉，一手提着苹果，所以只能用脚尖轻轻地触动他们的房门。她听到以后开门了，打开门看到是我，非常惊讶，又有点紧张。我知道，老师去家访，孩子都是比较紧张的，因为孩子都怕老师来告状，和家长说他这个不好那个不好，他就要被家长批评了。"小楠，你不要紧张，我不是来告状的，我是来看看你，看到你考得好，许老师很开心。语文考及格了，许老师买点水果来奖励你，要和你爸爸说你进步了，为你高兴。"听我这么一说，她笑了。听到老师是特意来表扬她，告诉她爸爸学习进步的喜讯，小楠同学马上活络起来，忙不迭地给我搬椅子，请我坐下来，给我倒水。

"今天作业多吗？不要着急，慢慢做，许老师在旁边陪着你，有什么不懂的可以问我，许老师再削个苹果给你吃。"她和我的女儿差不多大，我就把她当女儿看了，给这个孩子剥香蕉、削苹果，然后看着她做作业，默默地陪伴，一点不催促。我对她讲了一些安慰的话，她心情放松了，作业反而做得快起来。过了一会儿，她爸爸回来了，看到我坐在那边陪他女儿做作业，他很过意不去地说："您又是剥香蕉又削苹果，把我该做的事情都做了，谢谢许老师！"

"他是校长……"小楠轻声提醒。

"啊，你是校长啊，这真的是不好意思，太感谢了！"

"应该的，应该的，我们每个干部关心一个学生，给他们帮助和指导，希望他们能够学习上进步。小楠是我负责关心的，她这次语文考得很好，考及格了，而且65分呢！我今天特意来，就是告诉您这件喜事，让您也开心开心，一起来为小楠加油！"

小楠的爸爸搓着手有点激动，也有点局促。看得出，我到他家里表扬他女儿的进步，他很开心。小楠也喜滋滋的，低着头做作业，抿着嘴笑得很甜。

后来小楠的进步越来越大，不光语文考试及格，其他学科也有了明显的进步，最后中考考得相当好，考进了海关中专。我调离同济初级中学以后，有一次路过校门口，看到一个俊俏的小姑娘在门口停自行车，一身制服非常亮眼。我正在纳闷儿，"哪家的孩子？这么好看！"她停好自行车，一抬头看到了我，马上就叫我了："许校长，我是徐亚楠！"

"哦哟，长大了，这么漂亮了！你在哪里工作呀？这身制服太漂亮了。"

"初中毕业，我考进了海关中专，现在在海关工作。"

"真好，真好！许老师也很开心，看到你这么有出息！"说实在的，遇到了自己的学生，还是当年特别帮助过、指导过的学生，今天很靓丽地站在你的面前，穿了一身漂亮的制服，就像看到了自己的孩子，有了进步，有了成绩！这种幸福无以言表，我心里非常激动！

过了些日子，小楠同学发微信告诉我，她领到了第一个月的工资，想要给我买件礼物，谢谢我。

"小楠，心意我领了，礼物就不要给我买了，第一个月的工资拿到，应该先给你的爸爸妈妈各买一份礼物，感谢他们对你的养育之恩！"

"好的，许老师，我马上去买，谢谢您了！"她乐滋滋地接受了我的建议，去给她爸爸妈妈买礼物了。后来她还告诉我，爸爸妈妈拿到了她用第一个月工资买的礼物，激动得不得了，妈妈都喜极而泣了！

小楠的成长和进步，特别地让我感到做教师是一种幸福。同时也深切感受到，我们对这样一些努力却进步不大的同学，更应当多观察、理解、宽容和帮助，多给他们关怀和温暖，特别是要给他们一些个性化的指导，帮他们打开上升的通道，重新建立学习的信心，成长成才。

我想，于老师给我们教师提的工作要求，就是要和学生建立起超越血缘关系的亲子之爱，这种爱是大爱、是仁爱，是能够感化学生、引领学生的重要力量！当我们把这种浓浓的爱播撒到孩子心中，孩子一定会有进步的，这是教师可以期待的一种幸福！

有仁爱的教师才有更好的教育，才能打动学生的心，引领学生朝前走，向上走。

左手敬礼的小栋

我刚到同济初级中学报到上任,学校党支部书记江国源老师就跟我说了一件事情,说我们学校有一个很特殊的学生,他稳定了,全校就稳定了,他如果出事情,我们学校就出事情。我听了以后非常诧异,这个学生怎么会有这么大的能量呢?他对学校的安全都构成威胁了?这是个怎样的学生呢?我赶忙到政教处了解这个学生。一经了解,才知道这位小栋同学是一颗"不定时炸弹"。

小栋同学长得人高马大,他经常做的一件事情,的确会对学校构成威胁——他会欺负低年级同学。放学以后,他经常在对面小区,等低年级的孩子路过,抓住里面的瘦弱孩子"拗分"(就是敲诈)。如果他敲诈勒索的数额较大,学生报警,他就可能被拘留。这样,学校就有刑事案件了,势必会给学校带来负面影响。

于是我就想认识认识这个学生,想多和他交流。也巧得很,每天上班,走过学校围墙外,他总会站在那里,老远就能看到他,长得高高的。他看到我走过去,很亲切地和我打招呼:"校长好!"同时,举起左手敬了一个礼。我看到他这样的行为,也说不出这个孩子不好在哪里,他这么亲切地跟我打招呼,倒让我挺喜欢他的。

"敬礼应该右手!"我把他左手轻轻放下,又把他的右手举到齐眉。"小栋同学,你要过正常的学生生活。"我的话是温和的,但是也有点严厉。

"哦!"他对我点点头。我想,这个孩子应该听得懂我的话,是叫他不要去敲诈勒索,欺负小同学,做不正常的事情。打那以后,我不止一次帮他纠正敬礼的动作。我很认真,笑眯眯的,语气很温和,动作也轻轻的。我并不嫌弃他,但希望能够一点点地转变他。他也不止一次,很亲切地跟我这个年轻的校长打招呼,他对我也不反感,很乐意接受我的纠正。从心底里来说,我并没看到这个孩子对我表现出什么不良行为或者顽劣的表情,看到的都是他对我满满的尊重。那么,这样的孩子我该怎么帮助他呢?

一次偶然的机会，学校运动会结束后的一个星期一，我们要给获得校运会各个项目第一的同学发金牌。我了解到，小栋是我们学校运动会六项第一的获得者，我就和江书记商量，我们两位轮流给这个孩子发金牌，别的孩子由其他的老师发，我们是想特别地鼓励一下他。

就这样，周一的早晨，升旗仪式，我们学校给在运动会上获得第一的学生颁发金牌。发奖前，我特意坐到小栋的边上。看着他上台，由江书记给他颁发金牌。然后，我给他发金牌。等发到第四块金牌时，他挂好金牌从领操台上下来。一到座位上，他就想把这四块金牌从脖子上取下来，因为这些金牌比较重。我们做的金牌虽然不是真金的，但是镀有金色的有色金属，而且制作材料也挺重的，让孩子们很有获得感。

当他想把这四块金牌从脖子上取下来的时候，我按住了他，"不要拿下来。待会上去领第五块、第六块，等全部领好以后，六块金牌挂好，拍一张照片，挂在橱窗里，你是我们今年秋季运动会获得金牌最多的同学。你比美国刘易斯还厉害，刘易斯只是四项第一，而你是六项第一呢，你是我们学校优秀的学生啊！"就这样，他挂了六块金牌的照片，挂在了我们学校的橱窗里——六项第一！

之后，我走过学校围墙外面，再遇到他，我的眼神会给他更多的鼓励。他发亮的眼睛里表示着感谢，人也站得笔直，非常有力地举起了左手向我敬礼。我看到他有信心的劲头，心里真是很喜欢，我再也没有跟他说"你要过正常的学生生活"，而是跟他说："你看——你的照片挂在了我们学校橱窗，那你是我们学校优秀的学生，你可要好好学习哦。你有什么需要跟我说，如果上课觉得没意思，可以向我借篮球去打打球。"

"好的，知道了！"他显得有些激动，还是用左手向我敬礼。

三年后的某一天，我们的老师从楼下跑到我办公室说："许校长，许校长，你去看，你去看！小栋同学回来了，很吓人的！"

我心里想，"现在老师也学会卖关子了！毕业的学生回来，有什么吓人的？难不成吵起来了？"于是我三步并作两步，往楼下办公室跑，到那边一看，我惊呆了——一个高高大大、一米八的帅小伙站在我的面前，身上穿的是非常帅气的蓝色海军军服，戴着军帽，精神振奋，我看得喜欢极了。"怎么这么帅啊？真是威武！许老师很高兴看到你的进步！"

"报告校长！我参军了，我还入党了呢！"

闻听此言，我差点跌坐在办公室的椅子上。我想，这个孩子，曾因在我们学校那么捣蛋，让我们好不头痛，现在竟然入党了！我就很好奇地问："小栋，你怎么进步这么大呀！"

他告诉我，参军以后，进入了新兵训练营，因为体育好，所以各项军事技能非常突出，首长来选警卫员，就选中了他。他做了警卫员以后，还要负责给首长开车。车开得很好，首长很欣赏他、教育他、培养他，后来他就入党了，他已经成长为一名优秀的海军战士了。

小栋同学的剧变，让我很有感触，我想，在学校里面这么捣蛋的孩子，竟然会转变这么大。学生的进步要归功于老师们在他初中学习的时候给了他很多关心指导以及苦口婆心的教导。更重要的是，我们给他发了六块金牌，把他的照片放在了我们学校的橱窗里，把他看作是学校的优秀学生，这样的激励和肯定，对他来说是非常难忘的，也促进了他一些不良行为的改正。

也许就是从那一刻起，孩子开始对自己的要求慢慢提高了，之后慢慢成长了，成为一个对社会有用的人，获得了令我们都非常惊异的进步和成功。这也正像于老师说的，我们教师要引领孩子走一条健康成长的道路，引导他、激励他，充分发扬他的优点，慢慢改变他的缺点，让每一个孩子都成为合格的毕业生。

当然，今天我们也知道左手可以敬礼，这和右手敬礼有着不同的内涵——这个小栋同学还是很有创意的呢。每每想起小栋同学，我还是有点激动。一个调皮捣蛋的孩子，最后进步很大，真是出乎意料！

有教无类，关心关怀每一个孩子，特别是要帮助那些学习上有困难、行为上有偏差的学生，永远对这样的孩子充满期望，不嫌弃、不放弃。像于老师说的那样把每个孩子当作"宝贝"，有耐心、有信心，去"长善救失"，"以荡漾的师爱，滋养他们的成长"，这也是我们教师应该做的功德无量的事。

放学出走逃夜的女生

初中学生分化比较严重，做老师，做校长，都不是一件容易的事情，有时候一个突发事件会让你蒙圈，也会让你在这件事情当中学习到很多。

有一天快下班了，我和女儿收拾东西离开了办公室（女儿就在我的初中读书），走到校门口，感觉气氛不对，校门口的老师和政教主任都神情紧张，在商量着什么。

"怎么了？有什么事吗？这么紧张兮兮的。"我还是比较放松的，走上前问他们情况。

"许校长，有两位女同学放学以后就没有回家，家长也没有接到她们，她们不知道去哪里了。家长现在来告诉我们，我们正在想办法，怎么去找她们。"我估计他们想先不告诉我，自己把这件事儿给处理好了，再跟我说。

"那好的，你们到学校附近的街区去找一找，我在办公室等你们的消息。"我也不走了，学生出走了，我也很着急。我一方面安排女儿回办公室做作业，另一方面我和政教主任商量了一下，确定了几个寻找的方向，让他们去找找看，然后我回办公室等消息。

一直等到晚上10点多，政教主任、班主任和几位任课老师，还有家长在附近的街道和商场找了个遍，也没找到这两个孩子。

我把女儿送回了家，一直等到半夜12点以后，也没有这两个孩子的消息。本来想着这两个孩子也许后半夜会回家，现在看来情况并不乐观。我和书记打了个电话，确定好如果明天早上6点还没有这两个孩子的消息，我们全体中层干部和校领导都要到学校来，分头行动，一定要找到她们。

第二天一早6点，果然这两个孩子还没回家，一点消息也没有。昨天晚上我还是比较镇定的，到了早上也有点着急，两个女孩子一个晚上没回家，不知道会发生什么情况，要是遇上了流氓坏蛋怎么办呢，也许后果不堪设想。

我和其他校领导、中层干部6:30都到了学校。我们先向教育局综治办汇报了情况，然后十几个人分成8个小组，以我们学校为中心点，东南西北、东北东南西南西北，分成八个方向去寻找，有的去翔殷路军工路，有的去复旦大学大柏树方向，有的去四平路大连路方向，有的去北面宝山区方向，有的就在校门口的大连万达周围，我带的一组，直接去学生家的小区蹲守。

虽然我们的工作布置非常镇定有序，但是内心是非常焦虑的。出去找的老师一直没有消息反馈，我在学生家门口蹲守，也是一点收获都没有。就这么等了漫长的近两个小时，终于在8:30，我们政教主任打电话给我了，说在学校门口的政通路上，这两个孩子被她们班级的同学发现了，报告了老师，政教处老师把她们两个找到，带回了学校。

我赶紧和同组的黄校长，一起赶回了学校。刚进学校的门，就看见两个孩子坐在门卫室低着头，家长也到了，正站在旁边数落她们。

"许校长，你来了，你好好教育她们，好好批评她们！"家长看到我走进来，立即让我对她们进行批评教育。

孩子回到学校，我的心就定了，我也不着急批评她们，先仔细打量着眼前的两个放学出走逃夜的学生，她们两个身上衣着整齐干净，手和脸都没有什么异常，好像也没受什么伤，这我就放心了。

"昨天你们放学跑到哪里去了？怎么晚上都没有回家？外面那么冷，在哪里过夜啊？"这是我很想问的问题。但是我转而一想，现在问这些问题不是时候，这两个孩子看上去也是惊魂未定，又冷又饿，加上一夜没睡，肯定困得很。还不如让她们先回家好好休息，明天再问吧。

两个学生紧张地看着我，等着我批评她们。我却笑容满面，很温和地跟她们说："回来就好，回来就好！许老师没什么要批评的。先跟妈妈回去洗个澡，吃好早饭睡一觉，明天来上学就好了。"我对她们昨天晚上的情况、出走的原因只字不提，让这两个孩子非常惊讶，她们很不解地望着我。

"带孩子回去吧，能够平安回来就是好事情，不要批评，等明天来上学再说。"我赶紧招呼家长过来把孩子带回去洗澡，吃饭，休息，并且叮嘱家长回去以后不许批评，也不要多问昨天晚上的事情，先让孩子休息好。家长带着无奈和不理解的眼神看我——校长竟然半句话也没有批评，让他们把孩子带回去，这是令人意外的。

我之所以没有批评她们，是因为我想更多地了解事情的起因。"没有调查就没有发言权"，当我还不知道这个事情发生的原因的时候，无法判断究竟问题出在谁的身上，我又怎么能主观地批评这两个学生呢？

　　于老师一直教导我们，对学生的教育一定要耐心，要善于倾听孩子的心声，我先要了解孩子出走的个中缘由。孩子被家长领回去了，我让班主任下午打电话给家长了解一下情况，孩子是不是回家吃好饭、洗好澡、休息好了。问好情况以后，再来跟我说说这两个孩子平时的表现、家长的情况。

　　这两个孩子在班级里也是老老实实的，功课中等水平，家长管得很严。现在是初三，家长每天把她们送到学校，下午放学就在校门口等她们，把她们带回家，基本做到无缝衔接，关心是显而易见的，但是控制也太严了。

　　第二天，这两个孩子精神振奋地来学校上学了。我让班主任和政教主任一起问问她们昨天的情况。两位老师了解了情况以后，就来和我报告了。从我们了解到的情况看，昨天这两位学生被找回来到学校以后，马上请家长领回去休息，不做任何批评的决定是对的。这两个孩子出走逃夜，也是情有可原的。

　　问题是出在家长这里。孩子到了初三，家长非常关注孩子，要她们集中精力学习，所以一早把学生送到学校，下午放学前在校门口等着，把孩子接回家，当中没有任何地方可以去的，周末也是如此，连路过的五角场、万达广场也不给她们多逗留。这两个孩子觉得自己生活得非常苦闷压抑，感觉行动受到了限制，人身自由也没有了。所以她们放学前5分钟，就悄悄理好了东西，和老师讲了个理由要早点走，说家长已经在门口等着呢。其实她们走到校门口的时候，我们校门还没有开，家长也还没有到校门口。她们打了个时间差，校门一开就跑了出去，直接往逸仙路走了。想走得远一点，去散散心，有一点自由。她们沿着逸仙路往北走，走到宝山区。这时天色已晚了，昏暗的街道，让她们两个非常紧张、害怕，所以，她们就蜷缩到了绿化丛里。为了不让找她们的老师发现，也避免遇到流氓，她们就这么在绿化丛里，蜷缩了一夜，又冷又饿，第二天一早就又从宝山区走回到了学校门口的政通路上，立即被同学和老师发现了。

　　问题的原因找到了，我就把两位同学的家长请到了学校，和他们说，关心孩子，严格管理是对的，但是也要注意一个度，这么管理，每天跟押送犯人一样，孩子没有一点自由的时间和娱乐的时间是不合适的。建议家长放学的时候路过万达广场，可以让她们稍微散散步，看看街景。星期五放学可以带她们在大连万达吃点她们喜欢吃的美食,逛一下她们喜欢逛的店。这也算是劳逸结合吧。家长接受了我的建议,开开心心地回去了。

后来我也就没有再过问这两个女孩子的事情,学校也没有学生放学出走逃夜的事情了。因为我通过政教主任、班主任对所有的家长都做了思想工作,提出了学校的建议,希望家长们注意孩子的劳逸结合,不要一点休息跟娱乐的时间也不给孩子,孩子会觉得很压抑,就可能会出走,去寻找他们想要的那份放飞心灵的自由。家长要让孩子有自己放松心情的时间、空间,要更关注孩子身心健康。

这件事情我印象很深,而且对我也很有教益。我们的教育的确要对学生严格要求,但也要热情关怀,要换位思考,如果我是学生会有怎样的需求,怎样的感受。家长也要了解孩子的需求,满足孩子正常的合理的要求。在学习生活中不能除了读书做作业,就是看书复习。我们的教育不仅要关注学生的学习进步,更要关心他们的心理健康。于老师说孩子都是"活泼泼的生命体",我们怎么能够让这些孩子没有"活泼泼的"时空,没有青春的律动,没有闲暇的自由呢?如果只有上课、做作业、考试,那么学生"活泼泼的"生命必然会失去活力,失去创意,我们培养出来的人一定是不健全的,早晚会发生问题。

想到我们现在有一些学校,为了追求教学业绩,把学生进入学校以后的每一分钟都安排好了。早上7点多就进了学校,晚上要8点半甚至更晚放学,中午吃饭休息时间只有20分钟到30分钟。在阳光明媚的日子里,到操场上散步走几圈都成了孩子的奢望了,这简直太残忍了。如果换作我们成人也过这样的生活,我们能够承受吗?我们的精神会不会崩溃?

我们要提升教学业绩,但首先还要遵循教育的规律,遵循学生身心成长和发展的规律。放弃了对规律的遵循,我们得到的那些高分都不值得赞美,我们早晚会因此付出想象不到的代价。

做校长一定要牢记于老师的教导,深刻理解立德树人的重要意义,才能面对分数压力,保持平常心,建立起教育的大情怀、大担当,"积极有效地冲破目光短浅、分数至上、一己之利的藩篱",引领师生把"国家安全昌盛、人民富强安康、人类命运共同体的理想镌刻于心",做出教育的大格局、大境界,努力成为教育家型的校长。

小陶不逃了

青春期的孩子不好教。有些孩子会逆反，有的孩子会毛糙，当孩子生理和心理发展不同步的时候，这种情况会愈发明显。

在同济中学工作的那段时间，我遇到过一个特殊的学生。班主任说他上课的时候会突然站起来，大喊大叫，会突然走出教室，跑到操场上去，有时还会逃回家。老师也没找到改变他的好办法，很头痛。这一天，这个学生又闹起来了，一定要回家，不愿意在学校待了。任课老师劝他，班主任也苦口婆心地做他思想工作，政教主任也出动了，全部都劝不住。他现在这样的情况，怎么放心让他回去呢？一定要叫家长来接他。政教主任赵老师就来找我，"你看看这个孩子一定要回去，咋办呢？要不我们派车送他回去吧。"

"这样，你把这个同学领到我的办公室来，我和他聊聊。"我觉得挺有信心的，想见一见这个孩子。

孩子个头不高，进来就观察我的办公室，很警惕的样子。

"赵老师说你一定要回去，为什么呢?"我微笑着，客客气气地问他。

"反正我是不愿意在学校待了，我要回去！"他看上去挺倔的。

"那好吧！学校有车，我们开车把你送回去吧！我跟你一块儿回去，把你送到家我就放心了。"

"不行，我不要你跟我回去！"他立即否决了我的建议。

"为什么呢？"

"我奶奶在家，她不喜欢外人去。"这个理由挺奇特的。

我就跟他说："你奶奶还没见过我，见到我一定会很喜欢我的。"他狐疑地望着我，"我可是老年人的忘年交！我们学校有四位离休的干部，我和他们关系可好了，他们都非常喜欢我的。不信咱试试，我把你送回家。你奶奶要喜欢我，我就在你家坐会。她要不喜欢我，我立马回来。"

他看我一定要陪他回家，他又改主意了："那我不回去！"

"你不回去，又不回教室，那你想去哪里呢？"我尽量温和地问他。

他没吭声。

"这样吧,你要不去图书馆阅览室,许老师给你安排好……"

"不想去!"他看也不朝我看。

"教室不去,阅览室也不去,那——你就在我办公室吧,看看书、看看报纸,休息,喝茶,可好?"我还是客客气气的。

他没说话,并不表示反对,我就趁热打铁:"我办公室有很多书,你随便选了看。我给你泡杯茶,你喝喝茶、看看书吧。"

"好的。"他总算是接受了。

我从书橱里挑了两本书给他,"这是我帮你选的书,你可以看看。你要是不喜欢,自己在书橱里找自己喜欢的书看也行。"

我给他泡了一杯茶,他也就接过我的书,安安静静地在我办公室外间的沙发上看书了。我在里间做我自己的事情,里外都安安静静的。我和这个孩子有商有量,和和气气,孩子倒也被我稳住了。我想,我的客气、耐心和尊重,应该是有点让孩子感动了。

过了一会儿,我跑到办公室外面,向他的班主任了解这个学生的情况。原来,这位学生的父母不在身边,跟奶奶一起住,最近情绪不太稳定,医生说是青春期的躁动症。其实,也没有特别大的问题,估计最近功课不太好,学习上比较焦虑。

学生成绩不太好,上课时在教室里听不懂,没劲,坐在教室里显得多余,也着实令人同情。那这样的学生怎么办呢?批评肯定不能解决问题。我觉得,老师要做的事情,是让他这躁动的心安稳下来,包容、安慰很重要。老师有耐心,愿意倾听,很关键,教师要理解功课不好的孩子。孩子在教室里听课听不懂,听得很费劲,内心是很痛苦的,我们的老师有没有同情他们?有没有表达过对他们的理解?这些方面我们做得很不够。

如果我们换一个角度看问题,这样的学生虽然功课不好,学习上没有成就感,但是每天还能坚持来上学。这个孩子的抗挫能力确实很强大呢!他的忍耐性和毅力超过别的学生,我们应该主动关心这样的学生。孩子所在的家庭,有单亲的,有离异的,他们在一种缺爱的环境里成长起来。他们只有得到真正爱和温暖,才会有所转变。

我回到了办公室,看他很安静地坐在沙发上看书——这孩子长得虽然不高，但还挺帅气。我是一个很喜欢孩子的老师，我看着他，我的眼神也是表达出我的善意和喜欢的。他抬起头和我对视了一下，他的眼神告诉我，他也接受我的。

我走进里间办公室工作了，过了一段时间，我上洗手间的时候，从他前面走过，我也不打搅他，没和他讲话，回来时给他杯子里边续点水，他就这么安安静静的，一直坐到了中午。

"我们该去吃午饭了，许老师带你去教师食堂吃饭吧，不用排长队了。我们的菜比学生食堂好一点，你可以选。今天许老师请你吃午饭！"

我诚意满满，他却拒绝了，说自己要到学生食堂吃饭。这时候，我有点犹豫，怕他吃完饭就自己回家。我要不要相信他呢？他不辞而别怎么办？我要不要派人跟着他？一组问题在我脑海里旋转起来。很快，我决定相信他。一个上午他安安静静的，实际上说明了他是信任我的。那我也应该选择信任他，我们之间建立起的这种信任是不容易的，我对这个孩子还是应该有更多的信任。

"好的！"我爽快地答应了他，"那你自己去吃午饭。吃完午饭以后怎么办呢？还回来吗？"

"我吃好饭就会回你的办公室。"他说得很肯定。我笑着朝他点点头，目送他离开了我的办公室。

他没有食言，吃完午饭后不久，他又回来了。我也给他换了一杯茶。"下午继续在许老师这里看看书吧。"我把茶杯放在了茶几上。

"不！我下午不在这里看书了……"

我心头一紧，"难道他又要回家去？"

他抬起头，看着我疑惑的眼神，露出了真诚的微笑，"许老师，谢谢你！我下午回教室上课了……"

"天哪，幸福来得太快了！"我心中暗喜——看来，我的宽容，我的理解，我的温和，我的真诚，在这短短的半天时间，就让这孩子感动了。他感受到了尊重和关心，心情也就平稳下来了。我目送他走出了我的办公室，往教学楼走去……

看着他的背影，我想起了于老师的话，"我的学生不一定是最优秀的，但他们都是家庭的宝贝、国家的宝贝，我当教师，要把他们当宝贝一样来教育。"是啊，孩子是家长的宝贝、国家的宝贝，当然也应该是我们教师的宝贝。看到学校里这样那样有心理问题、有行为偏差的学生，我们首先要理解和同情，要心疼这些孩子。我们不能回避，不能漠视，更不能嫌弃，而是要热忱地关心他们，真诚地帮助他们，积极地引领他们，给他们温暖，给他们指导，给他们宽慰，让他们躁动的心平稳下来，痛苦的情绪得到缓解。我想，像小陶这样情绪不稳定的学生，首先我们要理解认可他情绪的变化，然后找机会安抚他，和他们聊聊天，帮助他排遣心中的不良情绪，用我们正能量的乐观情绪去影响他、感染他，他就会慢慢走出这样的情绪困境，进入一个比较好的学习状态。当然，这里也需要我们有很持久的耐心。

嘉定区有一位年轻教师，也有这样的智慧。他碰到的学生和小陶一样，突然吵着要回家，谁都劝不住，这个班主任就很机智地答应学生的要求，自己开车送他回去。一路上这位老师故意把车开得很慢，借机会跟他聊天，慢慢地学生打开了心结，把今天导致他要回去的不愉快的事情讲了出来，老师也给了他适时的安慰和指导。等车开到家门口，孩子突然说他不回去了，请老师开车送他回学校上课。这个老师喜出望外，也非常有成就感——"这一路的聊天没有白费！"孩子和他心气相通，达成了共识。孩子心结打开了，就回教室上课了。

小陶的这个故事和嘉定这位年轻教师的故事，都告诉我们教师，面对学生的躁动，要保持镇定，要有仁爱之心，耐心地开导孩子，带着平常心，安静地等待孩子的转变。我们的教育真的应该多一点这样的人文关怀，多一点对学生的尊重和呵护。现在有少数的老师态度过于严厉，而且讲话阴阳怪气，甚至尖酸刻薄。学生敢怒不敢言，师生关系非常僵，这对于我们的教育是一种伤害，对孩子更是一种精神上的伤害。对于这样一些老师，我不认为他们是合格的老师，哪怕他的学科教学成绩领先。在我看来，这样的老师的师德是需要检讨的，因为他不拥有"仁爱之心"。

愿我们的教师永远进行的是春风和煦、秋风送爽的教育！因为我们培养的学生一个个都是鲜活的生命，教师的任务是要"知心教心"，"帮助他们排除成长中的困惑和迷茫"，让这些孩子都拥有健康成熟的人格，未来拥有幸福的人生。

"刺儿头"剃了平头

2001年，我到同济中学，担任副书记（主持工作）、副校长，校长也要上课，每周两节，我就和陈菲老师合作上一个班级语文课（她上六个单元，我上两个单元）。

还没有进班级上课，班主任、年轻教师毛燕到我办公室来找我，"许书记，我们班有三个'刺儿头'，你要注意一下哦。特别是那个王同学，他是我们班最难教的学生。学校规定男孩子都不能留长发，但他就是留长头发。政教处也拿他没办法，让他去剃头，他就说，宁可死也不剪短发，而且头发也经常不洗，乱糟糟的，像个鸟窝。很难缠，你要有心理准备哦……"

听了班主任的话，我想，这个班级有这样一个难缠的学生还真是不好办，而且班主任告诉我，他语文成绩很差，一直不及格。我有点焦虑，这样的孩子怎么办呢？我是学校领导，教的班级也有不及格，那会让我很难堪的——我还怎么跟老师说要上好课、提高教学质量呢？

面对困难学生，我也是有一点经验的。在二师的时候，于老师一直说，要对学生"满腔热情满腔爱"，我一直记在心里。当初在南汇老港中学支教的时候，我遇到过两个困难学生，也一直拿他们没办法，鼓励关心，严肃批评，该用的办法都用了，起色不大。最后一个月，我不批评了，全力以赴只用鼓励表扬和热情的关心，这才转变了他们。对这个"刺儿头"，我可以再试试。

这一天，我拿着备课笔记，走进教室，走上讲台，第一眼就看到了这个孩子。他长得高高壮壮的，虎头虎脑，挺可爱的，不过，头发也的确是乱糟糟的。

讲课开始，我问了第一个问题，没有人回答。高中学生一般是不举手回答问题的，何况是新学期第一节课，师生都比较陌生，学生们有点胆怯。找谁呢？我想到了他——不打不相识嘛。"王××同学，请你回答问题好吗？"

他站了起来，皱着眉，冷冷地看着我。"你刚才说的……哦，不，你问的啥，我没听清楚……"我很温和地把问题再说了一遍，等待他回答。

"不知道，我不会！"他回答得很干脆，我也没有责怪他，这个回答，不出乎我意料。"请坐，你再想一想，后面有问题再请你回答。"

接着讲课，我又问了第二个问题，依然没有人回答。我灵机一动——还是叫他吧，看看他会怎样表现。"王××同学，这个问题你能够回答吗？"

他站起来，有点不耐烦，"我不懂，我不会！"说完他就坐下去了。我也不计较他的态度，"那好吧，后面还有机会，你积极思考再回答。"课接着讲，又问了第三个问题，依然没有学生主动回答。我一不做二不休，还是想请他来说。于是，我朝他看去，但并没有叫他的名字。学生们是很聪明的，都转过头去看着他。有的学生还叫起来："王××——王××——"这时候我也顺水推舟，"对的，王××同学，请你回答这个问题。"

他很不情愿地站起来，已经有点无奈了："你怎么又叫我回答问题？今天怎么老是叫我回答问题？"说实在的，让他三次回答问题并不是课前的预设，只是随机应变。所以，当他有点恼，问我为什么总是叫他回答问题时，我倒也没想好怎么回答他。学生们看着我，我只能施缓兵之计了："因为许老师喜欢你……"——"喜欢"是我在南汇学习到的法宝！

他也有点丈二和尚摸不着头脑，愣愣地看着我，"为什么呀？"

我为什么喜欢他，我还没想好。"现在先上课，下课跟你说！"于是，我一边上课，一边想喜欢他的理由。等课一上完，他就直接跑到讲台边问我："你刚才说你喜欢我，为什么？"这个学生倒是很可爱！也许，好久没有老师说喜欢他了，他很期待被认可。

这时候，我已经把三个理由想好了。我就很镇定地跟他说，"许老师喜欢你是有三个原因——第一，你姓王，这可是个大姓，而且非常有气势；第二呢，你是个男孩子，长得虎头虎脑，很可爱，跟许老师读高中的时候很像；第三，你很有个性，头发的造型很特别。"

听到前两个理由，他笑嘻嘻的，听到第三个理由，他觉得不好意思，把头低下去了。他也知道他这样做违反校纪，但是我没有批评他留长发不洗头，我从另一个角度表扬他的头发很有个性，实在出乎他的意料。

我趁热打铁，"许老师喜欢你，那你的语文课要好好学哦！许老师现在是校领导，我教的学生如果有不及格，我是很难堪的。你说对吧？"他默默地点头。

我想，这样的学生还是要用于老师的办法来转变他。于老师曾经用她的智慧转变了一个学习一塌糊涂，语文很差的同学。于老师发现这个学生很喜欢撩起裤脚管，到荷花池捉鱼捉虾，于老师就找了一个脸盆，让他把捉来的虾放在脸盆里，下课来观察。后来，又放进去一只小乌龟。过了一段时间，于老师特意鼓励他写一篇小文章，把乌龟和龙虾怎么打架的写下来。由于这个学生兴趣浓，观察仔细，所以写得非常生动，于老师对他大加表扬，还面批帮他纠正错别字、病句，最后把他改好的文章印出来，给全班学习。于老师的鼓励和指导让这个学生一下子激发出了学习语文的兴趣和信心，从此进步很大，最后还考取了大学。

我也要像于老师那样，找到那个激励学生积极学习上进的点，想办法感动他、激发他！

机会不经意间就来了！有一天，下课了，他跑到讲台前问我："许老师，你会不会下围棋？我想学。我们学校女老师多，她们都不会围棋。你是男老师，应该会围棋吧？"

"我会的！"我坚定地告诉他。

"那你说说看！"哈哈，他竟然还不太相信我会围棋，还要考考我呢……

"围棋，棋盘19乘19，一共361个点。围棋开局，要讲究布局，布局有很多定式——有星三三、三连星、星小目、平行小目、错小目，还有双三三、中国流，对吗？"

他带着惊讶而又喜悦的神情看着我，"对啊，对啊！许老师，你真的会呢！那你教我围棋，好不好？"

"好的，放寒假，许老师来教你！不过，许老师教你是有条件的……"

"什么条件？"他很好奇。

"你语文要考及格！你考不及格，许老师在学校里就会很丢脸。"

他点点头，"嗯，我努力！及格了你要教我哦！"

"那一定的！可是，你要是又不及格，怎么办？"我反将他一军。

"你说！"他犹豫了一下，很豪迈地让我开条件。

我就摸摸我的头，"要是不及格，你就要像许老师一样，剃这样的平头，好不好？"

他想了想，"好的！"就这样，我们师生达成了君子协定。

期末考试结束，我拿着试卷到班级进行试卷讲评。我刚把试卷放在讲台上，小王同学就急匆匆地跑到讲台旁，"许老师，我及格了吗？"他的眼神中充满了期待，笑嘻嘻的。

他其实考得很好，考了78分，比班级平均分还高了5分。但是，我不想马上表扬他考得好，我要出其不意，给他惊喜。

"你不及格！"我头也不抬，冷冷地回答。

我抬起头，看到他非常惊异的眼神，表情里面充满了不相信，但是他也没有多问，眼神很快黯淡了下去，失落地走回到了座位上。

上课后，我开始讲评试卷。讲评完了，我就宣布我要奖励学生。每次考试结束，我都会去城隍庙买很多小奖品奖励学生——80分以上的同学很优秀，要奖励；从不及格考到及格的，要奖励；考试进步5分以上的，要奖励；进步10分以上的，更要大大地奖励！我买了很多学习用品，奖励到的学生都会有一个本子，大小、厚薄不同，每个本子扉页上面我都会写上一段话，写上一句格言，像什么"老师很欣喜看到你的进步，继续努力哦，你会更加出色！""宝剑锋从磨砺出，梅花香自苦寒来""一分耕耘，一分收获"等等，然后再签上我的名，盖上我的印章，这个本子就有了纪念的价值。

那天，我给80分以上的同学、进步的学生、进步很大的学生发了奖品。发完这些，我就说："最后要奖励的这位同学，进步尤其明显，从不及格考到了及格，而且进步20分以上，还超过了班级的平均分。这个同学我要特别给他最大的、最高的奖励！"

他是谁呢？全班同学相互看来看去，猜不出。我就朝小王同学看过去，他低着头，很失落的样子，因为我刚才告诉他，他不及格。

"这个同学，就是王××！"

他猛地抬起头，赶紧站起来说，"许老师，你刚才不是说我不及格吗？你骗我的……"

"哈哈，许老师的确骗了你的。不过，这样骗你，你高兴吗？是不是有大大的惊喜！"

我接着说："前面同学有的奖励你都有！请上台领奖！"

他激动得不行，咧开嘴，从教室后面跑上来，神气活现地领过了我给他的四份奖品，特别开心。下课以后，他赶紧上来说，"许老师，那你放寒假要教我围棋哦！"

"好！一定！"我满口答应。

可是寒假因为忙，事挺多，也没有联系上他，围棋没教成功。开学以后，我把这件事情想起来，正想要去找他。班主任毛燕老师又来找我了，"书记，书记，你到班级里去看看王××，他太不正常了！"

"怎么不正常，哪个样子啦？"

"你自己去看吧……"

我大步流星，跑到班级里，一看，小王同学形象突变，不再是鸡窝头发了，他剃了一个比我还短的"板寸"，干干净净，精神抖擞，正在和同学们嘻嘻哈哈闹得欢。

我走到他跟前，"王××，你怎么剪这么短的头发，比我的还短，为什么啊？你不是考及格了吗？不用剪头发呀，许老师教你围棋就好了啊！"

他眼神坚定地对我说："许老师，我崇拜你！"

这句话，真的出乎我的意料！我是非常感动的，眼泪都要下来了！一个老师被学生崇拜，真是令人感到骄傲、幸福的最高评价了！于是，我跟他说："许老师看到你的这个进步特别高兴，找个时间，我教你围棋！"

后来，围棋还是没教成。第二年，我调到同济初级中学去做校长了。后来，听说他学习进步很大。原来在班级里倒数，在高三毕业的时候已经是年级前十名，考进大学本科，毕业以后在一家公司做期货，现在已经是部门经理了。读大学以后，他来看过我好多次，是看望我次数最多的学生。他结婚后，还特意给我送来了喜糖。

小王同学的巨大进步，在我的教育生涯里，是又一个非常难得的成功案例。我想，我们面对困难同学，还是要包容、理解，要"喜欢"他们。对这样的同学要有一种同情——因为功课不好的孩子，经常会被老师批评，容易丧失信心。其实，他们很希望得到肯定和表扬，有时还以自己特别的、与众不同的行为，引起大家对他的关注，给自己一点存在感。我们了解这些学生有这样的心理，就应该尽量在我们的教学过程中和他们做朋友，去发现他们的优点，抓住教育的契机，给他们肯定、鼓励和引导。即便是有缺点，也不轻易批评，可以换一个角度，用肯定赞赏他的话来提示他们的不足，鼓励他们积极向上。

能教到这些孩子,本身也是一种缘分,我们老师要努力做伯乐,去发现这些孩子的长处,发挥他们的特长,严中有爱,爱中有严,让他们建立信心,向着阳光生长!

领悟深 传承育新人

带领青年教师学于漪

从1990年进入上海市第二师范学校，我跟着于老师学习已经有三十三年了。于老师从年过花甲的校长变成了耄耋之年的泰斗，我从一名年轻教师变成了一名老教师。几十年的教育培养，于老师的思想深深地印在我的脑子里，记在了我的心里。于老师有好几个基地，培养的年轻才俊非常多，我没进过这些基地，我就在于老师身边认真地默默地学习。我是一名普通的崇拜者、学习者，也是于老师的信徒。我真的是发自内心崇拜于老师，学习于老师，相信她的思想，相信她的理论，相信她之于中国基础教育首屈一指的地位与作用。

无论是在第二师范学校、杨浦高级中学，还是转到其他学校和单位工作，每次听于老师讲话，我总是会感动、认同、赞叹。在二师的时候我就读过好几本于老师的书，印象最深的是《语文教坛耕耘录》，这是我做语文老师的启蒙书，在之后的工作中也深深地受到这本书的影响。

2008年我到杨浦区教育局党委党校工作，2010年接受了党委给的任务，要办青年教师学习于漪教育思想研修班，我非常兴奋地接受了这个任务。这个工作是党委高瞻远瞩，从源头上培养优秀青年教师的重要战略举措，同时也给了我和学员们一起系统学习于老师教育思想的机会。

领受任务是欣喜的，但是怎么组织他们学习呢？青年教师学习于老师，到底学什么呢？学习于老师精湛的教学艺术呢，还是学习于老师的崇高风范？我认真读了一些于老师的书，看了她发表的许多文章，也开始回忆自己在二师的成长过程当中，于老师给我的最重要的启迪和影响是什么。经过一番思考，我觉得青年教师向于老师学习，首先要学她的精神品格和崇高风范。

我把我的想法写下来，向党委的领导作了汇报。得到领导同意后，我就拿着我写的内容去请教于老师。在于老师的家里，她给了我精心的指导，把青年教师学习于漪教育思想研修班的学习内容确定为"像于老师一样为人师表——一身正气，爱满天下""像于老师一样教书育人——春风化雨，树魂立根""像于老师一样学习创新——专业发展，紧跟时代""像于老师一样献身教育——生命与使命结伴同行"四个专题，设计了四个讨论题——"新一代的青年教师应该有怎样的价值追求""你怎样理解当今的教师责任""如何提升自己的专业素养""教师怎样做学生的引路人"。回到局里，我还设计了听课评课、学生家庭家访、小组研讨等活动，力求培训内容充实，形式丰富，学做结合，知行合一。

上课的老师也是以前在二师工作过的特级教师为主，比如陈小英、陈爱平、谭轶斌三位老师，后来还有复旦大学附属中学语文教研组组长、特级教师黄荣华，杨浦区教育学院副院长张海森，他们这些老师都和于老师有深厚的感情，上起课来也是声情并茂，激励人心。我也承担了一门课——"像于老师一样教书育人——春风化雨，树魂立根"，我认真学习、备课，结合我的教学生涯中的案例来讲课，生动形象，获得了学员的好评。

培训班一年办两期。上半年是小学和幼儿园老师，下半年是初中和高中老师，后来我们和团工委合作，通过团工委组织各校报名，选择任教三到五年的优秀青年教师，来学习于老师的教育思想。

于漪老师的成功密码与更多的教育智慧蕴藏在她的一篇篇论述和一本本著作中，我们让学员们走进于漪的学习丛书，让他们通过读书、分享、互动等方式，寻找于老师的教育智慧，迸发学习的火花，感悟教育的真谛。学员们阅读了《岁月如歌》《涌动生命的课堂》《开启门扉的智慧》《教育魅力——青年教师成长的钥匙》《于漪知行录》等书，写下了一篇篇读书心得，留下一个个深深的学习印记。通过学习，学员们增强理想信念，提升师德修养，精进教学技能，都决心成为像于老师一样的好老师。

2014年，第39个教师节前夕，习近平总书记站在党和国家事业发展薪火相传、后继有人的战略高度，为新时代教师队伍建设指明了前进方向。习近平总书记提出全国广大教师要做"有理想信念、有道德情操、有扎实学识、有仁爱之心"的"四有"好老师，为发展具有中国特色、世界水平的现代教育，培养社会主义事业建设者和接班人作出更大贡献。我们把习近平总书记高屋建瓴的思想，作为举办青年教师于漪教育思想研修班新的引领，将学员学习于老师的教育思想，与习近平总书记提出的"四有"好教师对应起来学，进一步提高学习的境界和格局。杨浦区教育系统持续深入开展"让于漪成为我们共同的形象""两代楷模激励我成长""学于漪，站好新时代的讲台"等主题教育活动，激励了一代又一代教师的成长。

2019年9月，于老师又被授予"人民教育家"的国家荣誉称号，这又让我们掀起了学习于老师的新高潮。我作为在于老师身边成长起来的老师，心情格外激动。我觉得"人民"两个字特别能够体现于老师作为教育家的崇高风范和卓越地位。曾经在2018年，党中央、国务院授予于老师"改革先锋"称号的时候，我就非常激动了，"人民教育家"这个国家荣誉称号，更是让于老师实至名归，确立了她是中国基础教育界一面旗帜的地位。

面对这个喜讯，我觉得研修班学习的主题也要有变化，要进一步提升了。恰好，2020年杨浦区立项了区教育工作党委卜健书记领衔的教育部重点课题"人民教育家于漪教育思想区域转化与应用的实践研究"，在这个课题的引领下，我们又重新思考了研修班的学习专题。我们再次把思考的内容，向于老师作汇报。在于老师的指引下，我们研修班的学习专题提升为四个新的专题：学习于老师"立德树人"的教育观——人民立场，"五育"融合；学习于老师"德智融合"的教学观——内外贯通，改革创新；学习于老师"使命担当"的教师观——责任在肩，攻坚克难；学习于老师"目中有人"的学生观——学生为本，知心教心。讨论题也修改为——你怎样理解育人真谛，如何理解正确的教育质量关，如何提升自己的专业素养，教师怎样做学生的引路人。四个专题确定后，我们也得到了卜健书记的充分肯定——这四个专题和教育部重点课题中研究的于老师的教育观、教学观、教师观、学生观是契合的，体现了新形势下学习于老师教育教学思想的新高度。

青年教师于漪教育教学思想研修班的举办，对青年教师成长的影响很大。我们教育工作党委一以贯之地重视培养青年教师，组织他们学习于老师的教育教学思想，他们学习认真，体会深刻。有的学员把体会写得真切——于老师说，教育就是"仁而爱人"。办教育的、实施教育的都要"仁而爱人"。什么是"仁而爱人"？就是心中有别人，有浩浩荡荡的学生队伍，有队伍中独特的每一个人。"仁"是人字旁有个"二"，心中没有别人还怎么爱人？

还有的学员写道：看到于漪老师写的"目中有人难，心中有人更难。心中有无学生，是道德修养高低的问题。"这句话，让我们体会到，对于教师来说，首先需要思考的问题是，我们要成为怎样的人，我们的心中是否有学生？

再细细思考"仁而爱人"这四字的含义。在平日的教学中，我们要用爱心和耐心去包容学生，晓之以理，动之以情，导之以行，春风化雨，润物无声。因为，教育事业是爱的事业，面对渴望知识的学生们，我们要对他们有满腔的热情和深爱。作为教师，我们更要练就敏锐的目光，带着爱去发现他们身上的闪光点，激励他们成长。教育不能一蹴而就，它是一种静待花开的等候。在接下来的教育教学中，希望我能时刻提醒自己，成为一个会尊重、能理解、懂包容的新时代青年教师。

青年教师有如此深刻的感悟，我深感欣慰。这些青年教师成长起来以后，也传承了于漪精神，积极工作，献身教育。一直以来杨浦区教师的师德形象、教育质量，在上海市民的评价中都很高。

我对办好于漪教育教学思想研修班全情投入，不仅因为我受于老师培养三十几年，备受恩泽，更因为我相信于老师教育教学思想代表了办好中国基础教育的一线教育工作者的先进思想，代表了中国教育家的大情怀、大格局、大境界，非常值得我们学习研究和践行。向于老师学习，我们可以培养更多优秀的教师，我们可以认清目前教育中面临的很多困境，可以在教育改革的纷繁复杂的难题面前保持清醒的认识，得到正确的判断和智慧的策略。

学不学，真的不一样。

最"劲"中青班

所有培训班里,我做得最"得劲"儿的就是中青年干部培训班。

中青班的干部比较有优势,他们年纪不大,在岗位上历练却不少,总体上比较成熟。他们思考有冲劲,做事有干劲,突破有闯劲,而且不久以后,大多数中青年干部都将走上学校管理岗位,假以时日,都是杨浦区教育系统的中坚力量,甚至是领军力量。看到一届又一届中青班结业,看到他们一个一个做了校领导,做出了成绩,我的心里有说不出的高兴。这也是我做党校和干训部工作最大的幸福!

2008年,我离开了同济初级中学,到了教育局党校,担任常务副校长。这是局领导对我的器重,我心存感激,也有决心在新的岗位上兢兢业业做出成绩。但是,不做校长,我内心也有一点不舍,因为我平生最大的愿望就是做一名校长,建设好一所学校,培养好一批学生,为国家做贡献。不能亲手去办一所学校,实施自己对学校建设的思考、设计,我内心还是有一种不满足感。

2009年,到了党校第二年,教育局党委举办了中青年干部培训班,我和当时的干训部主任吕兆龙老师合作,一起组织培训、管理这个新开办的中青年干部培训班。在工作过程中,我认真向吕主任学习,从他的身上学习到了干部培训的很多经验。这个培训班办完,我对自己在党校的工作才定下了心,深刻认识到党委给我的这项任务的重要意义,培训工作事关未来杨浦教育的人才培养,甚至是书记、校长的培养,对于我们教育系统怎样人才辈出,有更强劲的发展势能,有重要的价值。

我终于想明白了——我不做校长了,但是我可以认真培养许多年轻人做书记、校长,和他们一起为办好学校,培养好学生。因为有这样一个强烈的想法,所以之后每年的中青班,都是我最期待的一个培训班,因为这个班是教育局党委培养后备干部的重要班次,办好中青班对杨浦教育发展具有重要的战略意义。

办好中青班,我们在三个方面下了功夫——

在信仰高地上强化理想信念

2009年,杨浦区教育系统开办第一届中青年干部培训班,第一个培训项目就是上井冈山,对学员进行革命传统和理想信念教育。井冈山,我2002年参加杨浦区中青年干部培训班的时候去过,几年以后再上井冈山,井冈山已经发生了很大的变化。2009年8月21日,吕兆龙主任和我一起带队,坐着从上海南站出发的K271次列车到了井冈山,然后坐大巴到了井冈山的江西干部学院,那里最早是江西干部培训中心。

我们是凌晨4:35到达井冈山火车站的,接待我们的是江西干部学院的培训部主任彭洪艳老师。江西干部学院为我们学员设计了非常高质量的培训课程:

8月22日周六上午9:00开班式,颁发红军帽,授班旗,然后是现场教学——参观井冈山革命烈士陵园、敬献花圈,参观碑林、纪念碑、雕塑园;下午是专题教学——井冈山斗争与井冈山精神,晚上是破冰组建团队、组织生活讨论。

8月23日周日上午是现场教学——荆竹山雷打石(毛主席宣布三大纪律处),以及体验式教学(红色拓展训练)——沿红军行军路线穿越河谷、山林,救护伤员,誓师大会等;下午是专题教学——坚定理想信念 加强党性修养;晚上是情景教学——大型革命斗争实景演出《井冈山》。

8月24日周一上午是现场教学——井冈山革命博物馆,以及五龙潭现场教学;下午是专题教学——领导者的职业素养和领导艺术;晚上组织生活讨论。

8月25日周二上午是互动教学——井冈山精神代代相传(与井冈山革命烈士后代、老红军后代、第一代垦荒人、井冈山精神宣讲第一人等典型人物座谈);下午是现场教学——黄洋界、八角楼,以及体验式教学——重走朱毛红军挑粮小道;晚上组织生活讨论。

8月26日周三上午是五指峰、笔架山现场教学;下午是现场教学——大井朱毛旧居、小井红军医院、小井红军烈士墓宣誓、瞻仰曾志同志墓,以及结班式;19:58乘K272次(井冈山—上海南)列车返沪。

在井冈山，整整5天的培训内容非常丰富。学员们第一次穿上了红军服，戴了红军帽，唱井冈山的红歌，岁月似乎回到了那个艰苦的井冈山斗争时期。在红军曾经战斗过的黄洋界、小井红军医院，学员们尤其感触很深，体会到今天的幸福生活都来自先辈们的奋斗和牺牲。在小井红军医院，学员们看到了张子清师长的病房，了解到了他把自己的一点盐都给了重伤的红军战士，而他自己却因为耽误了治疗，伤口感染，献出了宝贵的生命，这种无私的献身精神，让学员们潸然泪下。学员们也瞻仰了红军老战士曾志的墓碑，旁边还有小井红军医院的伤员和战士牺牲的纪念碑，大家肃立，为烈士默哀，感受到理想信念对于一个人的重要支撑力量。尤其当学员们回到教室听了学院的老师给大家讲课，讲到了曾志同志把自己每个月结余的工资放入工资袋，在临终前，给中组部领导写了一封信，把这些工资袋里结余的工资全部作为党费交给了组织，大家的眼泪夺眶而出，为老战士这样一种共产主义的思想境界而感动！

在井冈山，学员们体会很深的还有沿红军行军路线穿越河谷、山林，救护伤员，誓师大会。穿过树林小道，攀上山岩，蹚过河水，学员们不怕累，不怕苦，第一次自己扎担架，抬伤员，真实体会了行军打仗的艰苦。有的小组担架扎得不牢靠，走到一半的时候已经有点散架了。躺在上面的学员很坚强，依然用手臂挂住担架，坚持到了终点，手臂上留下了红红的伤痕。

学员们体会最深的是走挑粮小道。当年的毛委员和朱军长为了解决山上粮食短缺的问题，和战士们一起到山下去挑粮食。有一条小路是从山下往山上运粮食的，三四公里的路，整条路都是有坡度的，有的地方坡度还不小。虽然学员们不挑粮食，但是走下来也非常辛苦，有的学员浑身湿透，走过挑粮小道，深刻感悟到革命成功的不易、革命前辈顽强的意志，以及我们今天幸福的生活，是革命前辈付出了非常大的牺牲才换来的。

在井冈山培训中，最让我们感动的两个人物，一个是唱《红军阿哥你慢慢走》的江满凤，她的爷爷是红军战士，曾经从井冈山出发，跟着毛委员干革命，当时拍电视剧《井冈山》的剧组决定由她唱这首歌的时候，她只要求在电视剧最后的字幕里写上她爷爷的名字，而比较丰厚的报酬却一分不要，令人震撼。还有一位就是上海知青杨洁如，她从上海到井冈山插队落户，在那边做小学老师，然后非常艰苦地工作了几十年。后来，她担任了一所小学的校长，直到退休，一辈子献给了井冈山的教育。现在她到学院给我们学员讲她在井冈山的故事，许多生动具体的细节，也令学员们非常感动。

结业式上，我们的学员多才多艺，用文艺的形式展现了自己在井冈山学习的所感所悟。学员们在培训当中表现出的良好纪律和素养，以及他们的才华，得到了学院领导的高度肯定。今天，第一届中青班的学员，绝大多数都已成为杨浦区教育系统的中坚力量，多数都担任了学校的校长和书记，也有不少成了处级领导干部。

自2009年第一届中青班上井冈山以来，我们还组织了多批中青年干部班和校长、书记培训班、教育人才班上井冈山，在江西干部学院培训。我已经是第15次带领培训班上井冈山了，和学员们一起接受教育。每次上井冈山都会有不同的感受和体会，也多次和学员们一起潸然泪下。我对井冈山的感情可以说非常深，也和江西干部学院的老师建立了深厚的友谊，特别是为我们讲课的、当年去井冈山务农的杨洁如校长，我们深深敬佩为井冈山的发展作出贡献的一代又一代井冈山人。

在于漪精神中践悟教育真谛

杨浦区历来重视学习于老师的教育教学思想，"让于漪成为我们的共同形象"，已经是杨浦区教育的一个优势品牌。在中青班的培训当中，我们尤其要让未来杨浦教育的中坚力量，学习于老师为人师表、教书育人、学习创新、献身教育的精神品质，学习她精湛的教学艺术，学习她热爱教育、热爱学生的工作境界，我们能够在于老师的身边学习成长是一种莫大的幸福！

我们带领中青班的学员结合学习全国教育大会精神，学习人民教育家于漪的精神品质和人格风范，学习于老师的著作《于漪知行录》《穿行在教育的森林》《岁月如歌》《点亮生命灯火》等。开展分组讨论活动，探寻她的育人之道，学习她的教育思想，践行"立德树人""五育并举""三全育人"的工作要求，共同为提高教育质量，提升国民素质，贡献自己的一分力量。

我也认真和学员们一起学习，然后认真备课，做了课件，给学员们上了"学好全国教育大会精神，像于漪老师一样教书育人"一课，畅谈自己学习于老师教育教学思想的心得体会。

2023年我们紧扣于漪教育教学思想的"五个观"开展专题研修，引导学员坚定理想信念，厚植家国情怀，着重学习于老师的"人民立场""德智融合""使命担当""攻坚克难""学生为本""知心教心""全员育人""生命与使命同行"等重要思想，让中青年干部不断提升思想境界、充实履职的基本知识体系、改善知识结构、提高综合素养和管理水平。

除了组织中青班学员学习于老师的教育教学思想，我们也让他们阅读《苦难辉煌》《领导力——如何在组织中成就卓越》《浪潮之巅》等图书，打开格局，拓宽视野，了解当今世界的发展趋势、社会变革的主要特点，更要了解中国共产党光辉的历史，在党史的学习中汲取营养和力量。努力向于老师学习，"认识有高度、实践有深度、教育有温度"，成为优秀的中青年干部。

学员们通过认真的阅读，也撰写了读书笔记。这几年中青班的读书笔记编印了好几本，如《寻找力量之源》《在经典中探问教育真谛》《博学深思笃行》《在孩子们和世界之间》，在这些读书笔记当中，能看到学员思想的进步，理念的提升，思考的深入。

要完成好一篇很好的读书笔记，是很不容易的。我指导的学员都经常会感受到我特别严格。于老师说，"教师要成为热爱学习的人，教师应当有丰富的、高质量的精神生活。"那么读书就是一个非常重要的途径。学员们因为工作繁忙，读书有点浅尝辄止，走马观花。他们有的只看了一个章节，匆匆写了一点东西就交上来。怎么办呢？

我还是用老办法，以身垂范。我请学员把读的书都带到我的办公室，坐下来把书翻开，看看他们是不是落实了我布置的阅读要求——要有圈画、有批注。学员拿过来的书，大多数是没看几页，有的虽然看了一些，但是根本也没有什么批注，圈圈画画倒是有一些的。我也不多批评，把我看的书拿出来，让他们看我的圈画和批注。告诉他们读书要读得透彻，要对整本书的思想体系有全面的了解，然后在这个基础上突出自己关心的问题。对于这个问题，作者在书中前后照应、融会贯通的观点究竟有哪些，要仔细学习梳理，然后再提出自己的理解和思考，也可以和作者商榷，提出不同的意见。

今天，我们要让干部学会读书，学会读一本好书。将来自己在读书方面才会有比较好的收获。对个别读得很马虎的学员，我讲话也是不客气的，这些学员也会掉眼泪，看他们掉眼泪，我会告诉他们，"并不是许老师要为难你，对你有成见，有问题、有缺点，改正了都是好干部，我也会对你给予高度的肯定和评价的。"

我指导过的学员，都能够认真写好一篇读书笔记，其他小组由我们办公室的汪老师负责，我也会关心他们小组哪几位写得不够好，我也会找他们谈话，也会把于老师讲的"认真就是水平"这句话送给他们，希望他们学习于老师一丝不苟、追求卓越的精神。

在自主培训中优化活力效能

我们中青班的培训还有一大特色，就是我们组织学员进行自主培训。我们把学员分成小组，每个小组都要讨论确定他们想要研究的课题，这些课题既要跟他们平时关心的问题相联系，也要和当下的教育的难点热点问题有联系。

我们在他们选择课题之前，会请一些专家报告，给他们打开思路，例如"卓越领导力的五个维度""新征程教育的使命与责任""'双新'背景下课程改革和教学实践""五育融合、立德树人"等专题讲座，启迪他们的思维。

然后，他们在小组里进行讨论，选择合适的课题报上来。我们经过审核，有的会作些调整，给他们确定小组自主研修的题目。中青班自主学习的课题很丰富，有"校长领导力""沟通技巧""教师激励""大单元教学""情境化教学""校园文化建设""教师倦怠与心理疏导""劳动教育""五项管理""管理的原则性和亲和力""会议组织技巧与沟通能力""网络舆情与媒体应对""疫情防控线上教学管理"等。在自主研修中，我们要求研修的内容需要体现实践性、前瞻性，关注学校管理中的科学性和艺术性，也要关注教育教学中的新问题，如劳动教育问题、生命教育问题、宗教问题等，这些研修内容为学员们未来进一步做好学校工作奠定了良好的基础。

我们要求每个小组把课题研究的成果写成讲稿，完成课件，以小组为单位在全班进行交流，一般一个小组交流的时间是半天，学员们必须准备得内容丰富，讲解具体，这个对中青年干部的思想表达也有很大的挑战。我们的中青年干部能够积极地投入到这种自主研修的培训中去，表现出了很高的热情，以及非常好的团结协作的精神。每次自主研修汇报，都能给学员们很多的启发和感悟。所以，中青年干部班的学员是最有冲劲、有干劲、有闯劲、有创意的学员，给他们培训是很得劲儿的。虽然辛苦，我却乐在其中。

在党校工作了15年，干训部工作了10年，我始终觉得自己的工作责任重大。因为，面对"为党育人，为国育才"的重大使命，我们中青年干部培训一定要提高政治站位，提升政治格局，努力培养他们成为教育领军人物。

我们还特别要求干部要学习于漪精神，提高做教育的崇高感、使命感，在教育综合改革中，积极贯彻"立德树人""五育并举"的要求，加强课程教学改革，围绕立德树人，构建"三全育人"的新格局，把自己的生命融入党的教育事业之中，勇于加强新理念的研究和新实践探索，提升办学治校水平。

校长办学要有制高点

在于老师身边工作，经常可以向于老师请教，聆听于老师的教诲，时常感受到于老师对教育的真知灼见有很高的境界，站得高，看得远。我们常常会被她充溢胸间的爱国主义的激情和对党的教育事业高度的责任感所打动，由衷地产生深深的敬意。

于老师特别指出，"校长要站在办学的制高点上，创造良好的学校小气候，充分发挥学校的育人功能。"我在二师工作时，对于老师办学有制高点，营造学校很好的小气候，感受特别深。我们是一所中等师范学校，于老师提出"两代师表一起抓"，对我们教师特别强调要"一身正气，为人师表"。从走进第二师范学校开始，在于老师的教导下，我们对自己的职业有很高的认知，对自己的工作有很高的标准，时刻提醒自己要从为国家培养人才的高度，去理解自己工作的价值，要从对每个师范生今后面对的成百上千的小学生负责的高度，兢兢业业上好每节课，认认真真做好每一天的工作。"今天的教育质量，就是明天的国民素质"。于老师这句话让我们时刻牢记自己肩上沉甸甸的担子，对工作不敢有须臾的懈怠。

于老师办学有三个制高点，对我以后做校长很有启发：

一是站在时代的制高点上。于校长提出要"瞄准未来社会教育发展要求"，要"把师范生培养成面向未来终身发展的学校教育核心力量"。记得刚进学校不久，于老师就曾经对我说："我们的师范生考进来的时候不是最优秀的，但我们要把他们培养成优秀的毕业生，因为他们未来面对的是成百上千的学生，都是国家的未来。"于老师的话让我把自己的工作和眼前的学生、未来的学生联系在一起，和国家发展、民族命运联系在一起，我做教师的荣誉感、责任感、崇高感油然而生。打那时起，我就决心做一个好老师，做一个让学生一辈子记得的好老师。

后来担任校长以后，我也把这句话告诉了我们的年轻教师，希望他们牢记自己做教师的职责。面对自己眼前的学生，就要想到他们是国家未来的建设人才，培养好、教育好他们，对国家未来的发展意义深远，我们教师责任重大，使命光荣。

我在学校里让青年教师组织读书会，带领他们一起学习教育理论，和他们讲于老师的故事，让他们在自己的职业初期就确立坚定的教育理想，培养自己做教师的职业精神。有一年我们进了好几名青年教师，有朱鸽飞、沈燕飞、薛润华、施云华、任桢等，人称"二飞""二华""一认真"，我把于老师当年对我们青年教师热情关怀、严格要求的工作方法，应用到培养青年教师的工作中，把他们培养成骨干，成为未来"学校教育的核心力量"。现在他们中有的成为处级干部、企业的领导，有的成为副校长、教研组长，在岗位上恪尽职守，积极工作，取得了令人满意的进步。

二是站在战略制高点上。于老师提出校长要"从严治校"，让学校"形成基础教育人才高地"。于老师的这个思想，我在负责干部培训班时贯彻得非常认真。我以严格的管理，组织严谨有序的培训，带领干部学习于老师的教育教学思想，认真贯彻落实党的教育方针政策，从严治校，用心办学，努力办好老百姓家门口的每一所学校。

为了促进干部成长，搭建有助于干部思考力和表达力提升的平台，我们干训部举办过"学校教育评价校长研修班""学校绿色评价校长研修班""校园文化建设校长研修班"，引领干部提升理念，改进学校管理，促进师生发展，提高办学品质。文化建设校长研修班的《用文化润泽校园》，学校评价改革校长研修班的《以人为本　绿色评价》《新评价　新梦想》，都体现了校长们对新时代教育的新思考、新实践和新表达。

我们要求校长们既要有战略的视角，也要有贴近学校工作实际的举措。我们让校长们在读书交流中，找寻工作改进点，细化现状分析，拓展思路，撰写工作改进提升方案，中学德育分管领导高级研修班的《德育新格局》，中学骨干校长培训班的《学校管理及三个维度》、小学骨干校长培训班的《成就卓越的校长领导力》，都凝聚了校长们的工作智慧，对教育的全情投入和全新理解。

三是站在与基础教育发达国家竞争的制高点上。于老师要求校长能够"瞄准国外、国内和本地区兄弟学校的先进教育思想与办学经验，办出特色，提高学校的国际竞争力"。

对于老师的第三个办学制高点，我的理解是：我们要和发达国家竞争教育，一定要重视继承中华优秀的教育传统文化，同时借鉴西方国家的教育的先进理念，在传承中创新，要有自己办学的拳头产品，有自己的特色项目，有自己的办学主张。

进入新时代，我们越来越要求校长办学有创新、有特色，这也是中国教育发展新的战略要求。为此，干训部在区教育工作党委的领导下，和组织科一起举办了"教育创新"校长高级研修班（研修专题为"教育信息化""校本研修课程开发与管理"）、"教育未来"校长高级研修班（研修专题为"校长的六个专业标准"）、小学骨干校长研修班（研修专题为"校长领导力五个维度"），让校长们在专题研究中精进自己的教育工作，提升教育格局，厚植教育情怀。

为了让校长在新时代学校办学中形成自己的特色，形成自己有个性的办学主张，我向党委建议举办"教育未来""教育创新"校长研修班"校长特色办学"交流研讨会。在党委主要领导的指导下，我们干训部和组织科一起组织了四个专场的校长特色办学交流研讨会——高中校长专场聚焦"双新""五育融合"专题，初中校长专场聚焦"中考改革""五育融合"专题，小学校长专场聚焦"队伍建设""五育融合"专题，幼儿园园长专场聚焦"办园质量""家园共育"专题，引领校园长总结办学经验，凝练自己的办学主张，彰显自己的办学特色。

为了让校长深入学习于漪老师的教育教学思想，提升校长的办学境界，"十四五"开局之年，在区教育工作党委的指导下，我们第一次开办了杨浦区教育系统学习于漪教育教学思想的校长研修班。32位校长学员认真研读于漪老师的著作，全班学员分工合作，还通读了《于漪文集》，从教育观、教学观、教师观、学生观和管理观五个方面，摘录了于老师的主要思想和教育案例，写成了讲稿，干训部编印了《点亮教育的世界——于漪教育教学思想初探》的学员研修成果集。

2022年，为了引导校长践行于漪教育教学思想，实现基础教育学校均衡优质发展，促进于漪教育教学思想的实践转化和应用，我们组织了校长研修班第2阶段的研修活动。在杨浦区教育工作党委卜健书记的关心下，我们组织了28位校长学员建立了将于漪教学思想应用于学校管理实践的研究课题，范围涉及师资队伍建设、校本课程建设、学科素养教学、学校育人文化建设、教学评价等方面的实践研究，逐渐积累学习于漪教育教学思想的实践经验，不断推动学校教育教学改革的步伐，提高了校长教育管理理论和办学治校的水平。通过不断磨砺，凝聚智慧，学员们都完成了课题研究，《播撒阳光　逐梦征程——"于漪教育教学思想"研究成果转化与应用的学校实践》研究论文集完成编印。

我们希望通过校长们的学习、实践、凝练、汇聚，讲好于漪老师的教育故事，做好于漪教育教学思想的基层实践，将于漪老师对教育的热爱、执着和奉献精神，进一步辐射到杨浦的基层教师中去，把于漪老师对党和国家的忠诚、担当和对学生的大爱播撒到更多的师生心里，让我们的教师努力成为党和人民满意的"四有"好教师。

牢记于老师办学的三个制高点，校长就能在更高的层面上去思考自己做校长的历史责任和使命担当，从战略的高度和教育未来发展的角度，创新自己的办学实践，努力践行于老师"坚守中国立场，拥有世界视野，以教育自信，办自信的教育"的思想，坚守教育初心，勇毅办学，成为教育家型的好校长。

"五育"怎样融合

习近平总书记在全国教育大会上指出,要努力构建德智体美劳全面培养的教育体系,形成更高水平的人才培养体系。人民网在《学习习近平总书记关于建设教育强国的重要论述》中指出,要坚持德育为先,德育、智育、体育、美育、劳动教育五育并举,全面发展,重视学生综合素质培养,克服片面追求某一方面或某几方面教育的现象。于老师说:"作为教师,就是育人,就是引领孩子走一条健康、正确的人生之路。这条路怎么走?就是让我们的孩子德智体美劳全面发展。"所以,我们教育的目标是"育人",育"全面"发展的人。于老师从来不拿分数评价学生,她心里永远装的是学生健康成长,全面发展。我在给中青年干部做培训讲全国教育大会精神的时候,讲到"五育并举"。有的干部就问:"五育并举,我们都知道,就是德智体美劳全面发展。那么,'五育融合'如何理解,在教育教学实践中又怎样做到'五育融合'呢?有没有实际的案例呢?"

这个问题让我一时难以回答。一直在说"五育融合",究竟怎样才算融合?我还真没有仔细去研究过,所以实际案例我也讲不出很好的。不过我心里很开心,因为学员提出了一个很好的问题,把我问倒了,就像于老师说的,"我今天顶顶开心的,就是上课的时候学生把我问倒"。学员把我问倒,能够促进我去继续学习研究,今后可以和他们在这个问题上有更加深入的讨论。

于是,我开始仔细地去研究"五育并举"和"五育融合"。首先,我了解了"五育"形成的经过——

1995年3月,第八届全国人民代表大会第三次会议通过了《中华人民共和国教育法》;2009年8月第十一届全国人民代表大会常务委员会第十次会议通过《关于修改部分法律的决定》,将《中华人民共和国教育法》第五条确定为"教育必须为社会主义现代化建设服务,必须与生产劳动相结合,培养德、智、体等方面全面发展的社会主义事业的建设者和接班人";

2015年12月，第十二届全国人民代表大会常务委员会第十八次会议决定将《中华人民共和国教育法》第五条修改为："教育必须为社会主义现代化建设服务、为人民服务，必须与生产劳动和社会实践相结合，培养德、智、体、美等方面全面发展的社会主义建设者和接班人"；

2021年4月，第十三届全国人民代表大会常务委员会第二十八次会议决定将《中华人民共和国教育法》第五条修改为："教育必须为社会主义现代化建设服务、为人民服务，必须与生产劳动和社会实践相结合，培养德智体美劳全面发展的社会主义建设者和接班人"；

2019年6月中共中央、国务院《关于深化教育教学改革全面提高义务教育质量的意见》中又写入了要坚持"五育"并举，"全面发展素质教育""突出德育实效""提升智育水平""强化体育锻炼""增强美育熏陶""加强劳动教育"的要求；

2021年10月23日，中华人民共和国主席令第九十八号，公布了《中华人民共和国家庭教育促进法》，把"培养德智体美劳全面发展的社会主义建设者和接班人"作为了家庭教育的三个目的之一。

可见，随着时代的变化，社会的进步，党和国家对教育工作的要求越来越高，越来越完善。作为党校的老师，有责任去加强研究，在干部培训的时候，和干部们深入研究"五育"怎样"融合"。

经过和干部们一起研讨，我对"五育融合"有了新的认识——"五育融合"中的每一个"育"，都可融合其他四个"育"。比如，"智育"里可以融合"德育""美育""体育""劳育"，"德育"里面应该融合"智育""美育""体育""劳育"，"劳育"里面也应该融合"德育""智育""美育""体育"，其他两个"育"也是如此。借鉴于老师对语文课堂教学的要求——"立体化、多功能"，我认为每一个"育"都应该是"立体化、多功能"的。

其实，在每一个"育"当中，都能做到融合其他四个"育"，只要动脑筋，我们的教育教学工作中的很多项目都可以达成"五育"的"融合"。我带领学员们一起讨论了以下五个案例：

德育案例：十月歌会

德育内容是弘扬爱国主义、集体主义精神、革命英雄主义，弘扬中华优秀传统文化、革命文化、社会主义文化，指定选唱歌曲有《过雪山草地》《七律·长征》《游击队之歌》《英雄赞歌》《春天的故事》《天佑中华》等，再加自选的一首（必须申报、审核）；

智育内容可以包括歌词欣赏、歌词朗诵，革命烈士诗歌欣赏，了解歌曲反映的历史年代，写海报，以及歌会的新闻采访与报道，撰写主持稿等；

体育内容包括整队入场登台、退场离台、站姿、坐姿训练等；

美育内容可以包括歌唱配舞蹈，学习演唱技巧，提高审美情趣，感受喜悦、悲壮、雄壮的美，歌会的摄影摄像，英雄人物画像展等；

劳育内容可以包括打扫、布置会场、搬运道具、清洁、整理、归还物品等。

智育案例：喀什经济开发区

智育内容可以包括喀什连接中亚的地理优势、交通枢纽地位，喀什经济开发区在新疆经济发展中的作用，中亚经济融合的意义，还可以与深圳经济特区比较，两种经济发展模式的异同等；

德育内容可以是热爱祖国大好河山，维护民族团结、确保边疆稳定、国家安全，喀什经济开发区在"一带一路"中的地位和作用；

体育内容可以选择了解新疆民族体育活动（赛马、赛骆驼、叼羊、摔跤、射箭、姑娘追）；

美育内容可以包括欣赏新疆歌舞、欣赏新疆美丽风景图、富饶物产美食图；

劳育内容可以包括新疆美食制作（手抓饭自制、烤羊肉串、哈密瓜切块装盆等）。

体育案例：秋季运动会

体育内容包括学习各项运动技能，学习体育比赛规则，整队入场、退场，站姿训练，运动受伤救护，学习做裁判，入场式队列行进与造型展示，广播操比赛等；

德育内容是培养集体荣誉感、协作精神，鼓励拼搏进取，培养顽强意志、团结友爱、友好竞争，遵守校风校纪、社会公德等；

智育内容可以包括创作海报，编写比赛秩序册，撰写新闻报道，了解运动项目起源、历史，学习比赛常识和规则等；

美育内容可以包括入场式编舞，体育摄影比赛，健美操表演，欣赏运动美、健康美、青春美、服装美等；

劳育内容可以包括场地布置、做辅助工作，协助物质保障，比赛器械搬运、整理、收纳，打扫场地等。

美育案例：摄影展、画展、书法展

美育内容可以包括展板、展厅设计，学习摄影、绘画、书法，参赛佳作评选、优秀作品欣赏、展厅配乐等；

德育内容可以包括爱学校、爱家乡、爱父母、爱祖国，热爱中华文化，学习英雄人物等；

智育内容可以包括摄影知识和技巧学习，绘画分类知识，书法流派知识，作品命名，诗歌欣赏等；

体育内容可以包括摄影绘画结合人文行走、城市名胜古迹走访、风土人情探访、登山、旅行等；

劳育内容可以包括场地布置、布展辅助工作，做好物资保障，作品搬运、布置、整理、收纳，场地打扫保洁等。

劳育案例：烹饪小达人/学农

劳育内容可以包括学会做家务，做菜、做饭、洗碗，厨房整洁技能技巧，学干农活，包括搓麻绳、种菜浇水、锄草播种等；

德育内容可以包括培养学生爱家、爱父母、有责任、会自立、爱生活，培养学生能吃苦，了解农村、农民，尊重劳动、珍惜劳动成果等；

智育内容可以包括烹饪知识、食物搭配的营养知识、认识蔬菜、瓜果、蛋禽鱼肉品种，学习种植知识，学习节气与农事知识等；

体育内容可以包括从菜场、超市买菜带回家，学习除草、犁地、抬水、挑粪、浇地等；

美育内容可以包括学习菜品色彩搭配、摆盘图案（诗词意境图）、美食摄影、学农劳动成果展示、板报设计、劳动者形象摄影、绘画比赛等；

我们还特别讨论了戏剧教育，戏剧作为一项综合艺术，里面融合的"五育"的内容，那就更多了。

戏剧教育案例：自编课本剧

德育内容包括感悟爱恨与生死，体验社会生活、历史现实，理解人生哲理，理解社会主义核心价值观，追求真善美，摒弃假恶丑；

智育内容包括学习戏剧知识（编剧、表演、时空转换），学习剧本反映的时代、人物、社会，创作海报，编写剧目简介，撰写新闻报道、剧评等；

体育内容包括适应舞台表演的体能训练、形体训练等；

美育内容包括表演技巧、台词技巧（语言的表达美）、舞美设计（灯光、视觉效果、舞台布置）、配乐、舞台设计（绘画、雕塑）、舞蹈、摄影、摄像等；

劳育内容包括舞台布景、道具制作、道具搬运、打扫整理等。

我们希望在教育当中融合"五育"，让学生在教师的"传道、授业、解惑"中，体验、想象、共情，学习人生智慧，感悟人生哲理。我们要像于老师说的那样，"始终把培养学生的精神品格作为教育的首要目标"，提升我们的教育境界。于老师强调："教育不是为了就业，更不是为了分数，而是为了'学生的完成'，这不仅是生理上的完成，更是思想上、精神上、人格上的完成，教育一定要着眼于学生健康成长和终身幸福。"我想，我们注重学生德智体美劳全面发展，才是真正履行教师的职责——培养"具有中国心的现代文明之人，有责任，有担当，有情怀的人"。

"五育并举"是我们教育的重要原则，"五育融合"是我们育人的重要方法。要切实做到"五育融合"，对教师的挑战很大，教师可以从下面三个方面去积极努力：

首先，要提高认识，增强意识。要牢记于老师的教诲："教育的质量归根到底就是培养人的质量，要看培养的人是不是有理想、有信念、有生存发展的本领、有为国为民服务的情怀。"要把育人的目标牢记心中，让课堂教学中融合"五育"的思想深深扎根，经常对照，勇于实践。

其次，要增长见识，读万卷书，行万里路。非常提倡老师在寒暑假能出去旅游，到处看看风土人情，名山大川，在旅行中扩大胸怀，拓宽视野，增长见识。"百闻不如一见",老师们到的地方越多,看的越多,了解的越多,在课堂上落实五育融合,材料就会越多。课堂上信息丰富而有个性色彩,老师更加能够左右逢源,信手拈来,讲课生动具体,让学生能入耳入心。

最后,要提升教学境界,潜心融合"五育"。立德树人的阵地在课堂,要传授知识,训练技能,更要重视学生的思维力、想象力、创造精神、健全人格的培养,智力因素和非智力因素的养成。所有这一切既是对教师教学技能的考验,也是对教师工作毅力的考验。上好一节课容易,上好一辈子的课就很难。每一节课都要深入思考,哪里是"五育融合"的结合点,如何在学科德育上面有新突破,如何在课堂教学中有机渗透、无痕衔接,都需要我们潜心研究,用心实践。

想起《祖国不会忘记我》那首歌的歌词,可以改一下——"在教书育人的大军里,那默默奉献的就是我;在'五育融合'的实践里,那永远奔腾的就是我。""不需要你认识我,不需要你知道我,我把青春融进,融进祖国的江河,山知道我,江河知道我,祖国不会忘记,不会忘记我。"要做好"五育融合"的教育实践,就必须像上面歌词里唱的那样,有一种奋斗精神、献身精神。

习近平总书记说:"我们建设教育强国的目的,就是培养一代又一代德智体美劳全面发展的社会主义建设者和接班人,培养一代又一代在社会主义现代化建设中可堪大用、能担重任的栋梁之才,确保党的事业和社会主义现代化强国建设后继有人。"于老师也说:"教育不能失魂落魄,不能教知识技能强,教做人弱。"所以,教师要"为党育人,为国育才",应该在"五育融合"的实践中闯出一条新路来,造福学生,不负人民!

"五育融合"的教育一定是高质量的教育。于老师要求"教师把教育做到骨头缝里头,拿出心血,拿出智慧,来创造我们教育的灿烂"。"五育融合"是需要我们教师"拿出心血""拿出智慧"才能做好的大工程,也是我们校长必须竭尽全力完成的教育使命。

点亮教育的世界

一名好校长就是一所好学校。

于老师说,"校长要在师生精神世界里播撒做人的良种,辛勤耕耘,执着追求,互相促进,寻求全方位的育人规律,不断推动学校工作跃上新台阶。"某种程度上来说,一位校长决定了学校发展的方向,决定了一所学校师生的发展前景,一位校长的办学思想、教育理念、工作风格、人格魅力将深深影响着学校办学的方方面面。一个校长建立起正确的教育观、教学观、教师观、学生观、管理观,确立全面质量观对于今天的学校教育尤为重要。

杨浦区教育系统坚持十几年开展青年教师的培训,用于漪教育教学思想引领青年教师的成长,取得了良好的成效。在此基础上,我们深深感受到,我们的校长更要好好学习于老师的教育教学思想,为实现高质量的办学治校奠定思想基础。

2021年3月,我们在杨浦区教育工作党委卜健书记的关怀和指导下,和组织人才科的老师一起,组织了杨浦区教育系统第一期"于漪教育教学思想校长研修班",组织了32名热爱教育事业、有较强工作能力、有发展潜质的中青年骨干校(园)长,参加于漪教育教学思想的研修活动。这些校(园)长以习近平新时代中国特色社会主义思想为引领,认真学习、解读、领悟于漪教育教学思想,用人民教育家于漪的教育观、教学观、教师观、学生观和管理观来指导学校教育教学综合改革实践,将其丰富的内涵深度融入教育管理和课程教学实践,办学治校获得了新的进展,新的突破。

怎么让校长学好于老师的教育教学思想?

培训方案的设计是颇费心思的,卜健书记对我们办好研修班提出了明确的方向。首先,校长要认真阅读于老师的著作,认真了解她在不同阶段的真知灼见和远见卓识,认真体会她的思想对于今天基础教育发展的重要价值;其次,校长要把学到的于老师的教育教学思想应用于自己办学治校的实践,积极推进教育综合改革与发展,确立办好人民满意教育的信念和建设教育强国的责任感、使命感。概括起来讲，就是勤于学习，勇于实践，善于反思，不断提升。

根据卜健书记的指导，我们设计了两个阶段的研修：

第一阶段的研修，校长们主要围绕"理论学习、思想研修、微课研发"三个板块开展学习。我们将重心放在学习于漪教育教学思想的"五个观"上，即教育观、教学观、教师观、学生观和管理观。

学员们分成5个小组，首先分头认真精读《于漪全集》，梳理、摘录于老师著作中的精辟论述和经典案例；然后，五个小组将学习摘录的内容汇总起来，分别归类到于漪教育教学思想的"五观"中去，形成了学习于老师"五观"的初步成果；接着，每小组具体负责一个"观"的内容研究，各小组分别在组长的带领下通过学习、探讨、整理、归纳，形成了于漪教育教学思想的"五个观"研修汇报提纲；第四步，在先后听取教育管理培训部老师及专家的修改意见基础上，每个小组进一步加强学习、收集补充资料，对本小组的研修汇报提纲进行再修改、再调整，形成研修汇报讲稿。感到特别荣幸的是，这份研修成果的撰写还得到了于漪老师的亲自指导；区教育学院党总支书记、副院长高缨、区教育工作党委组织科原科长朱英（现担任区老干部局副局长）也作了具体指导。学员们根据她们的意见，又进行了多次的修改和完善，最终形成研修汇报讲稿的定稿。

讲稿修改完毕，各组组长又紧锣密鼓地召集组员们分头参与备课，撰写微课讲课稿及制作课件，5个小组的学员分别在研修班内进行充满激情的试讲。每个小组试讲后，又根据全班学员的意见和建议，对讲稿内容再进行研磨、微调，于2021年年底完成了《点亮教育的世界——于漪教育教学思想初探》的研修成果。

第二阶段的研修，我们侧重于实践应用。2022年，校长们从学习研究于漪教育教学思想，进入深入践行于漪教育教学思想的阶段。我们组织这批校（园）长们开展"于漪教育教学思想研究成果转化与应用"的学校实践研究，把学习领悟到的于漪教育教学思想应用于学校的师资队伍建设、校本课程建设、基于学科核心素养培育的课堂教学改革、学校育人文化建设、教育教学评价改革等诸多方面，加强办学治校的实践研究，运用于漪教育教学思想推动学校教育教学实践改革发展，提高了校长办学治校的水平。一年后，校长们总结了实践研究的成果，撰写了论文，我指导学员们一起研讨修改文稿，并将凝聚学员实践智慧的《播撒阳光　逐梦征程——"于漪教育教学思想"研究成果转化与应用的学校实践》论文集编印成册。

我在这两年的研修班活动中，和学员们一起学习，一起成长，一起进步，也自主研发了学习于漪教育教学思想市级共享课程——"人民教育家于漪的教育思想"，并带领学员们研发了近40门学习于漪教育教学思想区级共享课程——"于漪教育教学思想干部教师培训微课"。

学习人民教育家于漪教育教学思想，是我教育生涯中做得非常执着的一件事。我是带着责任和使命在做的，因为学习于漪老师的教育教学思想，正是我们贯彻落实习近平总书记关于办好人民满意的教育、建设教育强国重要指示精神的有效途径。在不断地学习、研究和实践中，一批批优秀的教师队伍、一支党性强、境界高、业务精的教育领军人物脱颖而出，为"杨浦知识创新区"和"优质教育集聚区"的建设奠定坚实的基础。同时我也是带着感情在做，我对于老师的感激之情，对上海市第二师范学校的那份情结、对杨浦高级中学的那份情感，也是不断激励我做好这项工作的精神力量。

我觉得，于漪教育教学思想校长研修班的成功举办，对杨浦教育的高质量发展意义深远，主要体现在三个方面：

一是积极落实了国家级课题"人民教育家于漪教育教学思想区域转化与应用的实践研究"的研究要求，促进了研究成果的区域转化与应用。我们在这一重点课题的引领下，组织校（园）长们加深理解于漪教育教学思想的丰富内涵，并把她的教育教学思想转化与运用到办学治校、教书育人的实践当中，大力推动杨浦教育改革发展，为杨浦区教育越办越好、越办越强，擦亮杨浦教育闪亮的名片作出了积极的努力。

其次，研修班也实现了学习于漪、研究于漪教育教学思想的历史传承与突破。为了学习、继承和弘扬于漪精神，杨浦区教育系统自"十二五"起就把学习于漪活动与学校后备青年干部职务培训相结合，连续十几年举办"青年教师于漪教育教学思想研修班"，形成了区域特色（四个专题）培训课程。应对时代的需求，我们研修班的学员从教师又提升到校级干部，努力探索新时期教育系统干部培训的新模式，即：学习组织有协同、能力提升有章法、实践研究有课题、实施反思有成果。研修班着力研究于漪教育教学思想的丰富内涵——"五个观",并结合基层学校实际,切实将其丰富内涵深度融入教育管理和课程教学改革实践。研修班目标清晰、职责明确、分工协作、成效显著,为提升校长思想水平、理论水平、管理水平,做了一件实事。

第三,通过学习人民教育家于漪的精神风骨、崇高风范、教育思想和教学艺术,校长们加深了对教育真谛的理解和领悟。校长们深感此项研究与实践非常值得,是一次难得的潜心学习于老师的教育教学思想,跟于老师心与心沟通、情与情交融的宝贵机会;同时,大家也感到无比幸福,深切体会到在研究于漪教育教学思想过程中,真真切切地把于漪老师的教育教学思想汇入自己的大脑,把于漪老师的精神品格融入自己的血液,提升了努力献身人民教育事业的工作境界。

我认为,我们贯彻落实习近平总书记关于办好人民满意的教育、建设教育强国的重要指示精神,就要学习践行好于漪教育教学思想,因为于漪教育教学思想是活的教育学,是来自教育教学一线的一位卓越的人民教师的经验和智慧的结晶。我们已初步建立杨浦区学校干部学习于漪教育教学思想的区域共享特色课程,即"学习于漪教育教学思想干部教师培训微课",把学习于漪教育教学思想的课程作为必修板块融入杨浦教育系统各级各类干部培训中,我们要让于漪精神成为杨浦教育人共同的价值追求,让杨浦涌现出更多的于漪式的好老师、好校长。

习近平总书记在中央政治局 2023 年 5 月 29 日第五次集体学习上特别强调,"强教必先强师。要把加强教师队伍建设作为建设教育强国最重要的基础工作来抓。"教育领军人才是教育综合改革的攻坚者、排头兵,是有效引领整个教师队伍教育教学水平整体上升的重要力量。为区域培养治校有方、办学卓越、师生信任的校(园)长领军人才队伍,提供高质量的干部培训支撑,是我们义不容辞的责任。

未来,我和我的同事们决心在助力高水平校(园)长队伍建设方面,在四个"进一步"上继续努力,即:

进一步引领干部将于漪教育教学思想融入教育教学的实践,以教书育人为着眼点,努力践行"一辈子做老师,一辈子学做老师",切实学好于漪老师改革创新的精神、敬业奉献的品格;**进一步引导校(园)长用于漪教育教学思想引领办学治校**,于漪老师守正创新、勇于变革的时代精神对校(园)长们，特别是年轻的校（园）长们具有强大的引领力。我们要努力培养中青年校长，向于老师学习，主动顺应新时代教育的变革，坚守教育初心，在传承于漪精神中创新教育实践；**进一步拓展学习于漪教育教学思想的市、区级共享课程开发**，我们将组织杨浦区中小学校长轮训班、中青年干部培训班、青年教师于漪教育教学思想研修班的部分学员，继续针对于漪教育教学思想"五个观"多批次开发微课程。主要专题有"教育的根本目的是培养人——于漪的全面育人观""教育要传承民族精神——培育具有中国心的公民""教育就是点燃生命之光——教育应回归生命的本真""教学目的：教在今天，想到明天""教学定位：学生是学习的发光体"等，这些课程将陆续在区域各个培训班推出，供大家选修学习；**进一步通过党建引领，将于漪教育教学思想融入学校"四有"好教师队伍建设工作**，根据杨浦区教育工作党委成功申报的上海市普教党建研究会的重点课题"将于漪教育教学思想融入'四有'好教师队伍建设"的研究要求，我们通过问卷调查了解优秀教师干部对于漪教育教学思想的认知程度和实践方式，梳理基地培养优秀教师和干部的案例，提炼"四有"好教师的特质和成长路径，优化教师和干部培训方案。

党的二十大对教育高质量发展提出明确要求，对教师队伍建设提出重要指示。作为一名老教师，我要不断思索、不断探索，通过培训唤醒教师成长的自觉，让他们以于老师为榜样，弘扬于漪精神，爱党爱国，爱学生、爱教育，教书育人，甘于奉献，努力成为学生喜欢、家长放心、人民满意的"四有"好老师。

校长怎样看分数

现如今素质教育取得很大进展，但在教学一线，分数的压力还是非常严峻的存在。大家还是非常看重教业成绩，社会的期待，家长的需求，也无不是学校工作的压力。

那么家长呢，也是为了孩子未来能够升到一个好学校，能够找一份稳定的工作，有一份稳定的收入，十几年为孩子的教育操碎了心，砸锅卖铁，支持孩子上学。一线的中学老师也卷在这个分数的漩涡里，因为学校对老师的考核，教学业绩占大头。有的学校，对于教师平均分的考核，已经从一分两分比到了零点几分，教师也是苦不堪言。

如此一来，我们的学生就学得越来越艰苦。最近的两条新闻，更加让我们破防。一是开学不久，某医院的儿童精神科，病人爆满。有的来看病的孩子精神痛苦，一到学校就浑身发抖，写不了字，读不了书，令人震惊；另一个新闻，似乎给上面这种现象一个注脚——不少学校孩子们的课间10分钟自由放松的时间不见了，除了上厕所，不能随便离开教室，只能坐在座位上，即便是上厕所也要轮流。有个高中的孩子在视频里哭诉，一个星期为什么只有一节体育课？感觉孩子非常痛苦，简直要崩溃。

看到这些，我心里是很难过的。对分数的膜拜，对分数的极致追求，让我们的教育没有了温暖，没有了仁爱。偏离了初心，教师也在这样的教学环境中工作得很辛苦，心中颇多苦楚，没有乐趣。

回想我们在二师工作的日子，那简直就是教师工作的天堂了。于校长从来不给我们考试分数压力，她对我们的要求就是要为学生负责，尽到自己的责任，认真备课，认真教课，认真批作业，认真辅导学生。她希望我们教师能够通过自己的工作，让学生喜欢学习，培养学生勤于思考、善于学习的能力。

有的人可能会说，高中跟师范不一样，那是有高考压力的。这句话没有错，但是我们当时师范学校也是有市里统考的压力的，更何况于老师当时已经是非常著名的校长,也是著名的语文特级教师,我们语文组的老师倒是很紧张,生怕考得不好,辱没了于校长的名声。可是,于校长真的是从来没有因为这个市里统考的压力,来关心我们的学生考了几分。

经常听到于老师讲这样一些话,"我从来认为一张考卷不能够反映一个人的综合素质""我从来不到教导处看考试分数"。有的人也许不相信,做校长哪有不看考试分数的。而我在二师工作期间,于老师到办公室里来,经常和我们说的都是学生"学习的积极性",于老师关心他们喜不喜欢学语文,写作上有没有畏难情绪,我们老师有没有办法帮学生解决这些难题,从来没有问过我们学生考几分,也从来不问各个班级的平均分,以及平均分的差距。

有一次我们备课组里班级之间平均分差距稍微大了一点,有两分多,于老师到我们办公室的时候,我们就特意向她汇报,检讨自己的工作没做好。可是于老师却说——班级平均分差距在三分以内都是正常的,每一次的考题,每一阶段学生的学习都会有变化,这个成绩都是有偶然性的,有点波动都是正常的。于老师启发我们不要把注意力关注在平均分上,而是要重视试卷分析,发现自己在教学中、学生在学习中的不足,注重及时改进教学。我们听了以后茅塞顿开。难怪于老师从来不去教导处看我们的考试分数,原来她最关心的是我们学生的学习状态是不是积极,关心的是我们的教师教学是不是用心,关心的是我们从考试中能不能发现问题,改进教学,不断提高教学质量。

今天,于老师已经是令人敬仰的人民教育家。回看历史,我深切体会到于老师这样的老师、这样的校长,她的思想境界、教育境界、教学境界、工作境界真是不同常人,她是把握了教育的规律、懂得教育真谛的卓越教师。她当年的工作要求,她的思想境界,不就是今天人民教育家的大格局、大情怀、大境界的具体生动的体现吗?这反映出了于老师对自己教育理想矢志不渝的追求,以及对教育信念一以贯之的坚守,实在是令人佩服,令人敬仰!

在于老师身边工作是幸福的,她的思想,她的境界,她的情怀,无时无刻不在引领着我们,感染着我们,启迪着我们,让我们渐渐懂得了教育的真谛。我做老师,做校长,都不会痴迷于对分数的追求,我时刻牢记于老师的教诲——教育要育人,不能育分。我就根据于老师要求的,每次考试以后,重视试卷分析,重视发现教与学中的问题,关注学生的学习状态和教师的工作状态，注重激发学生和教师的内驱力，来提高教学质量，从来不拿分数压人。我们二师有一位老师，后来她做了杨浦高级中学的副校长，也担任了分管教学的教育局副局长，有一次她跟我讲了一句话，让我也非常感动、敬佩。她说她做教育局副局长，主管教学，不关注考试成绩是不可能的，但是她会跟学校的各位校长讲，我既要看你们的分数，还要问你这个分数是怎么来的。我理解她说的，就是我们力求要让孩子成绩考得好，但是我们要关注这个成绩是怎么取得的，绝对不能搞大量的反复操练，长时间的上课补课，反对用牺牲教师和学生的健康，牺牲老师和学生的生活热情，去追求分数提高。那时，我们杨浦区教育局党委书记、局长是王平同志（后来他担任过市教委主任、市教卫党工委副书记，现任上海市政府副秘书长），他每次给校长开会，都会讲到，我们的校长一定要遵循教育的规律，遵循学生身心发展的规律，反对超量布置作业，反对长时间补课，反对大量刷题。这两位领导的工作指示都是符合于老师讲的——我们要"建立全面质量观，反对片面质量观"。

面对我们今天教育的困境，我们要不推诿，不埋怨，而是敢于担当，有所作为，每个人都努力去转变自己工作的观念，不要把分数看得那么重，注重培养学生德智体美劳全面发展。更重要的是，必须把习近平总书记讲的"培养什么样的人""为谁培养人""怎样培养人"这三个根本问题时刻记在心中，努力实践。我们要牢记我们的责任——培养有担当、有责任的中国特色社会主义建设事业合格的建设者和接班人。

现实中，学生和家长都被卷入了教育的艰辛历程中。家长们让孩子多读书，是因为读书能够增长见识，提升气质，懂得做人做事的道理，这大方向是对的；另外，从现实生活中看，学历高、读书读多的人，总体收入更加稳定，这也是生活的现实。但是，我们也要记得，每个孩子都有自己的特长，并不是所有人都擅长考试学习，就像并不是所有的人都擅长跳高，都擅长举重，都擅长射箭一样，每个人都有自己独特的才能，家长和老师都要善于发现学生独特的才能，因材施教，让每个孩子找到适合他的发展路径，这是我们教师最重要的责任。

校长们都要向于老师学习，树立全面质量观。无论校长、老师还是家长，都要有一个很强大的平常心，不要攀比，而是看孩子的志趣和优点特长在哪里，好好发展；还要把健康放在第一位，正如习近平总书记强调的，"教育，无论是学校教育还是家庭教育，都不能过于注重分数。分数是一时之得，要从一生的成长目标来看。如果最后没有形成健康成熟的人格，那是不合格的。"身心健康最重要，功课再好，人的心理、精神崩溃了，就是教育最大的失败。就算大多数孩子都很坚强，能够扛过去，少数孩子不行，那这些"少数孩子"就是"卷"的牺牲品，很可惜。无论学校教育还是家庭教育，积极鼓励孩子每天坚持学习，有进步，孩子就是好学生。

成长，永远比成绩重要。

选择合适的学校

给孩子选择一所好的学校读书,是我们许多家长梦寐以求的事情。这里寄托了家长望子成龙、望女成凤的心愿,也表达了百姓对好学校的渴求。为了呼应百姓的要求,党和国家提出了要办好老百姓家门口的每一所学校,这无疑是顺应民意的正确方针。

但是怎样的学校才是好学校?

从国家层面看,一所好学校一定是教育质量比较高的学校。我认真学习了全国教育大会的精神和习近平总书记对教育的系列重要讲话,我体会到,教育质量比较高,那一定要符合以下几个条件:学校有正确的办学方向,校长有正确的办学思想,要把立德树人、五育并举,培养学生德智体美劳全面发展作为学校的价值追求。同时,还要把呵护学生的身心健康,培养他们良好的道德品格和健康成熟的人格,放在最为重要的地位。

有的学校讲得正确,做得却有些走样。特别突出的是对孩子的健康关心不够,作业太多,有的家长给孩子压力太大,造成相当比例的学生厌学,患抑郁症的孩子比例在不断上升,拿考试分数作为考核绩效评价的教师也不在少数。当然,也有一些人在推波助澜,搞高分膜拜、名校膜拜,从中牟利。

那到底考分排名在前的学校是不是好学校呢?

我认为这个问题要辩证地看——

首先,考分排名在前的学校,学生总体学习努力,教师认真负责,基本上是一所不错的学校。但是我们也不要忘记了,这样的学校本身可能具有生源的优势,学生经过挑选,进校的学生往往在智力因素和非智力因素方面,就比较有优势,那这些孩子考得好理所应当。所以,撇开生源谈高分是不公平的。

其次,要看这个分数是怎么取得的。高分如果是通过高压控制、题海训练、长时间加班加点补课,忽略学生的身心健康取得的,那这个高分也并不值得赞美。有一些家长和老师只看到了孩子考出的高分,却很少去思考孩子们在这样的高压之下取得分数的背后失去了什么。特别是有的老师比较严厉，以此震慑学生，批评学生的语言尖酸刻薄，完全丧失了一个人民教师应该有的良好个人修养。这样的老师带的班能考出高分，有的校长就对这些老师师德方面存在的一些问题，眼开眼闭，不闻不问，这对学生的健康人格的形成危害不小。

第三，如果我们只把考分排名在前的学校认定为好学校，就会挫伤其他大多数学校办学的积极性。现在上海有了特色高中，我觉得这是一个很好的方向，所谓好学校，应该是有特色、有进步、有文化内涵的学校，而不一定是考分名列前茅的学校，这样的评价方向才能真正出现各种好学校。

所以，好的学校，首先是要看校风、教风、学风，只要校长坚持全面质量观，认真办学治校，教师敬业爱岗，认真教书育人，学生健康活泼，学习努力，不断进步，学校环境整洁，管理有序，那就是一所好学校。我体会到看这个学校好不好，要多看绿化、厕所、操场、墙面、橱窗，多看师生的精气神，多看教师的教案，学生的作业。正如于老师在二师经常强调的，校长办学要注重"四个育人"——教书育人，管理育人，环境育人，服务育人。好的学校时时处处都蕴含、体现校长先进的办学理念、科学的管理措施、精细的工作品质。

我体会到，学校每一位教师职工都是德育工作者，学校的每一节课既要教学生知识，培养学生能力，更要教学生做人做事的道理，教育无小事，教育的质量体现在时时处处的教育教学工作细节里。我看到的第二师范就是符合这样一些要求的好学校。

那么一个校长办学思想正确，办学治校认真规范，教师敬业仁爱，教学水平较高，教学业绩名列前茅的好学校，是不是适合每个孩子去呢？同样要多角度分析，辩证地看，特别是高中。

因为高中是按照分数高低录取学生的，每一段分数里的学生基本上学习能力、学习习惯、学习态度差距不大。所以我认为考到哪个学校就应该去哪个学校读书，而不是要想办法借读。现在高中取消了借读是一件好事。

我曾经教过一个杨浦高级中学的学生。20世纪90年代末，那时候还允许借读。这个学生不是考进我们学校的，比我们学校录取分数线低十几分，是来借读的。由于他的学习能力、学习习惯和考进来的学生有明显差距，所以平时学习是比较艰苦的，也很累。到了中午，不少学科的老师都要他去办公室面批订正作业，教师是负责的敬业的，但对他来说就非常苦恼。上午四节课上得挺累的，上好课就要马上吃饭，然后去各个办公室，到老师那里去面批订正，个别指导，中午一点休息的时间也没有。一直忙到上课铃响，他才匆匆回到教室，开始下午的课程学习。这基本上是他学习的常态，我很心疼他，中午基本上不找他辅导语文了，让他有更多的时间去提高别的学科吧。

那时候周六学校可以组织教师给学生补课，我也在周六下午排有语文课，给一些学习语文比较困难的同学，多讲一点。我补课，首先注意"补心"。我首先给孩子们讲讲，我们为什么这么艰苦地放弃休息来补课。那是因为我们暂时跑在了后面，我们要赶上前面的同学，肯定要付出更多的努力。如果没有赶上去的决心，没有吃苦的心理准备，就不要来补课，否则效果不好。其次，我想让他们在补课的时候，思想要集中，这个时间很珍贵，放弃了休息来补课本身就是很不容易的，如果我们没有好的效果，那么还不如在家睡觉。第三，我们来补课的同学，千万不要认为自己不是好学生，大家能够克服这么多困难，这么有毅力，在星期六再来多读一会儿书，本身就很优秀。如果通过学习，我们的功课进步了，那便是好学生。

所以在我和孩子们交心以后，我们的师生感情就比较融洽，学生听我的课也比较能够积极开动脑筋，认真听课。因为我说只要进步就是好学生，能够有毅力，坚持学习就是好学生，他们很开心，脸上也有了微笑，眼睛也有了神采。我喜欢看到孩子们朝气蓬勃的样子，不论他考几分。

可是那位借读的同学，一到教室里坐下来，我讲课不超过10分钟，他一定会睡着。一开始我还去提醒他，后来我发现他实在是困得很，我就索性让他睡一会儿了。下了课，我就问他怎么一上课就会睡着？他告诉我，星期五功课都做得比较晚，然后星期六上午睡得也不多，中午吃好饭洗个澡，就来学校补课了。我也很理解他，刚洗好澡，吃饱饭，脑子肯定供氧不够，肯定犯困。所以他在我的课堂上睡着，我从来不批评他。看他睡着的那十几分钟，睡得那么香，我真是很心疼他。

教了他两年，第三年我去南汇老港中学支教了。有一次因为要回杨高有事，星期五上午就离开了老港中学，中午到了杨浦高级中学，去食堂吃饭，回办公室的路上正好碰到他。我马上叫住他，很关切地问他："最近学习怎么样啊？有没有进步啊？"他很无奈地摇了摇头，"还是那样吧。"

我还是鼓励了他几句，不要被分数困扰，只要自己努力学习就可以了。看着他走远的背影，我实在为他感到可惜，他来了一所不适合他的学校。各方面都落后的学习状态，严重打击了他的学习积极性，也许还会影响到他对人生的价值取向、对生活的信心，当然这个影响很难是积极和正面的。低信心的学习一定导致低效益的结果。

我为什么为他感到可惜，为他感到不值呢？

我在南汇老港中学支教，南汇老港中学高一进来的最高分，就是我这个学生来借读的成绩。考了同样成绩的学生，在老港中学读书，是全校名列前茅的学生，学习有信心，工作有干劲，又进入了学生会担任学生会主席，各方面表现都不错，学习很有成就感，对学校很有归属感，最后这个孩子考进了同济大学。而相同成绩的借读学生，在我们杨浦高级中学，和其他同学差距比较大，就像长跑跑在后面的人，越跑越累，越跑越没有信心。后来高三结束，这个孩子连大专也没有考进。

我知道了这个孩子的最后情况，把他和老港中学同分的学生对比以后，我沉思良久。真的是要让孩子去适合他的学校，而不是去那个比自己学习水平高很多的大家公认的好学校。

这个孩子的事情让我印象深刻，所以当我的女儿考高中的时候，我就很尊重她自己选择的意愿。按照她的成绩，考进控江中学没有问题，发挥得好，进复旦附中、交大附中也是有可能。但是，她的选择让我有点蒙圈：

"我不考复旦附中，那里的孩子都太聪明了，大家竞争非常激烈，压力很大的。"我家女儿是个老实巴交的孩子，也很要面子，希望自己能够在学校里名列前茅，在学校有尊严，有信心。

"那交大附中呢？"。

"太远了，要住宿，不喜欢！"

"那控江呢？"

"学校的房子不好看，大楼颜色不是红色。"这理由真是有点奇葩。

"那你喜欢去哪里？喜欢什么样的学校大楼呢？"

"我喜欢房子是红颜色的学校，比如说杨浦高级中学、进才中学。"

"好吧！你自己想去哪里都行。"我尊重她的选择。

她不去考复旦附中、交大附中、控江中学，我一点失落感也没有，我想孩子喜欢杨浦高级中学也挺好，也许是我在二师工作时候她在我们校园里玩，熟悉了，对学校环境有了美好的记忆，算是有一种情结吧。

事实证明我们这样的选择是对的，我女儿在杨浦高级中学功课一直比较领先，学习上压力不大，虽然有成绩退步明显的时候，但我也从来没有批评过她。我只是给她一些建议，带她到外面去吃吃饭，散散心。我相信她的学习能力，高三会赶上来的。

在杨浦高级中学读书，由于功课还不错，所以为她争取到了不少锻炼的机会，她担任了学校的团委副书记，组织过一些活动，也接待过外国学生的来访。在这个过程中提高了能力，为今后成长提供了较好的基础。

在她刚进高中时，学习就进入了低谷，物理和数学作业错得比较多，我心里也有点急，女儿也说让我找老师给她补课。我答应她："好的！补课没有问题，但是我们找的老师很好，他时间很有限，所以每次指导的时间只能一个小时。你要好好做好错题集，把错的题目收集起来，自己能搞懂的就打钩，实在搞不懂，你把它圈出来，我再找老师，个别给你指导。"后来，因为她通过自己的研究理解，错的题目通过自学都懂了，那也就不用补课了。我觉得，不能依赖老师的补课，自己要积极思考，看书自学，家长和老师指导孩子阅读教材、自学提高很重要。

无论成绩进步还是退步，女儿都能客观面对，我也一直保持了良好的心态，少看分数，少看排名，多看进步，多看真实的学习收获，看思想的提升。

由于心态良好，她在高考中超水平发挥，她的高考成绩超过了清华的分数线7分，被北京大学录取，同时也通过面试被香港大学录取。她成为杨浦高级中学历史上第1位文科高考成绩超过理科的学生。最后，她选择了去香港大学读书，那个专业，她更喜欢。

合适的才是最好的，她在杨高学习，有尊严，有信心，学习积极主动，心态平稳，考试也发挥正常。如果当年考进复旦附中（她的中考成绩再加上市"三好学生"的加分，正好超过复旦附中录取分数线）面对强大的竞争，可能在比较落后的压力下学习得不够自信，多半是考不进北大和港大的。

其实，学生在学校里学习，最重要的是学习的信心，学习的状态。真正好的老师也并不一定是把分数教得高的老师，而是那种能够激发学生的求知欲，启迪学生的心智，给孩子人生智慧，让学生不断进步的老师。无论学校还是老师抑或是家长，什么时候能从分数的漩涡里走出来了，我们的教育的高质量才能真正实现。

不断创新的微党课

于老师不仅有赤诚的爱国情怀和严谨负责的敬业精神，而且有不断学习、不断创新，挑战自我、追求卓越的崇高风范。在于老师身边耳濡目染，我也一直要求自己不断学习创新，改进自己的工作，提高工作水平，追求"这学期比上学期有进步，今年比去年有创新。"

我 2008 年到教育局党校工作，前几年工作小有进步，在入党积极分子培训、预备党员培训工作方面，有一些改进。结业的考核进一步完善，有开卷考、闭卷考和培训小结。2010 年，根据党委的部署，我们党校开办了青年教师学习于漪教育思想研修班，这是一个比较大的进展。这个研修班一以贯之办了十几年，为杨浦区培养青年教师的成长与发展，做了一些扎实的工作。

2013 年，我到杨浦区教育学院担任干训部主任，同时还兼任杨浦区教育局党委党校常务副校长。工作的前三年我还在适应干训部的工作，党校的工作进展不多。到了 2016 年，干训部的工作我已经比较熟悉了。我就在想，党校的工作是不是应该有新的突破？

2012 年党的十八大以后，中国发展进入了新时代。新时代"微"事物层出不穷，"微"风浸润我们的生活，随着社会信息传媒的不断发展，衍生出微小说、微电影、微生活、微课程等多种样式，以其特有的以小见大、以小集智、以小见深的特点，成为一种文化潮流，并被传播和推广。

党课作为"三会一课"的主要内容之一，是党组织对广大党员进行理想信念教育、党性教育、优良传统教育的有效形式。随着信息技术的快速发展，传统党课教育内容创新不够、形式单一、吸引力不足等问题越来越明显。于是，我们将党课教育的一种创新模式——"微党课"开发了出来，想为党员教育工作注入新动力。

我们向党委打报告，申请开展教育系统微党课比赛，这个建议得到了党委的支持，我们 2016 年就开始举办第一届杨浦区教育系统微党课比赛。

自 2016 年起，我们连续开展了四届微党课比赛（两年一届）。微党课通过丰富精悍的内容、情境式的语言、生动的视频资料，以小见大、深入浅出、见微知著，实现了让党课鲜活起来，让党员学习教育生动起来的效果：

2016年，我们举办了第一届杨浦区教育系统微党课征集和评选活动。历时半年时间，经过了初评、复评，最终评出了控江中学、辽阳中学、二师附小、延吉幼儿园等20所学校参加最后的现场讲课决赛。活动中，学校校长、书记带头讲党课，党员积极参与，他们以丰富的内容、形象的语言、生动的视频资料，以小见大、深入浅出，体现了中国与世界、历史与现实、理论与实践的结合。党课的新形式，让党员学习教育增添了新的活力。

2018年，我们开展了主题为"学习贯彻十九大，不忘初心跟党走"的第二届优秀微党课评选活动。历时三个月，通过学校初赛、党建块组复赛，教育局组织科、党校组织的材料评审、现场决赛等环节，最后评出了一等奖9名、二等奖15名、三等奖18名，获奖者在局党委庆祝"七一"大会上得到了表彰。这次微党课评选活动，旨在以"党课"为载体，探索广大党员干部深入学习和贯彻党的十九大精神的新模式，引导基层党组织提升党员教育的质量，探索党员教育新方法，让广大党员由"被动听党课"，转变为"主动学党课"。

2020年，我们组织了"书记讲党课"和"党员讲党课"第三届微党课比赛活动。历时四个多月，通过基层党组织上报党组织书记和党员的微党课讲稿、课件，党校组织区内外专家进行集中评选，选出24门书记微党课和40门党员微党课进入决赛。他们结合实际，运用线上线下平台，因地制宜开发特色党课，运用行走党课、电影党课、音乐党课、情景党课等，丰富了微党课的形式，提升了党课学习的参与感、感染力和实效性。

2022年，我们组织了以"喜迎二十大　奋进新征程"为主题的第四届杨浦区教育系统"书记讲党课""党员讲党课"微党课比赛。我们围绕"坚持文化自信""弘扬中华文明""不忘教育初心"和"坚持立德树人"等内容，组织基层学校党组织书记、副书记和党员教职工在党建块组中开展了"书记讲党课""党员讲党课"初赛、复赛，每个党建块组选出一位书记和一名党员参加决赛。现场决赛以网络直播的形式在线上开展，10位书记和10位党员参加了决赛，我们请有关专家和参加决赛选手一起从课件制作、演讲内容、表达与效果等方面对参赛的微党课进行评选，每个基层党组织的党员教师在线观看微党课比赛直播。比赛结束，以基层党组织为单位参加网上评选投票，共评出一等奖8个，二等奖12个，三等奖20个，优胜奖61个。本届微党课决赛突出了领导示范，实现了思想领航；突出了党性实践，展示了党员风采；突出了以小见深，提高了学习效能，呈现了一场丰富的党课"学习盛宴"。

举办的四届教育系统微党课比赛，内容和形式上有四个变化和创新——从不确定主题到确定主题，从确定主题到再确定四个专题；从党员讲党课，到党员、书记共同讲党课；从学校初赛、教育系统决赛，到学校推荐、党建块组初赛、复赛、教育系统决赛；从教案评审、线下决赛，到线上线下相结合的资料评审、初赛、复赛和决赛。办公室里的诸利锋老师特别能干，和我一起商量，出了很多好主意。

首先，开展微党课学习活动，在时间上化整为零，在内容上突出实践，在形式上突出互动，成为我们现在基层党组织使用频率较高的学习形式。微党课的优势在于三个方面：首先，微党课切入口小，道理讲得深，深入浅出，给人感悟良多，在有限的时间里，提高了学习的效率。书记带领党员精心组织集体备课，增进了互相了解和协作；通过认真的授课、热烈的讨论，调动了大家的学习积极性，增强了广大党员的思想觉悟和政治定力。

其次，微党课在"小"字上面做文章，通过一个个鲜活的事例将党的路线方针政策以见人、见事的方式予以呈现，使宣讲的大道理通过小载体落细、落实，实现了微党课与党员重大主题教育实践活动的"无缝对接"。

第三，微党课比赛，彰显和增强了党的领导"主心骨"作用，夯实了学校基层党组织的工作基础。近年来，我们不断创新授课形式，从第一届的书记讲党课，到党员、书记一起来讲党课，党员们从被动听党课到主动讲党课；从专家评审到基层书记、参赛选手，乃至全体党员参与投票评选，唤起了党课的内在生命力，激活了其时代活力；让获奖党课在党建工作大会上进行展示演讲，把优秀微党课做成光盘下发基层单位，成为基层党组织的党课教材，让党员教育培训有了新载体。

在我们组织的微党课活动中，讲课者不再是党建专家，党支部书记带头讲党课，广大党员争先讲党课。他们创新授课形式，以"互动式""案例式"授课，内容多样，有纯理论的，也有结合身边人、身边事、身边理的故事型微党课；授课方法多样化，可以制作视频课件，也可以借助党员微信群、学校公众号发布；从普通党课到运用线上线下平台，因地制宜开发特色党课，丰富了微党课的形式。让微党课多了可亲可信，多了时尚活力，使党员们听得懂、坐得住、学得进，在党员的内心掀起"涟漪"，升华情感，提升思想。

于老师一直称我们的工作是"党的教育事业"。于老师作为一名优秀的老党员，她的党性修养非常高，她始终把教育事业同党和人民的复兴伟业、国家和民族的前途命运联系起来。在她的培养下，我努力做到"站位不断提高，责任不断落实，担当不断强化"，扩大了微党课的辐射面，为以"微"见著赋予了新内涵，拓展了党员教育的新时空。

美好的"主题论坛"

加快培养中青年校（园）长成长，是我们当下教育界一个很重要的、很紧迫的任务。

随着资深校长接近退休，45岁左右的优秀中青年校（园）长缺口很大，整个校长队伍呈现出了青黄不接的态势。所以，市教委为了加强对中青年校（园）长的培养，举办了上海市中青年校（园）长主题论坛的活动，旨在不断提升校（园）长的思想水平、理论水平和办学绩效水平，希望他们能够加快成长，脱颖而出，为办好家门口的每一所学校，建设教育强国作出新贡献。

主题论坛活动主要由上海市教师教育学院负责具体组织，前两期是由闵行区和宝山区承办，两期的主题分别是"教育数字化转型背景下的学校变革"和"新时代背景下学校提质增效"。第三期，市教委提出要"弘扬中国基础教育的一面旗帜——人民教育家于漪老师的崇高风范和奋斗精神，学习于漪教育教学思想，聚焦新时代师德师风建设，主动顺应新时代教育变革，在传承中守正创新、汇聚智慧、分享经验，让校长在于漪教育教学思想的浸润下，潜心钻研、踔厉奋发，成为新时代学校先进文化的传播者，学校教育改革的领导者，学生健康快乐成长的守护者"，论坛主题确定为"弘扬于漪精神 潜心教书育人"。

因为论坛主题是关于学习人民教育家于漪，于老师工作生活在杨浦区，杨浦区开展向于老师学习的活动已经有近二十年的历史，让"于漪成为我们的共同形象"深入人心，所以市教委就把这个光荣的任务交给了杨浦区教育局。我是负责干部培训工作的党校和干训部的负责人，所以我也很荣幸地承担了这个任务。

于老师培养我三十几年，筹备这样一个学习于老师的论坛活动，我非常激动。我决心一定要以高质量来完成这样一个重要的任务！

论坛分四个板块："区域特色展"，由杨浦区教育工作党委书记卜健介绍区域校（园）长培养的经验做法；"青年校长说"，围绕论坛主题，每位中青年校（园）长结合校本实践探索进行交流发言，提炼办学主张，聚焦校（园）长现代治理方式和专业能力；"观点面对面"，聚焦上海市基础教育改革和发展的热点问题、民生关注的重点领域、教育教学改革面临的重点和难点问题与主持人开展深度的互动交流；"专家视角评"，邀请上海市教师教育学院党委书记周增为进行点评指导。

根据论坛的主题和四个板块的要求，我们拟写了初步的方案。我带着这个方案去于老师家请教。于老师热情地接待了我，对办好这个论坛，提出了具体的指导意见。她希望我们这个论坛活动，能够立足于人的培养，让中青年校（园）长在活动中得到历练和提升。得到了于老师的提点，我们的工作又有条不紊地开展起来了。

一共有10位校园长参加这个论坛，外区有五位，杨浦区也有五位。首先我们让他们学习了于老师的一些著作和文章，然后根据自己的学习体会，结合自己的教育教学实践，写自己向于老师学习，努力做一位好校长的思考。

第一次交上来的文章质量比较一般，我们请上海市浦东教育发展研究院李百艳院长、华东师范大学国家校长培训中心刘莉莉副主任、上海市特级教师王白云，给予了他们深入具体的指导。经过专家多次指导以后，他们写的内容有了很大的提高。不过，根据专家的指导，他们要把自己的思想凝练出"金句"，这个难度很大。

在每次专家指导以后，我和市教师教育学院的王树生主任一起跟进，和他们一起研究探讨，和他们一起修改文稿，提炼"金句"。经过努力，他们的讲稿不仅水平提高了，而且"金句"迭出——"用热情驱动创新，以富有成效的实践来稳定、升格热情，从而深植教育情怀""教师的成长，只可协助、不可替代""情意相融，让学生成为教师坚定信念的'定盘星'""合和共生，让学生成为教师自我建构的'能量场'""立足学科，又突破学科的边界""在艺术教育中'铭纹'育人铸魂的印记""向中枢升级、向社会发力""立足小海岛，学做大先生""大爱师生，专业立身""用自我的坚守带动一群人的坚守""善听善思，敢破敢为""善于倾听，才能有效回应；敢于破局，才能引领发展""让农村孩子的教育守得住底线、立得了主线、攀得了上限""缺氧不缺精神，海拔高追求更高"等。我动足脑筋，帮他们也改进了几句——"每一寸校园，都可以是充满力量的空间；每一个学生，都应该是生机蓬勃的春天""学于漪,要以忠诚立心,以信仰铸魂"等。

曾经听黄音老师说,于老师在家里为青年教师、博士生修改文稿,那是一字一句,连标点都不放过的,改得非常认真,真是令人叹为观止。黄老师曾经跟于老师说,"奶奶,您这么大的年纪,不必改得这么仔细的,给他们提供一点修改的指导意见就好了。"但是于老师却说,"这样做习惯了,教育无小事。"这件事情让我很受教育,于老师"连一个标点也不放过"的认真,对培养学生,培养青年教师,全身心投入,毫无保留,是我们学习的标杆。

于是,为了让他们的发言更加精彩,我把所有的稿子都打印出来,尽我所能非常认真地、一字一句地给他们修改、校对。学员们非常感动,有的校长说,还从来没有哪个老师这么认真仔细地给他们改过稿子,说在我身上"能看到于老师的影子",对他们的这个夸奖,我感到特别高兴。因为我真的用实际行动体现了我学习于老师认真严谨、追求卓越的精神。

对"校长面对面"这个板块,我和王树生主任投入得更多。因为"青年校长说"是五位校长各自讲自己的办学主张和实践收获,相对来说比较容易把握。而"校长面对面"这个板块,五位校长要相互交替发言,既要各自展现自己的个性和风采,又要融为一体,相互之间还要有很好的协同配合,实属不易。我们经过了五六次的线上线下的模拟演练讨论、修改,形成了高质量的文稿和精彩的展示。无论是在主持人徐丽遐老师的工作室,还是在松江、奉贤、青浦三位校(园)长所在的学校,都留下了我们热烈讨论、认真演练的身影。整个过程比较艰苦,也很累,但是看到校长们有很大的进步,我内心也是非常欣慰。我要向于老师学习,对青年校长的成长,竭尽全力地付出,这也是我学习于老师应该有的实际行动。

特别让人感动的是在徐丽遐老师的工作室,我们一句一句地讨论、演练,大家都十分努力,团队精神表现得十分突出,大家都很感动。徐老师为我们出了许多金点子,包括要在展示中现场配乐,大家都为能在一起协作共进感到"生命的美好"在身边洋溢。

经过紧锣密鼓的多次彩排和研讨,两个板块的内容总算准备得比较像样子了。在上海市教师教育学院的组织下,我们进行了一次节目预审。市教委、市教师教育学院、杨浦区教育工作党委领导莅临现场进行指导,学员们进行了认真的汇报演示。我们的预审活动取得了圆满的成功,两个板块的展示得到了市教委人事处的张副处长、杨浦区教育工作党委卜健书记、杨浦区教育学院高缨书记和上海市教师教育学院陈霞主任的高度肯定。学员们也因为这次出色的表现感到非常激动。几个月来，大家艰苦的付出，总算得到了令人满意的结果。

虽然预审表现很好，但是我们并不松劲，定下来六月底录播，我们还是组织了几次集训，特别请了金羿导演，教学员演讲技巧、走台的身姿，不断增强学员信心，以提高校长们的现场表现力。

半年多艰苦的准备，也让我和王树生主任、主持人徐丽遐老师，与10位校（园）长结下了深厚的友谊。6月27日录播那天，我们相互鼓励，全力以赴，出色地完成主题论坛录播。录播结束后杨浦教育工作党委卜健书记与参加论坛的10位校（园）长进行了亲切的交谈，给他们很多鼓励，令学员们倍感鼓舞。

正式播出之前，视频需要剪辑各种版本，王主任带领我和学员们进行细致、反复的修改、核对，撰写、审核宣传稿件，为播出的前期造势和后期的扩大影响付出了很多心血。

9月2日，正式播出那天，我们都在家认真收看。当我得知于老师也在家里收看的时候，心情格外激动，也有点忐忑，不知道我们的这次中青年校（园）长的论坛，能不能让于老师满意？

王主任告诉我，节目播出以后，他接到了于漪老师的电话，于老师表达了对市教委和市教师教育学院组织这项活动的感谢，肯定工作做得很好。听到了于老师的肯定，我欣喜万分，于是我主动给于老师打电话，向于老师对我们这个论坛的指导表示衷心感谢。同时，我也真诚地向于漪老师提出了一个请求：有的参加论坛的校长还没有当面见过于漪老师，很希望见一见于老师，当面聆听于老师的教诲。于漪老师答应了这个请求，并约在一周以后见面。

9月20日，市教委人事处张副处长和上海市教师教育学院王洋院长带队，去于漪老师家拜访。校（园）长们到了于老师家以后，都围坐在于老师身边，聆听于老师的指导。王主任前期请黄音老师和于老师商量，请她为上海市中青年校（园）长论坛题词，于漪老师事先题写了"上海市中青年校园长主题论坛"，在见面时当面赠予，大家和于老师合影留念，于老师向市教委、市教师教育学院的领导、老师，以及每一位校（园）长赠送了她签名的书籍《于漪教育教学思想概要》。

这次去于老师家拜访，令人印象格外深刻，于老师94岁高龄，平常日子还经常吸氧，腰椎也不好，坐的时间长会腰疼，但是她老人家一口气跟我们讲了半个多小时。于老师语重心长地和我们说，"教育最为重要的是两个'全'，一是全面贯彻党的教育方针，二是全面面向全体学生。党的教育方针是一切教育教学行为、教育思想的准则。"同时，她强调"抓教师队伍就是抓根本"，"做教师一定要一身正气"。因为"教师是一种职业，更是人生的理想，教师要用自己的生命来激发学生的健康成长，为学生引路"。于老师希望各位中青年校（园）长"在提升自己的同时，要把全校教师的积极性和潜在能力调动起来"，"要承认差异，挖掘优点，用人所长"，校长要"一个人带动一支队伍，带动一群人"，让学校"涌现出一大批优秀教师，各美其美，美美与共"。

于老师充满激情的讲话，既深刻又温暖、励志，让在座的中青年校（园）长如沐春风，深受教益。当于老师给每一位校（园）长赠送亲笔签名的书籍时，大家真是喜出望外。每一位校（园）长都激动地从于老师手里接过了书籍，和于老师单独合影，个个脸上都洋溢着幸福，心怀满满的感激和对于老师由衷的、深深的敬意。一位受人敬仰的人民教育家是那么平易近人，校（园）长们无不被于老师的人格魅力所折服。

在这次论坛当中，中青年校（园）长都认真学习于漪老师的教育教学思想，勉励自己要弘扬于漪精神，不断提高办学治校的境界，提升做校长的文化自觉，遵循教育规律，把握学生的成长规律、认知规律，在实践中磨炼意志，砥砺奋斗，追求卓越，凝聚成长的智慧，厚植教育情怀，为教育的高质量发展，拼搏奉献，在新时代创造育人的新业绩。

我在一次上海市干训部主任会议上，介绍了我们这次中青年校（园）长论坛（杨浦站）的工作情况，也归纳了主题论坛成功的五个关键：

一是有专家指导，改稿磨稿下功夫。邀请刘莉莉副主任、李百艳院长、王白云老师线上线下做了很多高质量的指导，卜健书记、高缨书记、王树生主任具体指导。我们线下多次讨论、交流、修改，组织试讲，按照工作流程表按部就班推进，完成各项工作，为这次主题论坛的成功奠定了最重要的基础。

二是搞模拟训练，提升效果明显。教育电视台徐丽遐老师受邀作为本期的主持人，她本人素养很好，邀请学员到她的工作室沟通和交流，指导学员提高现场语言的感染力，并提出建议：在观点面对面板块，增加现场配乐，提高论坛活动的现场张力。教育电视台金弢导演现场指导学员应该如何走台，怎样注意身姿、动作以及在演讲中如何明确语言的逻辑重音，这些指导让校（园）长们的表现力得到很大提高。

三是要凝练思想，写出"金句"激励人心。学员写出"金句"不容易，要写得精彩、打动人心就要反复认真地修改、打磨，苦思冥想，咬文嚼字，甚至连标点也不放过，王树生主任、王白云老师与学员一对一、面对面，促膝交谈、交流，提炼思想。我对学员的稿子一字一句进行修改，与学员一起动脑筋，全力以赴。

四是严把预审关，奠定录播成功的信心。活动要达到很好的满意度，预审工作极为关键，像模拟考一样，预审成功为校长们确立了信心。预审活动结束后，张副处长对学员的评价是有激情、有创意、有锐气。卜书记肯定预审活动中的学员的表现和第一次的排演相比有了质的飞跃，这不仅是显性的表现，更多的是背后办学理念的端正与完善，是实践中想和做的进步，做到了观点融汇，思想融通。领导和专家的点评，我们都会很认真地记下来，并把点评作为重要的工作指示在后续的改进中落实。

五是要抓住时机，宣传辐射扩大影响。论坛播出前后的宣传、辐射非常重要。上海市各区教育局的宣传都做得很到位，相关宣传数据显示出了我们整个团队的战斗力。

主题论坛活动虽然结束了，但是这次活动对我的工作理念和工作能力是一个很大的提升。更为重要的是通过这次论坛活动，学习于老师更加具体细致，感悟更深，感觉到于老师的教育教学思想真是一座思想宝库，越学越觉得她讲的都是教育的箴言，闪耀着人民教育家的智慧光芒。

思想如炬，照耀着我们前进的路程；生命如歌，激荡着我们教育的情怀。于老师的光辉榜样将永远激励我们爱满天下，乐育英才！

学于漪　铸师魂　增师能

2020年杨浦区教育局"人民教育家于漪教学思想的区域转化应用的实践研究"获得教育部重点课题立项，2023年，杨浦教育工作党委的党建课题"把于漪教育教学思想融入'四有'好教师队伍建设的实践研究"立项为上海市普教系统党建研究会的重点课题，这个课题由区教育工作党委卜健书记领衔，主要由组织人才科和党校来完成。

杨浦区教育局学习于漪教育教学思想，开展"让于漪成为我们的共同形象"的学习活动深入持久，做了很多扎实有效的工作，这是我们这个课题能够立项市级重点课题的一个重要基础，市普教党建研究会要求课题组和我们申报同样课题的外区十来所学校一起建立实践研究的联合体，共同完成这个重点课题。

近年来，杨浦区教育局充分发挥于漪教育教学思想研究中心的孵化功能，深入挖掘教育资源，构建于漪教育教学思想研究联合体，交流先进教育思想，推进学习于漪教育教学思想系列课程的建设，努力将杨浦区打造成为传播新时代教育思想和教师教育培养的新高地。

我们建立分类分层培训制度。开展"青年教师于漪教育教学思想研修班"，对青年教师的优秀群体进行深入的专题培训；帮助他们提升对教师职业的理解，励志教书育人、献身教育；在中层干部培训中融入于漪教育教学思想的学习，促进干部建立正确的教育教学理念和正确的教育质量观，全面落实实施素质教育的要求；举办"于漪教育教学思想校长研修班"，通过学习成果的转化应用，强化思想引领，引领校长在教育实践中践行感悟于漪教育教学思想，提升教育境界和办学水平。

我们努力以"为人师表""教书育人"为着眼点，构建教师培训的课程，重点学习于漪教育教学思想，师训部编撰了相关培训教材，发到学校老师手中。在"三名"工程、学科高地、教育联盟、教育集团中融入学习于漪精神，培育教师成才。

我们努力培养教育家型的校（园）长队伍。我们完善校（园）长人才储备、选拔、交流、激励等管理机制，举办了"素养提升""骨干校长""学校文化建设""课堂文化转型校长""教育创新""教育未来"等多类校长研修班，将于漪教育教学思想融入课程内容，鼓励校（园）长运用于漪教育教学思想在教育思想、教育模式、教育方法上大胆创新，促成校（园）长办学特色的形成，提高办学治校能力。

这样一个良好的工作基础，激励我们认真开展课题实践研究。

第一阶段，我们首先制定课题研究工作方案，成立核心领导小组、工作小组和实践基地组，明确职责分工，为课题研究的实施和推进做好充分准备。

我专程去于老师家里，请教她老人家把她哪些最关键的教育教学思想融入"四有"好教师队伍建设，给我们各个基地学校以及"四有"好老师的实践研究、撰写案例提供指引。我列了提纲，事先递交给了于老师，几天以后于老师通知我去她家里。我看到了我列的提纲打印稿上，于老师非常认真地审阅了我的稿子，然后在上面仔细批示，一字一句帮我作了修改。于老师已经是94岁的高龄了，她并不是只给我们口头做指导，而是一字一句地认真把她的意见写在了我列的提纲上，这样真诚细致的指导，真是让我对于老师万分敬佩！万分感激！

经过于老师的审核，我们给名校长基地、名教师基地、课题研究基地学校和"四有"好老师的实践研究和案例写作，提供了于老师关于教师队伍建设的四个方面的主要思想：

第一方面，要有理想信念。主要是：①理想在岗位上，信念在行动中；②教育是理想的事业，教在今天，想到明天；③基础教育涉及整个国家民族，必须对国家负责，对每个孩子负责；④教师的生命属于学生，属于教育；⑤教育不能失魂落魄，不能教知识技能强，教做人弱；⑥教师要努力成为大先生；⑦践行生命与使命同行，献身教育。

第二方面，要有道德情操。主要是：①教育的质量归根到底是培养人的质量，绝不能以片面质量观代替全面质量观；②教育的根本任务是立德树人；③教育要注重学生德智体美劳全面发展，德育为先，"五育"融合；④课堂教学，要德智融合，教书育人；⑤教师要引导学生追求正确的人生之路；⑥教师要注重境界的提升，与学生共同成长。

第三方面，要有扎实学识。主要有：①教师要勤于学习，精于思考，勇于实践；②教师的课堂上要有时代的活水流淌；③课堂要成为落实立德树人的主阵地；④课堂教学要德智融合，滴灌生命之魂；⑤课堂教学要立体化，多功能，内外贯通；⑥课堂教学要根据教材特质，学情需求，创建多样教学模式，提升育人的实效；⑦课堂教学要发扬教学民主，尊重学生，激励学生，师生有充分有效的互动，力求让每个学生成为主动学习的发光体。

第四方面，要有仁爱之心。主要有：①师爱是一种大爱，一种仁爱，超越血缘关系的亲子之爱，蕴含国家的期望，人民的嘱托，更有高度、深度和温度；②走进学生的学习世界、生活世界和心灵世界，了解体验，知心教心，帮助他们排除成长中的困惑和迷茫；③要努力净化自己的感情，对所有学生都丹心一片，热爱呵护，公平公正，摒弃认识偏差、主观好恶的干扰；④每个学生都是宝贝，用情、用心、用力扑在他们身上，才能真正长善救失，以荡漾的师爱，滋养他们的成长；⑤严爱结合，严中有爱，爱中有严，教学生懂得并实践做人的规矩。

有了于老师这么精心的指导，我们信心百倍地开展了后面第二阶段的工作。课题工作小组按照分工推进实验基地梳理教师培养的经验和策略，组织专题研讨交流，收集高质量教师队伍建设的经验和案例，策划展示活动，有序推进课题研究工作。

第三阶段，我们根据各个基地学校提供的实践研究经验和撰写的案例，编印了《把于漪教育教学思想融入"四有"好教师队伍建设的实践研究案例集》，组织校长、老师编写了《学习于漪教育教学思想干部教师培训微课》，完成了课题研究的报告，还策划、组织了一场展示研讨活动，做好相关宣传工作，扎扎实实地完成了这个市级重点课题的结题工作。

我们提炼出了把于漪教育教学思想融入"四有"好教师队伍建设的五个实践路径：思想引领是核心，让教师真学真悟真信；转化应用是关键，让教师在实践中内化；榜样示范是动力，让教师获得有力引领；宣传辐射是扩势，让教师得到鼓舞激发；激励表彰是聚能，让教师获得精神提升。

我们总结了三项研究成果：一是进一步优化区域顶层设计，细化工作层级，强化推进力度。要优化区域顶层设计，分层分类形成机制，纳入区域常态工作。二是进一步加强教师梯队培训，厚植教育家精神，提高立德树人水平。要加强校长学习培训，提升爱国情怀和办学境界；要加强骨干教师培养，提升育人意识和育德能力；要加强青年教师培养，提升职业认知和教育信念。三是进一步完善培训课程研发，扩大分享平台，提升展示效益。要系统设计课程框架，组织开发培训课程；要搭建课程分享平台，有力推进课程实施；要形成课程品牌效益，扩大辐射引领效果。

未来如何更好地把于漪教育教学思想融入"四有"好教师队伍建设，我们作了展望：

一是学习于漪铸师魂，市、区联动建机制。

上海市教师教育学院可以联动各个区县教育局，加强于漪教育教学思想的研究学习。充分发挥于漪教育教学思想研究中心的引领作用，在市、区各级各类校长培训、教师培训中，设立专题研修系列课程，并不断完善优化，让于漪教育教学思想深入人心，让于漪精神成为全体教师师魂的核心，要打造学习于漪教育教学思想的系列培训课程，形成上海特色，辐射全国。

要建立一支比较稳定的宣讲于漪教育教学思想的专家学者队伍，开发有深度，有内涵，有激情的培训课程，形成培训教材，激发教师的学习热情，让于漪精神深入人心，广大教师争做"四有"好老师，做"于漪式"好老师。

二是研究于漪强思想，真学真信增情怀。

加强学习研究于漪教育教学思想，引导教师写出有深度有质量的研究论文，指导优秀学员开发学习于漪教育教学思想的微课，微课要结合教师的教育教学实践，以生动案例来讲解自己对于漪教育教学思想的学习领悟，以更加贴近广大一线教师的视角，传播于漪教育教学思想，让广大教师真学真信，厚植教育情怀，提升育人水平。

三是以赛促学强队伍，教育教学升境界。

希望开设"于漪杯"市、区两级学于漪专题研究论文比赛和教育教学比赛，让教师在班主任工作、课堂教学两方面开展比赛，让书记、校长在党建引领学校高质量发展、办学治校提升教育质量方面开展实践项目评比，加强交流，互相促进，做到学思践悟贯通。

各类比赛要以践行于漪教育教学思想的教育观、教学观、教师观、学生观、管理观的主要思想为标准，重视于漪老师教育教学思想的实践应用与转化，努力培养"于漪式的好老师""于漪式的好校长"，并积极将这种培养模式辐射到全国。

课题虽然完成了,但并不是对于漪教育教学思想的学习就结束了,而是开了一个新局,站在了学习研究于漪教育教学思想,弘扬于漪精神的新的起点上。

于漪老师是从一线学校课堂里走出来的新中国基础教育第一位人民教育家,学习于老师的精神风骨、崇高风范,是我们加强教师队伍建设的重要途径,希望上海首先做出示范,做出榜样,在全国率先形成"大力弘扬于漪精神、打造优质教师队伍"的成熟经验,为全国兴起学习于漪教育教学思想、弘扬教育家精神的高潮作出应有的贡献。

如何做好校本研修

加强教师的培养，有区级的研修，也有校级的培训。如何做好校本研修是培养教师提升教育教学能力重要的途径，但是现在有的学校的校本研修做得不尽如人意。究竟怎样做好校本研修呢？我们在校长培训的时候，把它作为一个重要的课题与校长们共同研究。

讲到校本研修，老师们有几句顺口溜："不参加么，不好意思""参加么，没啥意思"最后嘛，"随大流，意思意思"。那么我们这个校本研修怎么样才真正能够让老师愿意参加，有热情参加，变"要我研修"为"我要研修"呢？

我想起了我们在第二师范学校工作时候，教师们很有工作热情，想要对自己的教学进行一番实验，做一些研究探索。我们在阅读教学、写作教学、戏剧单元教学、文言文教学中，都做过不少的实验和研究。做这些实验和研究的目的，就是于老师告诉我们的，我们一定要让学生喜欢学习，让他们在学习中思想、情感、心智都有提升。这就是20世纪90年代二师教师的研修活动。

我们在阅读教学中搞专题阅读、比较阅读，在写作教学中搞小作文结合大作文，周记结合随笔，阅读结合写作，千方百计让学生读得灵活，学得有趣，不再视写作为畏途。我们在戏剧单元教学还带领学生一起演课本剧，在文言文教学中，我们还让学生自己讲对人物的理解分析，在教宋词单元的时候，我们还以小组为单位请学生来讲解一首宋词。通过这样的教学改革，学生们喜欢上了语文学习。老师们在这样的实践研究中，不断提升教学能力，撰写出了有质量的教学研究论文。

于老师从来不对我们老师提分数的要求，她更关心我们学校教育生态好不好。教师们乐教，学生们爱学，这才是于校长要追求的目标。我们改革也好，实验也好，也从来不是为了分数提高，为的是能够让我们的学生学习积极、主动，在课堂上老师和学生、学生和学生的思想产生碰撞，情感得到交融，智慧得到分享。

由此，我就想到，今天的校本研修要做好，是否可以从以下四个方面去努力：

一是要多关注教师需求。随着教育综合改革进入深水区，教育创新的力度前所未有，新概念新要求层出不穷，教师们应接不暇。为了贯彻上级的工作意图，提升教师的工作理念，我们必须对一些新要求加以阐释，给教师培训，这是有必要的。但是教师对校本研修有什么需求，他们想研究什么问题，这个我们也要多考虑。所以，我们的校本研究应当把国家的教育教学的新要求，给老师们讲解清楚，有所指导。与此同时，我们也关注教师们在这样一个改革的大潮当中，他们想要探索什么问题，他们在教学中遇到什么样的困境，非常值得我们去了解，然后帮助教师确立他们希望研究的课题。有时候课题的确立，可以以备课组为单位，发挥团队协作的优势，课题可以做得更好。

二是要多关注研修活动的参与性。一般说来，参与性与有效性是正相关的，老师们越是积极参与校本研修，校本研修的效果就越好。那么如何让老师多参与校本研修活动呢？一般有两种途径：

一种是可以把资深教师和青年教师一起编组，一起参与研修课题的确立并实践探索。这样编组的好处，是可以发挥资深教师经验的优势，同样也能发挥青年教师有活力、有创意的优势；另一种是充分发现教师教育教学中的亮点和成功之处，在全校教师范围内进行成功案例的分享。

三是要多关注校本研修的激励性。校本研修本身就是教师之间面对教学问题的相互探讨，有时候也不要过分在乎谁对谁错，大家可以各抒己见，也可以保留意见，关键是通过头脑风暴式的互动和交流，更多地对于教育中的问题进行研究，相互启发。同时，对那些理念比较先进，做法比较巧妙，也能够取得一些积极成效的老师，要及时予以肯定和鼓励。

四是学校领导要深度参与。校长、书记要经常到一线听课，及时发现课堂教学中教师的教育智慧，帮助教师总结他的教育教学实践，形成个性化的经验。有的校长听课不多，对一线的情况了解得不够深入，在校本教研中对教师的指导就不够具体。校长也可以利用自己的资源优势，聘请外面优秀教师来指导本校教师的教研活动。以前，于老师工作也非常繁忙，还担任不少的社会活动，但是只要于老师一进学校，就会去教室听课，这让我深刻体会到优秀校长的工作，不是去教导处看分数，而是去课堂听课。

于老师拎着折叠椅到教学楼里去听课的这个形象深深地印在了我的脑子里，我也时常到学校的教室里去听课，一方面是向教师们学习，了解一线的教学情况；另一方面，我是注意在课堂里面发现教师教学的长处，激励他们扬长避短，鼓励他们探索创新。

有一次听了刘洋老师的课，她是讲二元一次方程组的解法，根据教案的设计，她在课堂里面讲了四道题，由易到难，循序渐进，教学生解方程。听完这节课以后呢，我赞扬刘老师备课认真，教学的重点难点清楚，坡度适合。但同时我也给她提了一个建议，能不能前面两道题目列出来的时候，教师不先急着讲，让学生自己去观察怎么样解方程比较好，就是说要给学生足够的时间和空间来自我探索，而不是等着老师的讲解。之所以会提这个建议，因为我想到了同济中学教数学的乔老师的讲课技巧——先让学生自己观察，找解题的办法。

刘老师听了我的建议，也表现出了一些畏难情绪："许校长，这样教是可以培养学生更多一点的能力，但是这样教，进度就完不成。"

"你可以去试一试，试得成功呢，你就把这个成功的经验写下来，跟老师们去分享。如果不成功呢，进度来不及完成了，我帮你去协商要半节自修课，让你完成进度。"我还是很诚恳地建议刘老师去做个实验，我也很期待得到她实验的结果，要看一看我的建议到底灵不灵。

过了一天，刘老师来找我了，"按照许校长的方法，前面让学生多观察自己做，后面提高难度。教学取得了出乎意料的成功，不仅完成了四道题目的讲解，还多讲了一个例题！"

刘老师面对校长这样一个教改的要求，心里是有点忐忑的，但是课上完以后发现，这样的教学方法，更适合学生学习："许校长，我让他们首先自己观察，学生们还是挺聪明的，不多一会儿就能找出加减消元法和代入消元法的解题思路。"刘老师很兴奋，和我分享她的成功喜悦，讲得眉飞色舞。

"那么，这样教是不是花了很多时间，后面来不及教呢？"我最关心这样教是不是很费时间，任务完不成。

"没有，没有！原本我也以为课这样教只能讲三道例题，没想到我把第三道例题写出来以后，学生很快就明白了，这道题目先要用加减消元法，再用代入消元法，两个方法要一起使用。学生反应这么快，真是出乎我的意料。后来我又讲了第四、第五道例题，竟然还比原先那个班级多教了一个例题。"刘老师似乎有点得意——前面教的慢，学生自己观察，自己找解题方法，竟然没有影响教学进度，一堂课还多讲了一道例题。

"觉得前面放手让学生有更多的时间自己观察、自己尝试解题，也许是学生在观察中领悟到了解方程组的技巧和规律。把握住了解题的规律，当然后面的例题就学习得快了。这就是磨刀不误砍柴工。你说对吧？"我试着谈谈我自己的体会，和刘老师一起总结一下课教得出人意料成功的原因。

"既然上得比较成功——第一个班级用原来的方法，你讲了四个例题。第二个班尝试用新的教学方法给予学生充分的时间，让学生自己去探索，最后学生领悟到了解题的窍门，后面几道例题就讲得很顺利，学生很容易就学懂了，竟然还完成了五道例题的学习。这个经验很值得总结。刘老师，你回去把它写下来，下一次校本培训就请你讲这节课如何改变了教法，反而提高了教学效率的经验。"我希望刘老师能够把她这节课做一个很好的回顾和总结，把这个教育的变化和成功的故事告诉老师们，给他们更多的启发。

刘老师是一个非常认真的人，她准备好案例分析，在教工大会上做了分享，给更多的老师启发。其实，我们不要过分关注进度。"教完"并不等于"教得好"，学得不深刻、不透彻，到处都是一知半解，都是断点，别看完成了教学进度，教学的效益其实是比较差的。

通过这次校本研修，刘老师的案例让老师们体会到，教得多不一定就教得好，教完了也不一定是教得好，关键要让学生在教师的引领下，学得清楚明白，学得透彻深刻，只有把每一节课都教清楚，让学生学得明白，记得清楚，才算是把课教好了。我们的教师才不会起早贪黑，却教得学生一知半解，还经常要去给学生补课，对师生的健康造成伤害。

刘老师的案例还让老师们体会到，要充分给学生时间，让学生自己去探索，去试错，也许一开始学生会反应比较慢，但后面的学习速度会越来越快，孩子会越来越聪明。

最后特别要强调的是，校本研修要让教师在身心放松的情况下进行，不要给教师过多的考核压力，身心愉快才能思想自由，工作也会更有创意。

鲜活的"微信群回复"案例教学

信息时代,信息传输非常快捷,特别是微信群的出现,对信息的传递提供了非常高效的途径。在家长和学校沟通方面,家长和老师的微信群,能起到快捷沟通、传递信息的作用。

但是,任何一件事情都有有利的一面,也有不利的一面。

我们在培训中,和青年教师就谈到了如何加强微信群教师回复的管理问题。我和老师们一起从现实生活中的案例出发,来分析研究我们教师在微信群里面的回复,应当怎样做好管理。

微信传递信息迅速,影响力大,所以在微信群里面,教师的回复和发言就要非常谨慎,如果教师在微信群里面言辞不慎,轻则造成误会,引起家长的不满,重则会产生不良的舆情,给自己甚至学校工作带来被动。

教师的回复必须明确,含糊其词是不行的。但是,不能够因为要追求信息明确而言辞过于简单,更不能够因为情况的复杂和紧急,言辞比较激烈,因为这样的回复就缺少了规范,也会缺乏应有的亲和力。

回想在第二师范的时候,于老师对我们青年学生和青年教师存在的问题,会明确地指出,从来不含糊自己的观点。但是,在给我们指出问题的时候,于老师的语言是很温和的。如果问题不怎么严重,于老师还会用商量的口吻和我们指导,如果问题比较严重,于老师也会讲得比较严肃,但是用词也是挺温和的,从来没有训斥过我们。

所以我和年轻教师在一起讨论的时候,就要求他们特别要考虑到在微信群里面回复家长,无论情况如何严重,都要保持文明礼仪,注意用词的规范,语气要比较平和。教师在平时微信回复当中应当避免两种情况——不能因为要和家长保持比较好的沟通的状态和良好的关系,有些事情的评价态度不够清晰明了;言语不够简明,亲和力有余而界限不明。

我们也把教育实践中的一些案例拿出来讨论,比如有一个学校老师,面临重要考试,复习期间,在家长群里发了好几段话,提醒家长督促学生学习:

语段1——各位家长，请关注小黑板上的重要通知！另外，上周好几位同学都没有按时交作业，请家长督促补好，订正有错的试卷请再次订正。明天面试也麻烦家长帮孩子检查一下，有的孩子一直藏着不拿出来。

语段2——各位家长，昨晚再三提醒，今天交三表一回执，今天×××和×××没有带，请家长送来！还有同学综合素质评价表未填写，之后还有很多表格，请家长配合，一位同学不交，很多事情就没办法继续啊。

语段3——这两周各区都在陆续二模考，请各位家长配合，各学科新二模卷不要再去买，更不要买答案！中考倒计时两个月了，希望能全力按照校内老师的要求，这次我们数学二模考前给孩子们复习的考点全部考到，但很多孩子还是不听，自说自话，所以错得一塌糊涂！

语段4——各位家长，孩子的各科成绩已发，就数学学科来说难度比一模低了不少，但是这次考的是四年的，就是有些同学不进反退，一是平时作业家长给查答案，都不是自己独立完成的，一到考试立马现原形，二是复习考点时自以为是不认真听。

语段5——每周机构里没有目的地乱补课，说实话我们各科老师都很头疼。孩子们的解题思路很奇怪，一问才知道是机构老师教的。现在还有家长每天晚上教孩子题目，试问三模和中考你能教吗？

上面几则回复，基本上是在几天里面发送的。从这些回复，可以看到有两个方面值得肯定：

一是教师对学生的学习非常关心，对家长对学生的学习督促也进行了非常周到的提醒，态度诚恳（比如个别孩子家长没有督促好孩子交表格，因为一个孩子不交，很多事情就没有办法继续做，给老师工作带来了阻力），也比较有礼貌，有一定的亲和力；

二是信息表达比较明确，教育观念基本正确（比如劝家长不要再去买各学科的新二模试卷，更不要买答案，提醒家长不要用不正确的教育方式来指导孩子，希望家长能够全力按照校内老师的要求来做），对家长的提醒也比较及时，学生主要存在的问题也讲得比较直接。

不过，在这几则回复里，我们也可以看到教师在回复当中的亲和力还是不够的，语言表达的规范也存在好几个问题，缺乏边界的现象还是时有发生。

一是有几个地方教师的语言还是比较生硬。比如，因为学生表格没有带来，就要请家长送来，讲话态度比较生硬。应当回复成"因为表格马上就要交了，请没有带表格的学生家长今天辛苦一趟，送到学校来好吗？谢谢支持！"又比如，家长每天晚上还在教孩子题目，就质问家长"试问三模和中考你能教吗？"这是非常失礼的，有损教师的形象。应当回复"最近家长晚上还在教孩子题目，很是辛苦。但是，我们不赞成这样做。在最后复习关头，我们提倡把练习当作考试来做，让孩子自己动脑筋，自己负责，家长不要再参与孩子的解题过程，因为正式考试是没有人可以在旁边帮他一起解题的。自己解决自己负责的意识，现在就要培养起来。希望家长能够配合好！"

二是教师在微信群里面回复的内容，还有不妥当的地方。比如直接在微信群里面点没有完成作业的孩子的名字，这是不合适的。如果需要与个别作业没有完成的孩子的家长沟通，可以点对点私信。对孩子隐私的保护，应该是我们教师应当遵守的"界限"。还有，"一到考试立马现原形，二是复习考点时自以为是不认真听。"比较刺激人的贬义语句，也不应该出现在回复家长的话里。和家长的对话中消极的语言不应该出现，这也是我们教师应当遵守的"界限"。可以回复成"平时答题都有家长帮着，到考试时，孩子就没有办法自己来应对了。""复习考点时，孩子们对一些知识点，都认为自己已经掌握了，没有仔细听，其实他们都没有掌握得非常牢固，理解得不够透彻。希望家长们提醒孩子，学习要更加踏实严谨。"

青年教师在工作中很有热情，但是往往经验不足，我们的培训就是要在教育实践中找出案例，和他们一起讨论，给他们指导，让他们从中得到经验。优秀的语言表达其实就是一门艺术。在微信群里面回复家长，有很多的细节都需要有更严谨的把控，特别是注意保护孩子的隐私，保护孩子学习的积极性，语言要规范、积极、正面，情绪更加客观理性等，尤其是语言表达的界限，我们教师必须严格遵守。同时，教师要为人师表，言语必须谦逊有礼，不可以表现出急躁或者居高临下的强势态度，这种急躁或强势的态度对于建立良好的家校联系和沟通合作是不利的，教师必须注意克服和改进，做到以情感人，以理服人。

在青年教师培训班当中有这样鲜活的案例教学，往往对教师的帮助比较大。通过培训能看到青年教师的进步，是我工作中最大的快乐。

提升课堂教学质量的四个关键技巧

于老师身上最让我们普通老师佩服的，是她精湛的教学艺术。

于老师有不少上课的录像，我在做青年教师的时候，经常到图书馆借出来看。于老师上课充满了激情，语言精准、生动形象；导入非常精彩，能够充分引起学生的学习兴趣；问题设计环环相扣，能够激发学生的思考；课堂上学生的讨论，充分发扬民主，学生们各抒己见，踊跃发言，形成师生、生生互动的回流；于老师的课堂小结简明扼要，画龙点睛；于老师的板书精巧优美，令人击节赞叹。于老师的课，学生在学到知识和能力的同时，思想得到熏陶，情感得到激发，让人心驰神往。

所以，二师语文组走出来的老师，上课都深受于老师的影响，他们往往语言表达清晰、优美，教态自然亲切，师生互动热烈，板书设计精巧，在他们的课堂教学中都能看到于老师的影子。二师的陈小英、陈爱平、谭轶斌、朱震国、钱沛云等几位老师的课，尤其上得精彩，都是我学习的榜样。

带着这样一些深刻的印象，我在组织青年教师于漪教育教学思想研修班时，特别注意通过听课评课活动，让老师们在课堂导入、问题设计、板书设计、课堂小结等方面加强学习研究，在自己的课堂教学中，争取有进展、有变化、有突破。

2021年我特意组织了二联小学和建设小学的几位教师一起进行了专题的研究，让他们总结自己教学当中的经验，在课堂导入、问题设计、板书设计、课堂小结等几个方面，写出自己研究的心得，提炼出这四个方面的一些教学技巧，和其他青年教师分享。

二联小学和建设小学的几位老师经过多次研讨，获得了自己研究的成果，虽然还谈不上是最好的，但是我欣赏的是他们自己得到研究心得，是真正沉浸到教学研究中去，带着一颗虔诚的心研究课堂教学，提升自己的教学水平，这是非常难能可贵的。和他们一同研究课堂教学，总结出了四个提升课堂教学质量的关键技巧——

首先，课堂导入要精彩多样，激发兴趣，引人入胜，促进求知。

于老师的课堂教学非常重视导入，设计新颖，非常精彩，每节课的导入几乎没有一样的，她说课堂导入好比京剧里面主角的亮相，让人眼睛一亮，精神为之一振。所以我和青年教师研究的第一个课题就是课堂导入，老师们经过研究认为提高课堂导入水平要注意以下三个要点：

一是课堂导入一定要有设计感。课一定要有"凤头"，教师要花心思在导入上面，从学生已有的知识储存和生活经历出发，采用学生视角，从学生学习的起点出发，以问题引起学生强烈的学习兴趣和求知欲。

二是课堂导入设计一定要灵活多变。可以是复习式的、温故而知新式的导入，也可以是实验导入、观看小视频导入，也可以以一首诗、一幅画、一首歌来导入，抑或是一件名人轶事、历史故事导入。灵活多变的导入，不仅体现了教师教育的智慧，更显现了教师在备课上的用心、敬业。

三是课堂导入与教学内容有机联系。导入设计既要灵活多变，又不能因为单纯追求变化，玩花活儿，脱离教学内容太远；导入的设计最好能够和今天教学的一个关键、一个重点、一个难点有关联，为解决好今天教学的重点难点，做好铺垫。

其次，问题设计要抓住关键，激发思考，环环相扣，推进教学。

爱因斯坦说过：提出一个问题比解决一个问题更重要。古人云，"大疑则大进，小疑则小进。"有问题讨论的课堂，能够产生问题的课堂，问题设计巧妙的课堂，一定是让人兴奋的。问题设计可从下面四个方面去努力——

一是巧妙设计疑问点。只有学生感兴趣的东西，才会激发他们的好奇心。教师提的问题，要与学生的兴趣紧密相连，要让他们的好奇心成为课堂事半功倍的催化剂。教师要在新旧知识的连接处提问，在知识与生活的连接处提问，提问既要有趣味性，也要有启发性，更要有挑战性。

二是善于激发疑问点。给学生设疑，也可以激发学生的疑问点（鼓励学生质疑）给学生适当的点拨、引导，鼓励激发他们主动思考，产生疑问，主动探索，这对课堂教学互动可以产生很好的促进作用，让教学更有针对性。二联小学的李颖老师总结得特别好，她把如何设置语文教学的提问讲得非常具体——要抓住关键词提问，抓住中心句提问，抓住细节处提问，抓住留白处提问，抓住人物的心理（情感）变化处提问，经验独到。

三是有效解决疑问。疑问的价值更多地体现在解决问题的过程中，教师往往不做结论，如果非要做结论，也应当尽量引导学生自己去总结，得出结论。在解决问题的过程中，教师能否引导学生去质疑，去发现，去想象，去创造，是否动用自己已有的知识来解决问题，是教学互动中的关键。

最后，教师要鼓励学生质疑。教师面对众多学生的问题应当感到高兴，因为，学生的思维真正被打开了，学习的热情真正被激发了，学生学习的效能才能更高。教师要鼓励学生自己去认真阅读课文，到课文里面找答案。课文里找不到的答案，可以通过网络搜索引擎去找答案。有的问题可以是学生充分发挥想象，各抒己见，不一定都有标准答案。

第三，板书设计要规范精巧，突出重点，理清脉络，帮助记忆。

老师们总结出来，板书要设计好，必须达到这样几个要求：

一是板书要分区域。有板书的主体区域，也有板书的辅助区域，主体的区域，写完以后要保留到下课，最后要呈现出完整的上课的内容，里面有教学重点难点和关键所在。

二是板书要区分颜色。板书一般用白色粉笔书写，重点的内容可以用彩色的粉笔，比如用黄色、红色标出；有些图形的变化，可以用颜色更丰富的彩色粉笔描绘，如蓝色、绿色；在最后课堂小结的时候，可以把今天上课的要点、重点、关键词再用红色粉笔圈出、画出，给学生再一次提示。

三是板书要注重规范、科学。留在黑板上的字，特别要注意科学性，要正确无误，符合逻辑。同时，板书要写得规范，字迹端正，这也是给学生提供一个书写的示范和榜样，让学生学习教师严谨的工作作风。

四是板书要有个性和创意。板书可以用文字，可以用图表，也可以用图画，用思维导图来呈现。低年级课堂的板书应该更注重趣味性，力求形象生动，多采用数字、形状和文字相结合，体现情境设置；高年级的板书则应该注重思想方法的渗透，多注意在黑板上展现动态生成的学习经历，体现学习策略。板书还要有巧妙、别致的布局，体现出教师的设计创意、文化品位和思想境界。

第四，课堂小结要形式多样，简明扼要，鼓励学生自我小结。

有的老师不太关注课堂小结，课讲完了就结束了，布置完作业就下课了。其实课讲完之前要留个三五分钟，把今天讲课的内容做一个有力的收束，作精要的概括。有没有课堂小结，对课堂教学的质量影响很大。好的课堂小结，犹如画龙点睛。那么如何做好课堂小结呢？

一是提高课堂小结的意识。一定要有心，每节课留三五分钟，把今天讲课的要点再回顾一下，重点难点、关键点用粉笔在黑板上圈出来，给学生留下深刻的印象。把一堂课的内容归结为容易记的几个要点，甚至编成顺口溜，这有利于把课堂学习内容深深地留在孩子的脑子里。

二是课堂小结形式要多样。可以让学生一句话点评，讲出今天上课的主要感受；可以用几个数字，把课堂教学的要点概括起来，便于记忆；可以是教师在黑板上做简要回顾、厘清重点；也可以是学生上黑板来概括、提炼今天上课的主要内容。

三是课堂小结尽量让学生来做。教师对课堂教学的内容概括肯定是熟练精彩的，但是老师讲得好并不是最重要的，最重要的是学生讲得好，所以我们要放开手脚，多给时间让学生来总结课堂学习内容。一开始学生可能不适应，能力也不够，讲得磕磕巴巴的。随着时间的推移，他们讲的内容会越来越丰富，越来越准确，概括能力和表达能力都会有明显提升。

教师的校本研修，就可以用一个一个教学的小专题来带领全体老师做实践研究，交流思想，分享经验。问题一个一个解决，积小胜为大胜，扎扎实实地提高教师的课堂教学水平。好的教师都是这样兢兢业业，孜孜以求的，校长要善于激发教师的工作热情，给教师更多的激励和关怀，让教师尽快成长，更好地承担起教书育人的重任。

带领两个学校的几位青年教师进行这样的小专题研究，还是第一次，我要向于老师学习，在培养青年教师方面竭尽全力，把于老师对我的这份关怀和温暖传递下去！

今天怎么教《金色的鱼钩》

进入 21 世纪，社会生活发生了翻天覆地的变化，中国的老百姓过上了好日子。老百姓水深火热的时代，我们革命前辈艰苦卓绝、浴血奋斗的岁月，离我们也远了。如何让今天的青少年了解、理解、共情当年的那段艰难的革命岁月，着实不是一件容易的事情，要教一篇反映那个年代的红军战士浴血奋战、献身革命的传统篇目就更难了。

在辽阳中学，我在初中教课，有一篇课文让我犯难了。这是一篇革命传统篇目《金色的鱼钩》，自己做学生的时候学过，做初中老师的时候听过课，但自己没有教过。自己学习时候的记忆已经很遥远了。听过课，但是自己没有教过，是没有切身体会的，就谈不上什么经验了。现在要教这篇课文，真的不知道如何备课。课文的内容我是熟悉的，也不难，但是让 21 世纪的学生去理解这篇课文，感受和学习红军的精神，那确实是个难题。

我想起于老师说的话，教课既要备教材，还要备学生。这句话给了我启发。我不仅要认真研究教材，找出教材的教学重点难点，而且要找出文章里边最有价值的东西——红军舍生忘死、献身革命的精神，教到孩子们心中，这个对我来说有难度，难的是如何让孩子们接受。

于老师说，备课要备学生，那就要了解学生学习的起点，他们看了这篇文章以后会想什么呢？他们会有什么问题呢？什么地方让他们最感动呢？想到了这些，我的教学设计就有了思路——我就不让学生做预习了，直接上课。我想在课堂里当场了解孩子们鲜活的思想，想知道 21 世纪的少年学到这样的革命传统篇目，会有怎样的情感、怎样的体会、怎样的困惑。我这样上课是有点风险的，但尝试一种从来没有尝试过的、有许多不确定因素的教学方法，这种挑战也是很让人兴奋的。

这天，我走进了教室，一上课我就跟孩子们说，我们今天要学一篇课文，这篇课文讲的故事离我们比较久远了，也许你们根本不了解那个年代，也不了解那个年代发生的伟大事件——长征。我们要学一篇在长征中发生的一个故事——《金色的鱼钩》。

"同学们知道长征吗？"不出所料，孩子们都不太知道，许多学生在下面摇头。

"长征是中国历史上，也是人类历史上一个前所未有的伟大奇迹。长征是第五次反'围剿'失败后，中央红军从江西瑞金战略撤退，转战两年，到达甘肃的会宁地区，与红二、四方面军会师的伟大历程。那么听了许老师非常简单的介绍，关于长征，同学们有什么想要知道的吗？"

这个问题抛出来还是很有效果的，学生们很有兴趣，接二连三问了好多问题：长征是在什么时候发生的？红军为什么要长征？为什么要叫"长征"？听说红军长征要爬雪山过草地，为什么要爬雪山过草地，怎么不走马路？红军过的草地是什么样子的？跟我们今天的操场的草地、公园里的草地一样吗？初中的孩子还是很有好奇心的。

对他们想了解的问题，我一一做了回答：我从中国共产党在上海成立说起，简要讲到国共第一次合作北伐，上海三次工人武装起义，蒋介石发动"四·一二反革命政变"，周恩来领导的八一南昌起义，毛泽东领导的秋收起义，再讲到革命的力量势单力薄，只能到井冈山建立革命根据地。经过一段时间发展，根据地不断壮大，在瑞金建立了红色苏区，有了中华苏维埃政府。国民党蒋介石多次派兵来围剿，在毛泽东的领导下，面对前三次围剿，红军都取得了胜利，第四次反"围剿"，在周恩来和朱德领导下也取得了胜利。但是第五次反"围剿"，在新的领导人博古和军事专家顾问李德的指挥下，红军没有采用原先正确的战略战术，接连受到挫败。为了保存革命的力量，只能进行战略转移。中央红军1934年从苏区撤出，到1936年在会宁地区与红二、四方面军会师，历时两年多，行程约两万五千里。由于时间长路程长，所以毛主席把它称之为"长征"。

在这两年的战斗岁月里，中央红军共经历600余次战役战斗，攻占700多座县城，经过14个省，翻越18座大山，跨过24条大河。红军每天要行军，每天要战斗，周围有国民党几十万军队围追堵截。大城市大马路基本是不能走的，那里敌人太强大。红军缺少给养，缺少粮食，身体很虚弱。他们只能从敌军薄弱的地方穿行。地理环境越是恶劣的地方，敌军才会越少，所以崇山峻岭、崎岖小路，甚至沼泽遍地、荒无人烟的草地，以及空气稀薄、严寒缺氧的雪山,都是红军最常选择的行军路线,其行军作战的艰苦卓绝世所罕见。

简要介绍了"长征"之后,我让学生们打开课本,翻到这篇文章,请他们怀着对革命先烈和红军英雄们的敬意,有感情、轻声地自由朗读课文。同学们被我刚才简要的介绍打动了,他们表情庄重,认真读了起来。我在教室里巡视,注意发现哪几个学生的朗读水平比较好,一会儿关键语段可以请他单独朗读。

学生们轻声读完课文以后,我再请同学们全班一起朗读,声音不用响,但是要有感情。学生们读得很整齐,感情也比较投入,可见学生们是用心的。我和他们一起读,在教室里,边走边读,走到那些读得不够认真的学生边上,我就稍作停留,在他边上面对着他、带动他一起朗读,这个学生马上就会认真起来。

这一遍读完,学生已经对课文相当熟悉了。"同学们,课文读了两遍,对故事的内容已经比较熟悉了,那么对课文里边有没有什么地方不太理解需要提问的呢?"我让学生四个一组,对课文的内容,不理解的地方,都可以提出问题,然后每个小组派个代表,把问题写在黑板上。我在黑板上用粉笔给他们画好了横线,让他们把问题整齐地写在横线上面。

学生们在小组里边交流得很活跃,不一会儿就有小组上黑板来写他们的问题。"前面写的同学可以随意写哦,后面再上来写的同学,就要看看你提的问题,黑板上有没有同学已经提过了,如果有同学已经写过了这个问题,你只要在这个问题旁边写'+1'就好了,不要再重复写你的问题。"

我的提醒被同学们领会得很好。他们在黑板上写下了很多问题——

(1)为什么红军进入草地以后,许多同志得了肠胃病呢?

(2)为什么到了宿营地老班长到处去找野菜吃,怎么不找别的吃的?

(3)青稞面是什么样子的?和我们今天吃的面粉一样吗?

(4)作者为什么从来没见过老班长吃一点鱼?

(5)为什么老班长把作者搂到身边,讲话的时候要特别说"咱俩是党员",再关照作者"既然知道了,不要告诉别人"?

(6)为什么老班长"望着夜色弥漫的草地,好久,才用低沉的声音"说话?

(7)当作者坚持自己的意见的时候,老班长为什么"忽然严厉地"说话?

(8) 望着老班长……，作者为什么扑倒在他怀里哭了？

(9) 第二天，为什么作者"觉得这个碗有千斤重，怎么也送不到嘴边"，不肯喝鱼汤？两个小同志也"端着碗不往嘴边送"？

(10) 老班长说："小梁，你不要太脆弱！"作者说："意思只有他知道。"为什么？他这话里面到底是什么意思呢？

(11) 为什么老班长看着我们吃完露出了笑意，而作者的心里就像塞了块铅似的？

(12) 为什么"在这个长满了红锈的鱼钩上，闪烁着灿烂的金色的光芒"？

面对这12个问题，我并不急于讲解，而是把这些问题交给全班同学，大家如果对当中的某个问题有自己的理解，都可以来回答。同学们积极性很高，比较简单的问题，学生们都能够在多次交流以后理解得很好，讲得也很好，我也就不再讲了。

紧接着的第2课时，我们就讨论比较难一点的题目。有两个比较难的问题，学生通过仔细看课文，回答得很好，有点出乎我的意料。

比如，为什么老班长"望着夜色弥漫的草地，好久，才用低沉的声音"说话？几位同学的发言相互补充，理解得很好——因为老班长觉得要走出这个无边无际的草地，估计还要20多天，要熬过去是不容易的，战士们身体很虚弱，要是找不到吃的，他们很可能都会牺牲，老班长心情沉重；在草原上"弄点吃的是很不容易啊""有时候等了半夜也不见鱼上钩""为了找一点鱼饵，翻了很多草皮，也找不到一条蚯蚓"，老班长对后面能不能找到小水塘，能够钓到鱼，没有把握，很担忧；而且"老班长的眼睛坏了，天色一暗，找野菜就得一棵一棵地摸"，老班长身体虚弱眼睛不好，更是为在草原上找到食物增添了难度。在极其艰难的找食物的过程中，老班长竭尽全力的付出，深深地感动了学生。

另一个问题——老班长说："小梁，你不要太脆弱！"作者说："意思只有他知道。"为什么？他这话里面到底是什么意思呢？这个问题同学们的理解各种各样，课文里也找不到明确的答案，完全要靠学生自己去理解。我对学生的回答基本表示肯定，讲得不太对的，也肯定他理解得不错，或者肯定他很动脑筋，有自己的见解。就像于老师讲的，"学生能够学得积极主动，那是最好的，如果学生提的问题能够问倒老师，那就更好了。"对于这个问题，我把同学们的理解归总一下，再加上我自己的理解，给学生们一个参考。通过讨论，我和同学们基本达成一致——那个"不要太脆弱"，其实是老班长让作者要坚强起来，要坚决保守那个秘密，要让两位比较虚弱的战士能够吃掉仅有的一点食物，一定要走出草原；而且，老班长和作者讲的时候还特别提到了"我们是党员"，老班长希望作者能够以坚强的党性，克服情感上的痛苦，听从老班长的命令，不要让两位战士知道那个秘密。

我还让学生想一想，"课文中什么地方让你感动得要掉眼泪？"说说为什么会感动，可以有感情地把这段话朗读给大家听，要读出感动的真情。

同学们找了几段话，确实催人泪下——"老班长吃着红军战士们吃剩下的鱼骨头和几根野菜，很艰难地皱着眉头咽下去。""老班长的眼睛坏了，天色一暗，找野菜就得一棵一棵地摸"，以及老班长在生命的最后时刻，也不愿意喝这些鱼汤，宁可牺牲自己，也要把鱼汤留给那几名战士的片段。"老班长用粗糙的手抚摸我的头，突然他的手垂了下去"，老班长在生命最后时刻，想的都不是自己，想的都是把几个瘦弱的红军战士带出草地，尤其打动学生，有的学生都读得流泪了。

我们这节课的最后一段时间留给了学生提的最关键的一个问题——为什么"在这个长满了红锈的鱼钩上，闪烁着灿烂的金色的光芒？"通过前面的讨论和分析，同学们对这篇课文的理解已经相当深入了，感情也积累了很多，所以这个问题对他们来说不难了。

最让我感动的是，学生对这个问题，一个个的回答不仅比较到位，而且充满感情——"鱼钩长满了红锈，它记载着老班长可歌可泣的红色故事，他的英雄事迹催人泪下。""金色的鱼钩记载着老班长动人的故事，闪烁着老班长金子般的思想光辉，所以是金色的鱼钩。""老班长关心同志、舍己为人、忠于革命的精神，永远会激励我们后辈，记住他们的牺牲，记住他们的功勋。"

最后，我请刚才在我巡视中找到的那两位课文读得声情并茂的同学，把课文当中最动情的语段再朗读了一遍，全班同学给了他们热烈的掌声。

一个远离今天的英雄故事，能让学生学习得这么用心，这么动情，理解得这么深入，真的是出乎我的意料！我上完课很有成就感，让我兴奋了好几天，所以这节课我至今印象深刻。我为自己能够突破上课的常规和习惯，在这次尝试中收获多多，感到特别自豪！

这种问题式的教学，在我自己之后的教学经历中用得不少。要相信学生的理解能力，放开手脚，让他们提问、讨论、交流，把课上得生机盎然，让课堂呈现师生双向、多向、发散辐射型的教学结构特点，这对提升学生的学习兴趣，提高他们的思维能力是非常有帮助的。

学生能积极提问的课堂，一定是好的课堂。学生在提问中表现出了积极的学习态度，这是我们教师要追求的一种理想的教学状态。我的课还是挺受学生欢迎的。有一次辽阳中学党支部书记张焱老师正好上我前面的一节课，她上的是地理课，她课教得也很好，下课以后学生围着讲台和她聊天，还说他们也很期待下面一节语文课。张书记因为借调在教育局工作，所以对教他们班的语文老师是谁也不是很清楚。"谁的课让你们那么期待？谁教你们语文呢？"张书记很好奇地问他们。

"是许老师，是许老师！"

"哪个许老师啊？"张书记也是老辽阳人了，她清楚的，辽阳中学语文组没有许老师，所以有点纳闷。

正在这个时候，我到了教室门口。"哦，原来是你啊！党校的许老师，我还没反应过来呢！"张书记笑着对我说。

"是啊，我在党校工作，可是我的编制在辽阳中学呀，我也要来上课的呀！"

"学生们说他们很期待你来上课呢，我在想，谁的课那么受学生欢迎啊，语文组里我好像想不出来呀！原来是——你啊——"

"哈哈哈哈，是吗？他们那么期待我来上课啊？这让我很开心的！"学生喜欢老师的课，是这个老师莫大的荣幸了！

这里我真的是要感谢于老师，我从大学毕业就到杨浦工作，于老师培养了我这么多年，在语文教学方面给了我非常多的指导，我牢记于老师的教导，要在课堂教学中"发扬教学民主，尊重学生，激励学生"，"力求让每个学生成为主动学习的发光体"，努力改进教学，提升教学能力，让学生学得快乐、学得高效。我努力践行于老师的思想——教育要以"单向灌输走向双向对话"，由"单向影响转向双向互动"。我的课越上越好，得到孩子们的夸赞，我最感恩的就是于老师！

师生关系最重要

今天,党和国家提出要实现教育的高质量发展,建设教育强国,这是新时代广大教育工作者肩负的神圣使命。要实现学校的高质量发展,除了首先要保证学校办学的方向正确,办学思想正确,必然也要提高学校的教育教学质量。

那么提高学校的教育教学质量的关键在哪里?

我认为最重要的是师生关系。教师以高尚的师德、精湛的教学业务,去赢得学生的喜爱和尊重,建立起充满仁爱、充满信任的师生关系,这是学校提高教育教学质量的关键所在。

我们的教师培训,比较侧重于培养教师的教学技能,希望他们能够站稳讲台,站好讲台,实现高质量的课堂教学。这个是对的,但是如果我们对师生关系关注不够,师生关系不好,再好的教学技能也不能让教育教学产生最佳效益。

要建立良好的师生关系是不容易的,于老师常讲,"要对学生满腔热情满腔爱","没有大爱,没有水磨的功夫,就不可能拨动他们的心弦,奏出悦耳的乐章"。要建立良好的师生关系,可以从以下四个方面去努力:

第一,要有炽烈的仁爱之心。

曾经在网上看到一条小视频,有一位男老师在吐槽,说有一个学生上课比较捣蛋,大声说话,他就使眼色提醒那个学生,那个学生不理不睬,依然高声讲话,还拿尺敲桌子。他就走到这个学生旁边,用手掌在他背上拍了一下。然后,这个学生回家就跟家长说,老师打他了,家长就吵到学校里了,不依不饶,要让这个老师道歉。这个老师觉得自己很委屈,只是在学生背上拍了一下,怎么就叫打他了呢?后来这位老师说,"我以后再也不管学生了,再也不会对学生动一个手指头了。"看上去学生、教师都委屈,那问题究竟出在哪里呢?

这个案例要分两方面来分析——

一方面，这个男老师"拍"下去的一掌，力度有多大？是不是打痛了学生？在一个男教师看来，他这一掌拍下去是不重的，不能算是打孩子。而对一个小学生或者初中低年级学生来说，他如果长得瘦瘦小小的，男老师这一巴掌拍在他背上那一定是很疼的，他当然会去跟家长说，老师打他了。所以这个男老师对自己拍学生那一巴掌给学生造成了怎样程度的疼痛，判断是不准确的，所以他最后的吐槽是站不住脚的。

另一方面，在学生不听从教师教导的时候，教师是不是应该控制好自己的情绪和行为，这也是教师师德修养的重要要求。教师不要去拍打学生，有什么话下课都可以好好说。曾有个小学生上课被教师训斥了几句，拿书拍了几下，放学回家就在小区里面跳楼了。我们不能说这个孩子太脆弱，我们教师要深刻反省自己的教育行为，尤其是小学老师和教初中低年级的老师，因为学生还长得小，教师在身高、力量上占据优势的时候，容易在情绪失控的时候对学生的教育有过激言行。教师要呵护孩子成长，对学生的爱，甚至要超过对自己孩子的爱。对学生要苦口婆心，好言相劝，同时也要做好思想准备，学生并不是接受一次教育、两次教育就能够改好的。要纠正学生不良的学习习惯和行为习惯，不是一朝一夕的事情，不可能一蹴而就，这方面教师要有充分的思想准备，要有很好的耐心。

我们大多数老师在建立良好的师生关系方面，做得是相当不错的。他们对学生的教育语气温和，充满耐心，体现出足够的教育智慧。还有的老师平时也经常给学生点心吃，送一些学习用品，学生生病了，还到学生家里去探望，学生在学习中有一些问题，老师也会去家访，和家长一起探讨如何帮助孩子进步。他们得到了孩子的信任，老师的关心也让学生体会到了教师满满的爱，让学生学习的动力增强很多，自觉性也提高得比较快，这就为学生在上课的时候提高听课的效率，打下了非常好的思想基础和情感基础。学生认真听、认真学，总归会有进步的，没有学不好的。

第二，教师要以精湛的教学业务和敬业的精神，赢得学生的尊重。

于老师上课非常精彩，于老师的学生都会在前一节课下课的时候，在走廊、在教室外面等候于老师来上课。教师精彩的讲课，让学生非常期待。这样有魅力的老师，学生也是非常喜欢的。所以课教得好，也是建立良好的师生关系的必要条件；还有一条能打动学生的，就是教师的敬业精神。教师上课认认真真，板书整整齐齐，字迹端正，批改作业和个别辅导细致周到，这些无时无刻不在给学生做榜样，教孩子认真做事，认真做人。学生看到老师在工作中勤勤恳恳，一丝不苟，也必然会效仿跟随，并对教师产生很高的敬意，而这种敬意也是形成良好的师生关系的关键因素。

第三，教师一定要提高自己的修养，保持教育中的温和和耐心，对学生要有充分的宽容。

负责任的老师还是很多的，但是负责的老师正因为对自己工作要求严格，也对学生要求严格，对学生就管得比较细致。学生捣蛋，不听话，甚至屡教不改，这些老师往往会恨铁不成钢，会发火。而当老师愤怒的时候，教育智慧就离老师远了。在师德方面有过失的老师，有一些是认真负责的老师。认真负责却犯了错误，原因在哪里？原因就是个人的修养还不够。换句话说，就是他们的个人的修养与他们的认真负责的工作态度不匹配。认真负责是对的，但粗暴简单的教育态度也是不可取的。

在二师的时候，于老师经常跟我们青年教师说的话就是："要转变一个人是很难的。""学生要把知识学到自己的身上是很不容易的。"所以我做了校长以后，也经常关照我们的老师，一定要记住教师的工作原则——对我们学生的教育一定要耐心，要宽容学生的错误，教师要有良好的个人修养，正因为他们是未成年人，不成熟，有这样那样的缺点和不足，才能体现我们教师教育学生、引领学生成长的价值。如果学生都很乖，都很好教，就体现不出我们教师的智慧、教育的价值有多少了。一个教师的师德的关键考查点之一，是看他如何对待成长困难的学生，怎样教育不听课的捣蛋学生。

校长在学校管理中要特别重视师生关系。我们有一个市实验性示范性中学的校长就是让老师接受全体学生的考评，每学期都让学生来评价教师，学生的评价占学校对教师整体评价的70%，权重很高。有的老师不接受，认为学生打分会不准确、不客观、不公正，但事实证明，学生的打分还是相当客观公正的，并很好地反映出教师在敬业态度、教学技能、关爱学生等诸多方面的工作表现。得到学生好评的，往往教学业绩也很突出，反之，教学业绩也不太好。由此可见，学校通过促进老师和学生建立良好的师生关系，指引教师以自己工作态度、工作水平赢得学生的尊重，对提高学校的教学质量是很有帮助的。这所市实验性示范性的学校在建立了学生评价教师为主的评价体系以后，教师教学水平提升明显，学校教学质量也有很大的提高。

最后，教师要增强带困难班级、教困难学生的信心和勇气。我经常和老师说，如果学校请你带一个差的班，给你教一些困难的学生，这应该是你值得高兴的事情。一来是学校对你充分信任，二来，你能把这样一个困难的班级、这些困难学生教好，那才能真正显示出你的教育教学的高水平，"危"就是"机"啊！所以我们同济初级中学的干部和一些资深教师很能够冲上一线，迎接挑战，承担重任。有这样一支敢打硬仗，能打胜仗的干部、教师队伍，校长的办学主张才能得以实现，学校的办学品质才能不断提高。

要建立良好的师生关系，爱是永恒的内核。引导教师爱教育、爱学生是教师培训最重要的课程，需要我们下大功夫去做。

希望我们的学生都能沐浴在教师爱的阳光里，建立充满仁爱的、温暖的师生关系是我们教师教育工作中最重要的任务！

后　记

　　自从 1990 年大学毕业进入上海市第二师范学校工作以来，无论是我在做青年教师的时候，去同济中学、同济初级中学担任学校领导期间，还是到区教育局党校工作以后，我经常向于老师请教工作，在于老师无微不至的关怀和悉心培养下，我不断成长，不断进步，至今已经有 33 年了。

　　2008 年我到区教育局党校工作，2010 年起和区教育局团工委一起合作，每年举办两期青年教师于漪教育教学思想研修班。我和青年教师一起认真学习研究于老师的教育教学思想，一起读书研讨、听课评课、走访学生，在学习中提升做教师的责任感和使命感。

　　2021 年，杨浦区教育工作党委为了让校级干部更加深入地学习人民教育家于漪教育教学思想，弘扬于漪精神，举办了于漪教育教学思想校长研修班。根据区教育工作党委卜健书记领衔的教育部重点课题"人民教育家于漪教育思想区域转化与应用的实践研究"的研究方向，我们党校、干训部带领 30 位校长，分头细读了全部 21 本《于漪文集》，从"教育观""教学观""教师观""学生观""管理观"等五个维度，对于老师的教育教学思想进行了更深入的学习研究。在和校长们共同学习的过程中，我对于老师的教育教学思想有了更多的理解。其间，我和校长们一起开发了学习于漪教育教学思想的培训课程，并负责编印了《点亮教育的世界——于漪教育教学思想初探》和《播撒阳光　逐梦征程——"于漪教育教学思想"研究成果转化与应用的学校实践》。

　　2022 年上海市教委举办"上海市中青年校（园）长主题论坛"，在上海市教师教育学院的指导下，杨浦区教育局承办了主题为"弘扬于漪精神，潜心教书育人"的第三期"上海市中青年校（园）长主题论坛"。我有幸再次和全市选出的 10 位优秀校长、青年干部一起，精细研学于老师的教育教学思想。在和学员们一起修改讲稿的过程中，我觉得自己对于漪教育教学思想、于漪精神又有了更深刻的感悟。这一年，我开发了"人民教育家于漪的教育思想"市级教师培训共享课程。共享课程研发完成以后，我把讲稿做了整理，就想把自己这么多年学习于老师教育教学思想的体会和感悟写下来，出一本书。

2023年6月，我把我的这个设想向于老师作了汇报，于老师很支持我的想法，并且给我确定了书名——《在于老师身边成长》。于老师对我的支持和鼓励，让我感到非常感动，这是我人生莫大的幸福！

拿到题目以后，我仔细思考了两个月，认真回忆了于老师对我教育培养的点点滴滴，列好了写作的提纲。我将这本书稿按我工作的三个阶段分为三个部分——第一部分是在上海市第二师范学校、杨浦高级中学做青年教师时期，第二部分是在同济中学和同济初级中学担任校领导时期，第三部分是在杨浦区教育局党校、干训部工作时期。9月中旬，我开始撰写书稿，到11月中下旬，完成了初稿。在完成书稿的过程中，我还完成了杨浦区教育系统《学习于漪教育教学思想干部培训微课》和《把于漪教育教学思想融入"四有"好教师队伍建设实践研究案例集》的编印工作。

我拿着初稿的小样向于老师再次作了汇报，于老师看到书的小样，非常高兴，还特意为我这本书题写了一句话，来鼓励我，真是让我激动万分！此生有幸遇到了于老师，得到了她33年的关怀、教育和培养，我心中非常感恩于老师！于老师教导我的每一句话，都是激励我做好教育工作的强大动力，我会将于老师的教导铭记在心，努力成为"四有"好老师，为建设教育强国作出积极贡献。

教育，永远是我人生的诗和远方。